Manfred S. Schulze, geboren 1942 im Spreewald, geriet bereits im Alter von 18 Jahren in die Fänge der Stasi und flüchtete kurz vor dem Mauerbau in den Westen. Weil ihn seit frühester Jugend das Fernweh plagte, verließen ihn die Träume von großen Abenteuern nie. Zwei Jahre zivile Seefahrt reichten nur für kurze Zeit, danach folgte erst einmal ein ganz „normales" Leben, das ihn aber auf Dauer nicht befriedigen konnte. Irgendwann würde er ausbrechen…

Und tat es schließlich im Alter von 53 Jahren:
1996 kaufte er sich zwei Pferde, um mit ihnen eine Reise zu wagen, wie sie noch niemand vor ihm machte:
Innerhalb von viereinhalb Jahren umrundeten sie zu Dritt die Erde auf der nördlichen Halbkugel und kamen zu Viert wieder am Startpunkt an: unterwegs hatte es Nachwuchs gegeben.

Diese Extremreise ging lange Zeit durch alle Medien und fand allgemeines Interesse. Deshalb entstand eine umfangreiche Reiseerzählung nach Tagebuchaufzeichnungen, die inzwischen in der dritten Auflage unter dem Titel „Mit zwei Pferden um die Welt" zu haben ist. Sie berichtet von schier unglaublichen Erlebnissen, von erstaunlichem Durchhaltevermögen und von einer rührenden Liebe zwischen Mensch und Pferden.

Auf dieser Reise hatte es aber auch Erlebnisse gegeben, über die der Abenteurer und Autor niemals sprach:
„aus persönlichen Gründen", sagt er. Doch jetzt scheint die Zeit reif, lange gehütete Geheimnisse zu offenbaren und Erkenntnisse preiszugeben.

DSCHINGIS KHANS TOCHTER

Erinnerungen eines Abenteurers

Impressum

Copyright: Manfred S. Schulze
              Breitenfeld 5
              D – 79761 Waldshut-Tiengen
              Alle Rechte vorbehalten

Autor, Layout, Druck, Bindung, Verlag:
Manfred S. Schulze

Printversion: ISBN 978-3-00-033305-7
Ebook (Epub)   ISBN 978-3-944416-12-0
Hörbuch   ISBN 978-3-944416-04-5

Inhaltsverzeichnis

VORWORT

Der menschliche Körper ist von der Natur so ausgestattet, dass er etwas mehr als 120 Jahre alt werden könnte: wenn Umstände, die er meist selbst verschuldet, ihn nicht vorzeitig ins Grab brächten.

So gesehen, hatte mein Körper die Hälfte noch nicht erreicht, als ich aus dem geordneten Leben inmitten europäischer Hochzivilisation ausbrach. Nach realer Lebenserwartung aber könnte ja bereits täglich irgendetwas geschehen, was mich vorzeitig unter die Erde brächte.

Dieser Gedanke erschreckte mich. Was alles würde mir entgangen sein, wenn ich nun mein Leben beenden müsste? Schon als Kind hatte ich immer wieder davon geträumt, in die Welt hinauszuziehen. Ferne Länder zu sehen, exotische Menschen kennenzulernen, fremde Kulturen zu erforschen.

Und was hatte ich wirklich getan? Nach Wohlstand gestrebt! Dabei vielleicht mein Leben vergeudet? Schließlich würde ich nichts von dem, was ich mir mühsam erschaffen hatte, mit ins Jenseits nehmen können.

Wäre es nicht besser, lieber jetzt noch möglichst viel von dem zu erfahren, was dieser schöne Planet bereit hält? Vielleicht sogar auf eine Weise um die Erde zu ziehen, wie es zuvor noch niemand getan hatte? Gleich einmal so groß wie möglich sollte mein Abenteuer sein – wer weiß, ob es ein zweites würde geben können! Also warf ich alle Fesseln ab, kaufte mir zwei Pferde und zog los.

Nach viereinhalb Jahren erreichte ich den Startpunkt wieder: von der entgegengesetzten Richtung!

Mein großes Abenteuer hatte ich bestanden. Alle drei waren wir gesund geblieben, hatten keinerlei Schaden genommen. Im Gegenteil: diese Reise hatte vor allem mich und mein Leben total verändert. Nun nehme ich Dinge anders wahr und empfinde tiefer.

Doch neue Fragen um das Dasein waren aufgetaucht und beschäftigten mich unentwegt.

Wie war es möglich, so viele Gefahren zu überstehen, wo doch nichts wirklich vorbereitet gewesen ist, nichts planbar war?

Und wo doch schon viele andere Abenteurer ihre Gesundheit oder gar ihr Leben bei weit kleineren Wagnissen verloren?

Schon unterwegs und nach der Rückkehr erst recht, wurde mir bewusst:
Eine ganze Horde von Schutzengeln hatte uns begleitet.
Doch ist dies die richtige Bezeichnung: „Schutzengel?"
Oder was sonst war es, das uns leitete und beschützte?

Mongolen haben es da leichter.

Für sie steht fest: „Guten Menschen helfen die Götter".

Doch war ich ein guter Mensch?

Hatte nicht auch ich als Kind schon Unfug getrieben und Sünden begangen? Und auch als Erwachsener noch Manches getan, was anderen Menschen als ungut erscheinen musste? Andere Menschen enttäuscht und ihnen weh getan?

Kann es je gelingen, auf solche Fragen die richtige Antwort zu finden? Tiefe Gedanken, die sich in Zeiten der Einsamkeit meiner bemächtigten, will ich auf diese Weise von den Berichten der Reise abheben. Dabei will ich mich nicht erheben und behaupten, die Lösung dafür gefunden zu haben, was es zwischen Himmel und Erde gibt, das uns Menschen beeinflusst und lenkt. Dem Leser soll bewusst bleiben, dass es Gedanken eines Menschen sind, der in fremder Umwelt gefangen wird von Einsamkeit, der Sehnsucht nach Liebe und dem Kampf um die Durchführung seiner Träume...

Oh Wächter meines Lebensschärft meine Sinne,

die Schönheiten dieser Welt zu erkennen.

Zu sehen, zu fühlen, zu hören, zu riechen, zu schmecken.

Gebt mir das ständige Bewusstsein,

Teil all dieser Herrlichkeiten zu sein.

Gebt mir die Kraft,

voll Demut und Dankbarkeit

durch dieses Leben zu wandern.

Rückblick

Am 7. April 1996 war ich mit zwei Pferden in Deutschland gestartet, die Erde auf eine Weise zu umrunden, wie es bisher noch niemand gewagt hatte. Immer nach Osten, der aufgehenden Sonne entgegen, sollte die Richtung sein. Eine vorgegebene Route war vage angedacht, doch nicht einhaltbar.

Der ebenfalls vage Zeitplan ging von drei Reisejahren aus, letztendlich wurden es aber viereinhalb Jahre.

Zunächst durchquerte ich Deutschland, dann Polen, die Ukraine, Südrussland und Kasachstan, bevor ich im fernen Sibirien wieder russisches Gebiet erreichte.

Fast zwei Jahre hatte es gedauert, bis ich an die russisch-mongolische Grenze im Altaigebirge kam. Jeder Tag hatte bis hierher irgendein kleines oder größeres Abenteuer gebracht und ich schrieb allabendlich alles in ein großes Tagebuch. Daraus sollte später eine umfangreiche Reisebeschreibung werden.*

Aber es gab auch Dinge, über die ich nicht berichtete:
Gedanken über den Sinn des Lebens, mögliche Erklärungen für Unerklärbares, tiefe Empfindungen, über die man nicht gern spricht (jedenfalls als Mann), Emotionen, Tränen, Verzweiflung, Todesängste...
und eine rührende, exotische Romanze...

Jetzt habe ich das Gefühl, dass die Zeit reif ist, auch hierüber meine Seele zu erleichtern!

...und beginne in „Tashanta", dem kleinen Grenzort auf russischer Seite an der mongolischen Grenze:

* „Mit zwei Pferden um die Welt" ISBN 978-3-00-007492-9
Bezugsquelle: Email weltreiter@freenet.de

DIE MACHT DER UNIFORMEN

Im Schritt ritt ich am Rande der Straße durch dieses Dorf. Puschkin, mein treuer Wallach unter mir und Panca, seine besonders anhängliche Schwester am Handseil mitführend. Rechts und links der Straße wenige hölzerne, meist verfallende Häuser. Besonders ärmlich erscheint dieses Dorf und wenige Nutztiere grasen auf dem welligen Grünland jenseits der Häuser. Erwachsene sind kaum zu sehen, dafür viele Kinder ringsum, es ist ja Ferienzeit. Erst seit einem Kilometer ist die Straße wieder als solche zu bezeichnen, der Asphaltbelag fast ohne Löcher. Jene 50 Kilometer davor aber müssen für mein Versorgungsfahrzeug wieder einmal die Hölle gewesen sein. Es kam sicherlich nur wenig schneller voran als wir drei, obwohl kaum Trabpassagen möglich waren nebenan in der zerfahrenen Steppe. So steht es nun am Straßenrand und Ljoscha, der russische Fahrer, unterhält sich mit Iwan, dem ukrainischen Piloten, der mich schon im vorigen Jahr durch die Ukraine und jetzt sogar bis an die mongolische Grenze begleitet hat.

30 Meter sind es vielleicht noch bis zum ersten uniformierten Grenzbeamten, dessen Blicke immer wieder zu meinem Versorgungsfahrzeug wandern. Wahrscheinlich wundert er sich, warum dieser Lieferwagen mit Anhänger nicht zu ihm vorfährt, denn Tashanta kann wohl kaum das Ziel für dieses Fahrzeug mit deutschem Nummernschild sein. Der Grenzbeamte und auch seine zahlreichen Kollegen haben hier wenig zu tun, denn bisher nirgendwo sonst sah ich so wenig grenzüberschreitenden Verkehr, als hier mitten im Altai. Dabei gibt es zur Zeit nur zwei offizielle Grenzübergänge zwischen Russland und der Mongolei.

Endlich habe ich mein Fahrzeug erreicht und gebe das Zeichen, dass es mir folgen solle. Iwan klettert wohlgemut ins Auto. Er ist froh, die Grenze und damit sein Endziel erreicht zu haben, denn er möchte endlich nach Hause. Fast vier Monate ist er jetzt schon in diesem Jahr mit mir unterwegs, im letzten Jahr waren es auch schon drei.

„Sdrasdwuitje", grüße ich freundlich. Der Soldat lächelt und führt mich sogleich ein paar Meter weiter zu seinem Vorgesetzten. Dieser Offizier ist noch erstaunlich jung, offen und freundlich. Er reicht mir mit strahlendem Lächeln die Hand und klopft meinen Pferden bewundernd die Hälse. Er mag Pferde, das kann man deutlich sehen und der Umgang mit ihnen kann ihm nicht fremd sein. Nun ist Iwan an meiner Seite und erklärt dem Offizier, wer wir sind, woher wir kommen und wohin ich will. Das ist leichter, als es mit meinem immer noch viel zu dürftigen Russisch zu tun. Freundlich zeigt sich der Offizier, inzwischen umringt von weiteren Uniformierten mit unterschiedlichen Dekorationen, sehr interessiert und heißt uns willkommen. Für uns würde es kein Problem sein, hier die Grenze zu überschreiten, sagt er zu Iwan. Aber es würde etwas dauern, denn er müsse erst mit seinem Vorgesetzten telefonieren.

Dort drüben, zwischen den letzten Häusern des Dorfes und dem hohen Grenzzaun könnten wir inzwischen das Fahrzeug abstellen und die Pferde grasen lassen.

„Na prima", denke ich. „Das geht ja einfacher, als ich glaubte." Aber es ist schon nicht mehr lange bis zum Abend und deshalb sicherlich nicht sinnvoll, heute noch die Grenze zu überqueren. Sowieso ist es nicht sicher, ob die versprochene Ablösung für Ljoscha auf der anderen Seite schon eingetroffen ist. Deshalb schlagen wir dort unten am Bach erst einmal unser Lager auf. Das Gras ist von den Tieren des Dorfes recht kurz gefressen, deshalb lasse ich eine Koppel errichten, die größer als gewöhnlich ist. Zwanzig Koppelstäbe in weitem Rund und doppelt gezogene Elektrolitze sollen vermeiden, dass meine Pferde das Weite suchen, aber auch andere Tiere daran hindern, ihnen das wenige Gras wegzufressen.

Mitten durch diese, durch viel Übung schnell errichtete Koppel, fließt der glasklare Bach. Er kommt aus dem Niemandsland jenseits des Grenzzaunes und sein Wasser versorgt offensichtlich nicht nur die Tiere des Dorfes, sondern auch die Menschen, denn immer wieder kann ich sehen, wie sie mit Kanistern Wasser vom Bach in ihre Häuser tragen.

Als die Arbeiten erledigt sind, gehe ich mit Iwan wieder zum Grenzposten. Der Offizier entschuldigt sich, es sei ihm noch nicht gelungen, eine Telefonverbindung herzustellen. Das kenne ich schon hierzulande. Unzählige Wählversuche sind meistens vonnöten, um endlich eine Verbindung zu bekommen, die dann auch noch an der richtigen Stelle ankommen soll. Hat es endlich geklappt, kann man meist lautstarkes Geschrei des Telefonierenden hören. Er schimpft nicht etwa mit seinem Gesprächspartner, sondern er muss die erheblichen Nebengeräusche in der Leitung übertönen. Nicht selten bricht mitten im Gespräch die Verbindung ab und die Wählprozedur beginnt unter heftigen Flüchen von Neuem. So kann es durchaus viele Stunden dauern, bis ein Telefongespräch von wenigen Minuten endlich erfolgreich abgeschlossen ist.

Bevor die Dämmerung hereinbricht, gehen wir noch einmal hinüber. Inzwischen war Wachwechsel und der nun leitende Offizier muss erst erneut in Kenntnis gesetzt werden. So spät am Abend aber noch mit der Zentrale zu telefonieren, ist sinnlos. Also bis morgen warten.

Der nächste Tag vergeht fast, bis wir endlich die Nachricht erhalten: Um mich mit meinen Pferden über diese Grenze zu lassen, ist eine Sondergenehmigung nötig, die äußerst selten erteilt wird. Dieser Grenzübergang ist nicht international, also nur für Russen und Mongolen genehmigt. Der freundliche Grenzoffizier konnte sie nicht erteilen, er brauchte das Okay seines Vorgesetzten in Kosh Agac´, der letzten Kreisstadt, und die liegt 50 km zurück. Jener aber untersteht dem Kommandanten der Kaserne in Aktasch, weitere 150 Kilometer zurück in Richtung Nowosibirsk. Aber auch dieser Kommandant darf die Entscheidung nicht treffen, sondern erhält seine Befehle vom General der russischen Grenztruppen PPK im fernen Tschita, weit im Osten Sibiriens, viel weiter noch als Irkutsk, jenem Grenzübergang, den ich nun ansteuern soll, denn jener General sagt ganz einfach: „Njet! Gehe nach Irkutsk", ist seine Botschaft, „oder gehe nach Hause!"

Beides ist nicht möglich bei unserem Reisetempo, das müsste ihm eigentlich klar sein. Denn nach Irkutsk hätten wir einen gewaltigen Umweg zu machen: ungefähr 2.500 Kilometer zusätzlich. Bis zum Einbruch des Winters ist dies nicht zu schaffen und nirgendwo gibt es dort oben eine Überwinterungsmöglichkeit für die Pferde, wie ich befürchte. Auch zurück geht es nicht mehr, denn mein russisches Visum reicht nur noch für drei Wochen. Es muss mir einfach gelingen, ihn zu überzeugen, dass eine Sondergenehmigung zumindest mit Rücksicht auf die Pferde unumgänglich ist.

Dies versuche ich nun über alle verschlungenen Wege dieses militärischen Labyrinths zu vermitteln. Selbst mit ihm oder seinem Büro zu telefonieren, ist nicht möglich. Seine Telefonnummer ist Militärgeheimnis. Also suche ich ortsansässige, hochrangige Kontakte in Kosh Agac und Umgebung: Bürgermeister, Kreisverwaltung, Kolchosdirektor, Parlamentsabgeordneter. Es gelingt mir tatsächlich, überall dort viel Verständnis zu finden und ich weiß, dass immer wieder meinetwegen telefoniert wird. Manche sind zu Freunden geworden und setzen sich für mich ein. Jedoch der General bleibt hart: „Njet!"

Tag um Tag vergeht, Iwan wird immer unruhiger. Dieser treue Weggefährte, der seinen Job bei mir immer gewissenhaft erfüllte, will nach Hause, kann mich aber auch nicht allein lassen. Dies verbietet ihm sein Verantwortungsbewusstsein. Bei Ljoscha ist das anders. Auch er hat zu Hause Frau und Kinder, doch er ist selbst ein großes Kind. Er macht seinen Job gut, ist ein guter Fahrer, doch er liebt es, sorglos durch die Welt zu streifen, keine Verantwortung zu tragen und wöchentlich wenigstens einmal einen Vollrausch zu haben. Darauf besteht er und Iwan riet mir gleich am Anfang, es ihm zu gewähren:

„Russen brauchen das meistens." Und hier an dieser Grenze mitten im Altaigebirge gefällt es Ljoscha besonders gut. Er hat einen Freund gefunden, der ebenfalls den Wodka liebt. Während ich mit Iwan als Dolmetscher Tag um Tag agierend unterwegs bin, braucht er nur die Pferde zu bewachen und das ist nicht schwer, denn die halten den zurückgebliebenen Hänger längst für ihren Heimatstall.

Statt einmal wöchentlich, hat Ljoscha nun täglich seinen Rausch, denn sein neuer Freund ist der Desinfektor der Grenzstation: Jedes einreisende Auto und das sind ja wenige, müssen an allen Rädern mit einer keimtötenden Lösung eingesprüht werden. Dazwischen ist Freizeit und Langeweile. Von 17:00 – 8:00 Uhr ist der Grenzübergang sowieso geschlossen.

„Wenn es mir doch nur gelänge, diesem General persönlich zu begegnen", denke ich. Auge in Auge gegenübersitzend, sind selbst steife Beamte oft zugänglicher und gesellige Russen besonders – vielleicht sogar bei einer Flasche Wodka... Doch Tschita ist weit, sehr weit...

Plötzlich erreicht mich der Tipp eines Rathausmitarbeiters: am nächsten Tag beginne auf einem Pass im Altai ein Picknick, welches von Einheimischen für russische Generäle gegeben würde, und jener General aus Tschita sei ebenfalls eingeladen. Gastgeber sei Auelchan, der Kolchosdirektor aus Shana Aul, einem Dorf in der Nähe und er ist gleichzeitig Parlamentsabgeordneter der „Respublik Altai"!

Ist das meine Chance? Von den Lenkern meines Lebens so eingefädelt? Ich bin ganz aufgeregt und plötzlich wieder hoffnungsvoll. Dort muss ich hin! Der Weg ist leicht erklärt. Fast 400 Kilometer zurück Richtung Gorno Altaisk. Teilweise kannte ich den Weg ja schon, von Süden kommend stießen wir auf diese Hauptverbindungsstraße durch den russischen Altai. Aber was für Straßen! Manchmal so zerfahren, wie jene zwischen Kosh Agac und Tashanta, manchmal jedoch recht ordentlich. 400 Kilometer jedoch sind eine gewaltige Entfernung bei einem durchschnittlichen Reisetempo von ca 40 km/h.

Unterwegs taucht ein Problem am Auto auf. Die Gänge lassen sich immer schwerer, manchmal gar nicht mehr schalten. Mit lange schleifender Kupplung muss ich mit höheren Gängen anfahren. Endlich erkenne ich den Fehler: Der Bremszylinder verliert Bremsflüssigkeit. Offensichtlich ist eine Manschette undicht.

Das wirkt sich auf die Gangschaltung aus, irgendwann sicherlich auch auf die Bremsen. Irgendwo gelingt es mir, gebrauchte Bremsflüssigkeit in einer Flasche zu kaufen. Die ist sicherlich schon lange nicht mehr neu, und vielleicht auch schon jahrelang in Gebrauch gewesen. Und weil es immer weiter tropft, muss immer wieder erneut nachgefüllt werden.

Vielleicht noch 100 Kilometer bis zum Ziel, da begegnen wir dem Tross der Gastgeber. Ein klappriger, alter Bus und ein ebensolcher LKW. Der Bus ist bis zum letzten Platz gefüllt und die Lücken zwischen den Menschen mit allerlei Gerät und Gepäck ausgefüllt. Ebenso der LKW. Bis über die Ladebordwand mit Teilen einer kasachischen Jurte beladen und obendrauf zwei Schafe lebend festgebunden. Geduldig ertragen die das endlose Gerumpel und Geschüttel. Ob sie wohl ihr Schicksal erahnen?

Auelchan ist mit dabei und lädt uns spontan ein, ihnen zu folgen. Auf dem Pass wächst schließlich zwischen lichten Pinien eine Nomadenjurte. Iwan und ich helfen beim Aufbau. Als die Jurte fertig ist und zwei Jurtenöfen in

Gang gesetzt sind, knien diese muslimischen Kasachen nebeneinander auf dem Boden und sprechen murmelnd ein Gebet. Danach werden die Hammel vom Baum, an dem sie inzwischen festgebunden waren, gelöst und in die Mitte geführt. Stoisch lassen sie sich zwischen die Männer führen und ihre Beine zusammenbinden. Einer stellt sich breitbeinig über das erste Tier, zieht ihm mit der Linken den Kopf nach oben und lautlos dringt die scharfe Klinge des Messers durch seinen Hals. Noch ein paar Sägebewegungen des Messers und krampfhafte Zuckungen des Tieres. Rasch fließt das Blut in die Schüssel, die Zuckungen werden schwächer und schließlich sinkt das Tier leblos zu Boden.

Nach dem Abhäuten und Zerlegen der Tiere sind die wesentlichsten Arbeiten getan und ein fröhliches Lagerleben beginnt. Ein Kanister mit Kumis, dieser vergorenen Stutenmilch mit leichtem Alkoholgehalt, wird gebracht und eine der Frauen füllt die Reihe der Trinkschalen mit dieser schmutzigweißen Flüssigkeit. Fröhlich plaudernd sitzen die Männer im Kreis und schlürfen geräuschvoll dieses unter Nomaden so beliebte Getränk.

Die beruhigende Lebensfreude der Kasachen, die in dieser Region Russlands den Hauptanteil der Bevölkerung bilden, färbt auf mich ab. Schnell fühle ich mich wohl unter ihnen und es freut sie offensichtlich, dass ich sie so akzeptiere, wie sie sind. Am Abend in der Jurte feiere ich mit ihnen, höre ihre fremdartigen Gesänge zu traditionellen Zupfinstrumenten und singe schließlich nach ihrer Aufforderung deutsche Lieder unter ihrem Beifall. Babuschka (Großmutter) fordert mich zum Gegengesang auf und ich unterdrücke tapfer meine Unsicherheit. Wunderschön sind ihre Gesänge und die meinen holprig und sicherlich nicht schön anzuhören. Doch das ist nicht wichtig. Schließlich macht es die Menschen um mich herum glücklich und fröhlich. Ein Sträuben und Zieren meinerseits würde Unverständnis hervorrufen und sicherlich auch zurückhaltende Abwehr. Der Abend zieht sich weit in die Nacht hinein. Hammelfleisch wird gereicht, wieder auch Kumis und sogar Wodka. Soll das etwa ein Training für die nächste Nacht sein, wenn die trinkfreudigen Russen dabei sind?

Gegen Mittag des nächsten Tages kommen die Gäste mit einem Bus. Uniformen verschiedener Waffengattungen, alle hoch dekoriert, mischen sich unter die farbenfrohe Kleidung der Gastgeber. Das Begrüßungszeremoniell gestaltet sich locker und freundschaftlich. Einige der Gäste sind in Zivilkleidung gekommen und sie sind die ältesten unter ihnen. Es sind pensionierte Generäle. Sicher hatten manche bereits den zweiten Weltkrieg erlebt. Unkompliziert werde ich ihnen vorgestellt und sie begrüßen mich achtungsvoll. Es ist keiner unter ihnen, der mir mit Misstrauen oder gar Ablehnung begegnet wäre, auch nicht jene, die sicherlich früher gegen Deutsche haben kämpfen müssen. Doch einer ist nicht unter ihnen: der General aus Tschita!

Schon will mich mein Optimismus verlassen, da werde ich von einem der pensionierten Generäle in Zivil auf Deutsch angesprochen. Er hat meine Geschichte und mein Problem gehört und er kennt den General in Tschita persönlich. Nun bietet er mir freundlich an, mit jenem zu telefonieren und ihn um meine Ausreiseerlaubnis zu bitten.

„Doch versprechen kann ich Dir nichts!", betont er mit einer Sorgenfalte auf der Stirn seines freundlichen, sympathischen Gesichtes. Wieder eine vage Hoffnung, die aufkeimt und die ich misstrauisch unterdrücke, denn zu oft zerflossen die Hoffnungen der letzten Tage zu einem Nichts und hinterließen nur Seelenqualen.

Es folgt ein langer Nachmittag in der Jurte. Prall gefüllte Tischchen mit allerlei Leckereien und kaltem Hammelfleisch. Diese Dekoration aber ist von einer großen Zahl von Wodkaflaschen und schmerzhaft großen Trinkgläsern dominiert. Bei diesem Anblick ahne ich Schreckliches.

Nur die höchsten Persönlichkeiten dürfen am Ritual der Trinksprüche teilnehmen, doch das sind viele. Auf kleinen Hockern sitzen wir um die niederen Tische. Die Frauen stehen ringsum und haben darauf zu achten, dass nirgendwo Speisen und Getränke ausgehen. Erstaunlich, wie viele Menschen in so einer Jurte von sicherlich 6 Metern Durchmesser Platz finden. Zwei jüngere, aber ebenfalls hochdekorierte Offiziere sitzen mit ihren Frauen an meinem Tisch. Den wohlwollenden, freundlichen Blicken dieser Männer entnehme ich ihre Anteilnahme an meiner Geschichte. Auch sie wollen sich um mich kümmern, mir helfen. Und das tun sie nun unentwegt – reichlich: Sie achten sehr genau darauf, dass mein Wodkaglas nach jeder Leerung auf einen Trinkspruch niemals leer bleibt.

Und es sind viele Trinksprüche – jeder will schließlich die Gastgeber ehren, das Land, die Regierung, die ruhmreichen Streitkräfte und deren Führung...

Völlig ausgetrunken werden muss jedes Glas, vorher natürlich randvoll gefüllt. Abgesetzt oder gar halbvoll zurückgestellt, wäre eine schmachvolle Sünde. Verächtliche Blicke gäbe es auch für jene Männer, die ihren Geist oder ihre Extremitäten nicht mehr unter Kontrolle hätten. Wie gut, dass ich auf dem weiten Weg hierher oft genug zu entsprechendem Training gezwungen war. Bis zum Aufbruch der Gäste in den frühen Morgenstunden habe ich die Kontrolle über mich nicht verloren, dafür aber die Achtung dieser Männer gewonnen.

Eine quälend lange Rückreise zur Grenze mit müdem und von allzuviel Alkohol geschwächtem Körper – dazu noch einen Abstecher in die Bezirksstadt zum Parlamentspräsidenten, der gerade Geburtstag hat und ebenfalls helfen will, und schließlich noch eine Reifenpanne und kein Werkzeug.

Und dann schon wieder diese Strassen! Doch endlich ist der Grenzposten in Sicht. Und meine Pferde – ich kann sie friedlich grasen sehen. Welch eine Erleichterung!

Natürlich führt mein erster Weg misstrauisch-hoffnungsvoll zu den Grenzbeamten. Doch sofort wieder Enttäuschung: der General lehnt noch immer ab! Mir weicht alles Blut aus dem Gesicht und mit hängenden Schultern gehe ich zu meinen Pferden hinüber. Dort ist ein großer, rundgeschliffener Stein inmitten der Koppel. Auf ihn setze ich mich entkräftet und sehe meine Pferde zu mir herüberblicken. Bisher war mein erster Weg immer zu ihnen. Nun aber setze ich mich auf diesen Stein, ohne sie erst einmal körperlich zu begrüßen. Das erlebten sie noch nie. Hoch erhoben sind ihre Köpfe, die Ohren steil aufgerichtet und mir zugedreht, in den Augen lese ich erstaunte Verwunderung.

Tiefste Verzweiflung macht sich in mir breit. Ich sehe keinen Ausweg mehr. Was kann ich nun noch versuchen? Mir fällt nichts mehr ein. Wie gelähmt erscheint mir mein Geist. Mutlosigkeit umklammert schmerzhaft mein Herz. Habe ich mein Schicksal zu weit herausgefordert? Werde ich nun von den Wächtern meines Lebens bestraft, weil ich zu weit gegangen war in meiner zügellosen Lebens- und Abenteuergier? Und meine Pferde da drüben – müssen die nun meinetwegen leiden?

Bleierne Schwere füllt meinen Körper. Neun Tage sind schon vergangen, seit ich hier ankam. Und nur noch für zwölf Tage gilt mein russisches Visum. Auf der anderen Seite der Grenze wartet seit vielen Tagen der vorbestellte, mongolische Fahrer.

Bis Irkutsk kann ich es bis zum Winter niemals schaffen und der Rückweg ist auch längst abgeschnitten. Nicht vor, nicht zurück!

Pferde und Ausrüstung hier zurücklassen, um allein in die Heimat zurückzukehren, vielleicht dort über Botschaften eine Sondergenehmigung zu erlangen, bevor der Winter kommt? Unmöglich! Das würde zu lange dauern, die Pferde wären großen Gefahren ausgesetzt! Niemals könnte ich meine Pferde hier über längere Zeit zurücklassen. Diese Menschen hier, wie freundlich und großzügig sie auch sind, zu oft sah ich grausame Neigungen an ihnen, wenn es um Tiere geht. Den gequälten Blick jener Kuh, die lebend an mir vorbei von einem Traktor zum fünf Kilometer entfernten Dorf über den Boden geschleift wurde, weil sie das Tempo nicht mitlaufen konnte, werde ich nie vergessen. Er ist eingebrannt in meine entsetzte Seele – für immer! „Sie wird doch nur zum Schlachten gebracht...“

Ich bin am tiefsten Punkt meiner bisherigen Reise angekommen. Gedanken der Verzweiflung – sie geraten außer Kontrolle: die Pferde sind auf meinen Schutz angewiesen. Doch kann ich nun ihr Leben noch schützen? Vielleicht ihnen wenigstens Qualen ersparen! Heiße Tränen steigen auf. Der nächste Gedanke droht mich zu ersticken: Es gibt nur noch eine Lösung! Die Ausrüstung zu verkaufen, dürfte in Gorno Altaisk oder Nowosibirsk nicht schwer sein. Eine Schusswaffe zu kaufen, auch nicht. Den restlichen Erlös zu meiner Familie zu schicken, deren Geduld ich inzwischen längst überstrapaziert habe und dann... den Pferden eine sicherlich qualvolle Zukunft hierzulande ersparen... sie jeweils mit einem sofort tödlichen Schuss erlösen... und dann mich selbst... weil ich ja diese Tat nie würde ertragen können...

Als spürten die Pferde meine tiefe Verzweiflung, kommen sie plötzlich zu mir. Ganz nah. Ihre weichen Mäuler berühren sanft meine Beine, die Arme, schließlich mein Gesicht. Warm und beruhigend umströmt mich ihr Atem. Wie oft habe ich schon meine Nase in ihr Fell gedrückt und genüsslich ihren Körpergeruch eingesogen. Nun brechen Ströme von Tränen aus mir heraus, krampfhaftes Schluchzen schüttelt meinen Körper. Mühsam und schwankend erhebe ich mich, lege meine Arme um ihre Hälse, drücke mein tränennasses Gesicht in ihr Fell und langsam löst sich meine Verzweiflung und maßlose Scham tritt an ihre Stelle. Wie konnten mir nur solche Gedanken kommen? Die Pferde töten? Niemals!...

Am nächsten Tag fahre ich noch einmal in die Kreisstadt zurück. Nur von dort kann ich telefonieren. In dem finsteren, hölzernen Bau des Postamtes knarren die Dielen des Fußbodens bei jedem Schritt. Im Warteraum gibt es eine enge Telefonzelle mit einem kleinen, schmutzigen Fensterchen in der klemmenden Tür. Darin ist es noch dunkler, man kann kaum das uralte Telefon erkennen.

Die Gespräche müssen angemeldet werden. Es dauert lange, bis eine Verbindung zustande kommt. Die deutsche Botschaft in Moskau ist meine letzte Hoffnung. Und die wird schnell zunichte gemacht. Man macht mir Vorwürfe: „Ich habe ihnen doch schon vor Monaten gesagt, sie sollen diesen Teil des Landes meiden!"

„Aber ich habe doch die Erlaubnis der OWIR-Zentrale in Moskau!", antworte ich.

„Was Russen heute sagen, hat morgen selten Gültigkeit", ist die gleichgültig klingende Antwort. „Hier kreuzen sich die Interessen von Innen- und Außenministerium und die sind sich derzeit nicht grün.", heißt es weiter „und deshalb kann ich Ihnen keine Hoffnung machen".
Diesem deutschen Beamten ist meine Lage offensichtlich lästig. Es bedeutet zusätzliche Arbeit für ihn und verursacht obendrein noch Kosten: Telefon, Papier, Druckerfarbe, Fax...

Wieder werde ich mutlos, melde noch ein Gespräch an. Meine Frau möchte ich noch einmal sprechen. Vielleicht zum letzten Mal? Endlich klingelt es in der Zelle. Ich hebe ab und ziehe die klemmende Tür hinter mir zu. Sonst kann ich nichts verstehen, weil die Verbindung so schlecht ist und jedes Außengeräusch die schwachen, von ständigem Rauschen überdeckten Worte verschlingt. Auch ich muss mehrmals wiederholen, langsam und sehr deutlich sprechen. Ich will vermeiden, sie zu beunruhigen, sie soll nur wissen, wo ich gerade bin.

Doch zu Ende sprechen kann ich nicht. Plötzlich höre ich draußen laute Stimmen und polternde Schritte auf dem hölzernen Fußboden.

Iwan reißt heftig die Tür auf und ruft erregt: „Manfred, Problem weg!" Ein Soldat in der Uniform der Grenztruppen steht hinter ihm und strahlt. Er ist aus Tashanta geschickt worden, mich zu suchen und die Botschaft zu überbringen:

Der Weg ist frei, endlich hat sich der General erweichen lassen. Ich darf in die Mongolei!

Mein Hals ist wie zugeschnürt. Ich bekomme kein Wort mehr heraus und muss auflegen. Was muss meine Frau jetzt denken? Erneut steigen Tränen in meine Augen, diesmal Tränen der Erleichterung.

Aber auch Iwan hat ja feuchte Augen. Warum sollte ich mich der meinen also schämen? Ich weiß zwar: „Männer weinen nicht!" Meine tiefen Gefühle hier in die Öffentlichkeit zu tragen, fällt mir auch nicht leicht. Aber vielleicht gibt es ja inzwischen auch Männer, die so denken, wie Frauen schon längst: „Schäme dich Deiner Tränen nicht, sie heilen ja Deine Seele." Und wund ist meine Seele durchaus nach den furchtbaren Erfahrungen der letzten Tage.

DEUTLICHE ZEICHEN

Ein bewegender Abschied. Mehrere Monate hatten diese Männer mein Versorgungsfahrzeug Tag um Tag bis hierher geführt, während ich mit meinen Pferden durch die Steppe wanderte. Nun müssen sie zurück: Iwan, der ukrainische Pilot und Ljoscha, der russische Fahrer. Einige Tage wird ihre Heimreise mit Bus und Bahn dauern, die Strecke in ihre Heimat ist gewaltig. Ich aber bin nun völlig allein mit meinen Pferden. Sie stehen im leergeräumten Hänger und wir durchqueren den 26 Kilometer breiten Streifen Niemandsland zwischen dem russischen und dem mongolischen Grenzposten. Das geht nur im Schritttempo, weil ich die Pferde schonen möchte. Zu holprig ist die Piste hier.

Auf halber Strecke stoppe ich und sehe nach den Pferden. Sie sind ruhig, kein bisschen ängstlich oder gestresst. Mit neugierigen Augen sehen sie mich erwartungsvoll an. Sicher glauben sie, nun schon wieder ins Freie zu dürfen. Aber ich spreche nur beruhigend mit ihnen und bitte sie um noch ein wenig Geduld. Ja, ich spreche mit meinen Pferden, schon seit vielen Monaten ist das so. Ihrem Ohrenspiel und dem aufmerksamen Blick ihrer dunklen Augen entnehme ich dabei stets ihren Versuch, mich zu verstehen. Und ich glaube längst, dass sie Manches von dem, was ich zu ihnen sage, deutlich erfühlen.

Dann blicke ich zurück. Die holprige Piste schlängelt sich über das hügelige Gelände, vom letzten russischen Posten ist längst nichts mehr zu sehen. Seltsam entspannt wende ich meinen Blick in die Gegenrichtung, nach Osten. Dort senkt sich die Piste gemächlich hinab. Auf 2.000 Meter Höhe dürften wir hier sein, schätze ich. Doch es ist kaum kahles Felsgestein zu sehen, dafür sanft gerundete Hügel, saftig grün, baum- und strauchlos.

In das Tal vor uns führt zwischen zwei Hügeln die Piste abwärts und dort unten sehe ich in der Ferne vier schneeweiße Punkte im großflächigen Grün: die ersten Nomadenzelte! Die müssen bereits hinter dem mongolischen Grenzposten sein, also liegt dieser dort unten im Tal, noch von einer Hügelkuppe verdeckt.

Jetzt habe ich keine Eile mehr und verweile ein wenig. Mein Blick schweift über das Land vor mir. Ein seltsames, bisher völlig unbekanntes Gefühl macht sich in mir breit. Wie die Genesung von einer schweren Krankheit – Erleichterung! Wie die Heimkehr nach einem Kampf ums Überleben in der Fremde – dort unten im Tal liegt meine Heimat – zum Greifen nah. Meine Familie, meine Freunde warten dort unten... Welch ein Glücksgefühl!

Aber halt – es ist doch nicht meine deutsche Heimat! Es ist die Mongolei! Und meine Familie und meine Freunde sind weit, sehr weit. Aber was ist dies für ein Gefühl, das ich niemals bisher erlebte?

Als entströmte es dieser Erde, lächelte mich von jedem Stein an, winkte mir mit jedem Grashalm im Winde zu. Diese Friedlichkeit ist deutlich fühlbar – entsprungen aus Jahrhunderten gespeicherter Energien! Energien - gute und schlechte – festgehalten im Boden, in Sand und Gestein? Je nach den Begebenheiten, die auf ihnen stattfanden. Wie hatte ich solche Behauptungen immer belächelt, sie niemals ernst genommen.

Und doch muss etwas daran sein! Nicht jedes Individuum kann diese Energien wahrnehmen, heißt es. Eine Menge Sensibilität ist dazu notwendig, die uns Menschen weitgehend verlorenging. Bin ich wieder sensibilisiert? Vielleicht zurückgekehrt in jene Zeit meiner Kindheit, in der ich mit einem Haselnusszweig Wasseradern im Boden erspürte? So stark senkte sich der Zweig nach unten, dass meine Kraft als Zehnjähriger nicht ausreichte, ihn festzuhalten. Aber auch nicht die Kraft der erwachsenen Frau neben mir vermochte es, die es nicht glauben wollte und es mit aller Gewalt am anderen Ende des gegabelten Zweiges versuchte.

Nun erinnere ich mich auch an eine Begebenheit, die nur wenige Monate zurückliegt. Auf dieser Reise war es nahe der Stadt Orsk in Russland. Ein Ruhetag war notwendig geworden, nachdem die Pferde bereits wieder mehr als eine Woche lang täglich ungefähr 50 Kilometer gelaufen waren. Neben einer Asphaltstraße hatten wir eine Wiese gefunden, die ungenutzt war. Dort konnten wir eine große Koppel für die Pferde stellen, während auf einer Parkbucht der Straße direkt nebenan das Fahrzeug auf festem Boden stand.

Pferde sind ja besonders sensibel, das weiß ich. Und kaum sind sie auf dieser Koppel, da sind sie so seltsam unruhig. Laufen aufgeregt hin und her, obwohl sie nun müde sein müssten. Oft höre ich ihr Angstschnauben, wenn sie in eine bestimmte Richtung sehen. Doch da ist nichts, nur Gras, Gebüsch und die Böschung zur Straße. Und für meine Zärtlichkeiten sind sie überhaupt nicht empfänglich. Panca, die bisher für jedes Kraulen dankbar war und sich mir zuwendete, geht weg von mir, lässt sich kaum anfassen.

Und Puschkin schlägt heftig mit dem Kopf, als ich es bei ihm versuche. Dabei erwischt er mein linkes Jochbein und ich trage anschließend zwei Wochen lang ein gewaltiges „Veilchen" mit mir herum.

Aber auch mir ist seit der Ankunft auf diesem Platz nicht wohl in meiner Haut. Wegen der vielen Arbeiten am Camp nehme ich es zunächst nicht wahr. Dennoch hat mich eine seltsame Unruhe ergriffen und verlässt mich erst, als wir diesen Platz am übernächsten Tag weit hinter uns haben. Der Besuch einer einheimischen Frau mit ihrem Kind an der Hand gab mir später die mögliche Erklärung: an der Straßenböschung ganz nahe der Koppel und unseres Lagers war vor kurzem erst ein Mann mit durchschnittener Kehle gefunden worden! Dabei deutet sie dorthin, wohin meine Pferde in ihrer Aufgeregtheit ständig blickten, als bedrohte sie von dort irgendetwas...

Vielleicht ein Opfer der „Recketts", die auch uns hier während der Rast bedrängten und bedrohten? Hatte der Ermordete dieser Viererbande Wiederstand geboten, wie ich es auch tat und dann sein Leben lassen müssen? Wie nahe war ich dort meinem Tod?*

Auch hier in der Natur gespeicherte Energien? Diesmal jedoch negative – so gewaltig anders als ich sie nun beim Betreten der Mongolei und später immer wieder besonders in diesem Land unterwegs spüre!

* „Recketts" nennen sie sich selbst und scheinen stolz darauf zu sein: organisierte Straßenräuber, die besonders am Rande von Großstädten und Ballungsgebieten Autos stoppen und unter Gewaltandrohung Geld erpressen.

Aber nicht nur die Natur, auch die Menschen hier in der Mongolei strahlen etwas aus, das nur schwer zu beschreiben ist. So dünn dieses Land auch besiedelt ist, man begegnet immer wieder Menschen - fast überall. Nomadenfamilien betreuen oft riesige Tierherden. Nicht selten sind es mehr als tausend Tiere: Schafe, Ziegen, Rinder, Yaks, Pferde und Kamele. Große Tierherden benötigen riesige Weidegründe. Deshalb müssen die Familien immer wieder umziehen. Ist die fressbare Vegetation in weitem Umkreis des Zeltlagers abgeweidet, gehen die erfahrenen Söhne auf die Suche nach einem neuen, möglichst ergiebigen Platz. Meist sind es dieselben Weidegründe, die sie jedes Jahr wieder ansteuern. Aber weil kein Nomade Anspruch auf Privatgrund hat, sondern das ganze Land allen Einwohnern gehört, kommt es durchaus vor, dass der Platz des Vorjahres schon besetzt ist. Erst wenn ein lukrativer, freier Platz gefunden ist, wird umgezogen.

Innerhalb erstaunlich kurzer Zeit sind die Jurten abgebaut und mit allem Inventar auf Kamele oder Ochsenkarren verladen. Bis zu 250 Kilo trägt ein gutes Lastkamel pro Tag über 50 Kilometer weit. Die Familien sind oft sehr groß und mehrere Gers (mongolische Nomadenzelte) gehören zu einem Familienlager. So wird eine unterschiedliche Anzahl von Kamelen für den Transport benötigt.

Der Aufbau des neuen Camps geht ebenso rasch und bereits am Abend ist meist der Umzug erledigt. Für solche Umzüge ist große Erfahrung notwendig, die von Generation zu Generation weitergereicht wird. Jedes Familienmitglied hat seine spezielle Aufgabe und führt sie grundsätzlich ohne Murren aus. Nie hörte ich ein lautes Wort zwischen Familienmitgliedern. Nie erlebte ich ein Verweigern irgendeiner Arbeit, sie wird als selbstverständlich selbst von den Jüngeren hingenommen.

Alte Menschen werden verehrt und verbringen ihr ganzes Leben innerhalb der Familie. Dabei betreuen sie nicht selten die Jüngsten und verwöhnen sie entsprechend. Bis zum fünften Lebensjahr haben die Narrenfreiheit und sind von allen Pflichten entbunden.

Neben der wohltuenden Ruhe innerhalb der Familien fiel mir eine große Herzlichkeit im Umgang untereinander auf. Kinder achten nicht nur die Eltern und Großeltern, sondern auch ihre älteren Geschwister und folgen ihnen widerspruchslos.

So ist es nicht verwunderlich, dass es bei Mongolen friedlich und ruhig zugeht. Dabei sind sie durchaus wissbegierig, jede Abwechslung ist willkommen. Kein Wunder bei einem Leben in solchen Weiten inmitten der Natur. Jeder Reisende wird sofort neugierig, aber freundlich begrüßt und möglichst auch der Familie zugeführt. Und natürlich eingeladen und großzügig bewirtet. Viele Stunden oder gar Tage können diese Besuche dauern. Die notwendigen Arbeiten werden diskret zwischendurch erledigt.

Dabei sind die Frauen mit den „kurzbeinigen" und die Männer mit den „langbeinigen" Tieren betraut. Die kurzbeinigen sind Schafe und Ziegen, die langbeinigen Rinder, Yaks, Pferde und Kamele. Das Zelt selbst ist das Betätigungsfeld der Frauen und Mädchen, die Außenarbeiten führen die Männer und Jungen aus. Wenn man ein Ger betritt, ist links die Männerseite und rechts die Frauenseite. Gegenüber des Eingangs, der immer nach Süden zeigt, steht der Altar mit seinen Heiligenbildern und vielen Fotos aus der Familie, wichtiger Persönlichkeiten und von Freunden. Davor steht der Hocker des Familienoberhauptes.

Seinen wichtigsten oder ältesten Gast wird der Hausherr immer an seine rechte Seite bitten und weitere Gäste je nach Rangordnung oder Alter weiter von ihm entfernt Richtung Tür.

Die Feueröffnung des Ofens in der Mitte des Ger zeigt immer zur Frauenseite, denn mit Kochen und Heizen sind grundsätzlich die Frauen betraut. Dieser kleine Blechofen bringt sehr schnell eine angenehme Wärme in den Zeltraum, aber er kann die Wärme nicht speichern. Kaum ist das Feuer erloschen, sinkt die Temperatur im Ger rapide. Deshalb muss ständig nachgelegt werden, sobald es das Wetter notwendig macht. Auch das besorgen die Frauen, in kalten Jahreszeiten selbst in der Nacht. Diese Aufgabe teilen sie sich und selbst die Mädchen sträuben sich nicht gegen diese lästige Aufgabe.

Die getrockneten Kuhfladen, die in den Sommermonaten gesammelt wurden, haben zwar einen erstaunlichen Heizwert, er ist fast so groß wie der von Braunkohle, doch sie glühen auch bald aus.

Die Frauen der westlichen Zivilisation rümpfen die Nase, wenn sie so einseitige Rollenverteilungen erfahren. Sie wollen mit den Männern mindestens gleichgestellt sein. Mongolinnen denken hierbei anders, wie ich eindeutig erleben konnte. Keineswegs fühlen sie sich dabei unterdrückt und immer wieder erkenne ich, dass sie diese Rollenteilung durchaus für gut befinden. Manches Machogehabe der Männer wird nachsichtig belächelt und nicht selten habe ich das Gefühl, dass die Frauen die heimlichen, aber bestimmten Lenker des Lebens auch unter den Nomaden sind. Sie wissen, dass sie die Männer für die schweren Arbeiten brauchen und möchten deren Arbeitskraft erhalten. Deshalb dürfen die Männer morgens erst ihr Bett verlassen, wenn die Frauen für angenehme Wärme im Ger gesorgt haben. Dies ist keineswegs meine Definition des Nomadenlebens, sondern eindeutige Aussage einer klugen Mongolin.

Erstaunlich ist auch, wie viele Menschen in so einem Nomadenzelt leben. Zwar haben die Großeltern meistens eine eigene Jurte und die Söhne bekommen auch eine, wenn sie heiraten, doch da gibt es noch genug Kleinkinder und Halbwüchsige, die im Zelt der Eltern leben. Mongolen trachten nach möglichst viel Nachwuchs, denn die Kindersterblichkeit ist groß und viele Kinder bedeuten entsprechende Absicherung im Alter. Mehr als drei

Betten sah ich nie im Inneren und die Betten sind mit etwa 80 Zentimetern recht schmal. Trotzdem haben beide Eltern und manchmal noch ein Baby darin Platz. Matten oder dünne Matratzen, für die Nacht auf den Boden ausgelegt, sind deshalb zusätzlich notwendig. Mongolen schlafen also sehr eng aneinander gekuschelt. Vielleicht ist dies das Geheimnis für ihre enge Familienbindung und für den Umgang miteinander?

Fragt man das Familienoberhaupt danach, wie es bei dieser Enge denn überhaupt zu so vielen Kindern kommen kann, könnte es sein, dass er antwortet: „Wir machen es wie die Igel – vorsichtig, vorsichtig."

All diese Dinge und noch Vieles mehr erfuhr ich nach und nach aus dem Nomadenleben beim Ritt über 2000 Kilometer von der russischen Grenze im Altaigebirge bis nach Ulaanbaatar. Wo ich auch Nomaden begegnete, immer nahmen sie mich wohlwollend auf. Manchmal traf ich auf Europäer, die das Land auf unterschiedlichste Art bereisten. Mit Motorrädern oder mit Autos, einzeln oder in Reisegruppen. Alle wurden spontan bewillkommnet.

Ich konnte erkennen, dass Mongolen allerdings sehr genau aber diskret beobachten und definieren. Laute Menschen, die sich Land und Leuten nicht anpassen können, sondern ihre Lebensgewohnheiten beibehalten, haben kaum Chancen, in das wahre Leben der Nomadenfamilien einzutauchen. Auch sie werden empfangen und bewirtet und durchaus freundlich behandelt. Aber die Mongolen sind auch froh, wenn sie wieder gehen.

Sehr auf Distanz können Mongolen gehen, wenn sie gar auf Fremde treffen, die belehrend auftreten. Die Nomaden leben schließlich sehr intensiv mit der Natur und ihren Tieren. Was es hierbei zu wissen gibt, lernen sie von Kind auf. Ihre Vorfahren lebten ja seit Jahrhunderten auf diese Weise und sammelten Erfahrungen, die sie ständig weiterreichten. Ob es sich um Lebensweisheiten handelt, um die Natur oder um den Umgang mit Tieren. In ihrer Welt fühlte ich mich immer als ein Mensch, der noch viel zu lernen hat. Und dankbar nahm ich auf, was sie mir vermittelten. War dies das Geheimnis für ihr ungetrübtes Wohlwollen mir gegenüber? Für ihre spontane, warme Herzlichkeit bei der Begrüßung? Bei den deutlich bewegenden Abschieden? Bei ihrem nachdrücklichen Wunsch auf ein Wiedersehen?

Je weiter ich vorankam in diesem Land und je mehr Nomaden ich begegnete, immer wohler fühlte ich mich unter ihnen. Niemals hatte ich das Gefühl der Bedrohung oder des Übervorteiltwerdens. Sie gaben immer mehr, als sie nahmen und immer wieder gaben sie mir ein Gefühl des Beschütztseins. Tatsächlich fühlen sich Mongolen instinktiv für die Sicherheit willkommener Gäste ihres Landes verantwortlich. Gleichzeitig aber auch für sein seelisches Wohl.

Lange hatte ich gerätselt, warum jene jungen Mongolen mich allabendlich in meinem Camp am Rande der Grenzstation besuchten und sich mit mir bis weit in die Dunkelheit unterhielten. Gesprächsstoff gab es immer reichlich. Die Gespräche wurden in einem Kauderwelsch mit russischen, englischen, mongolischen und deutschen Worten geführt. Dazu kamen Mimik und Gestik – immer verstanden wir uns gegenseitig eindeutig. Erst als ich abends müde wurde, zogen sie sich diskret zurück. Ohne jemals zu fragen, ob ich nun müde sei und sie lieber gehen sollten. Sie taten es einfach mit verständnisvollem Lächeln. Später erfuhr ich den Grund. Mongolen sind sehr gesellig und sie wissen, dass einsame Menschen unglücklich sind. Der Gast ihres Volkes darf nicht unglücklich sein!

EINSAMKEIT

Einsamkeit ist die Freundin des Bewusstseins und der Erkenntnis.

So wandere ich nun also durch dieses Land, das mehr als viermal so groß ist wie das heutige Deutschland. Es beherbergt aber lediglich zweieinhalb Millionen Menschen, wovon noch einmal etwa die Hälfte in den wenigen Städten des Landes leben. Nur etwas mehr als eine Million sind Nomaden und bevölkern diese riesige Fläche. Kein Wunder, dass Begegnungen oft sehr selten sind. Manchmal sind es ein paar weiße Punkte in der Ferne, die auf Menschen hindeuten: eine Gruppe von Gers.

Oder es kommt plötzlich wie aus dem Nichts ein berittener Hirte mit seinem kleinen Pferdchen angeprescht. Längst hat er mich beobachtet von irgendwoher. Jeder dieser Hirten trägt in seinem Deel ein einäugiges Fernglas mit sich, mit dem er seine Herden überwacht und immer wieder nach Wölfen Ausschau hält, die vor allem die kurzbeinigen Tiere auch in den Sommermonaten bedrohen. Damit sah er natürlich auch den seltsamen Reiter mit seinen zwei Pferden, der aufgrund seiner Kleidung und Ausrüstung niemals ein Mongole sein kann. Also kommt er herbei, um Genaueres zu erfahren:

„Woher kommst du?", ist seine erste Frage.

„Aus Germania!", ist meine Antwort.

Er weiß zumindest, dass dies sehr weit sein muss und entsprechend groß ist sein Erstaunen.

„Und wohin willst du?", ist die logische nächste Frage.

„Erst nach Ulaanbaatar, dann weiter herum um die Erde.", antworte ich ehrlich.

Nun droht ihm ein Mundkrampf und sekundenlang bekommt er den nicht mehr zu. Doch sofort ist es bewundernde Hochachtung, die er mir entgegenbringt.

Sein nächstes Ziel ist es, mich zu veranlassen, ihm zu seiner Familie zu folgen. Ist das Lager der Familie zu weit abseits meines Weges, dann lehne ich dankbar und bedauernd ab. Dafür hat er Verständnis und wendet geschwind sein Pferd, um in eiligem Galopp davonzureiten.

Überrascht werde ich dann oft, wenn mich plötzlich eine größere Ansammlung von Mongolen irgendwo an der Piste empfängt. Der Hirte hat seine Familie aktiviert, mich am Weg zu begrüßen. Das Oberhaupt hat einen kleinen Kanister dabei, in ihm ist Airag, die vergorene Stutenmilch. Ein Begrüßungstrunk muss sein. Auch ein wenig Zeit muss ich natürlich opfern und viele Fragen beantworten, bevor ich weiter ziehen kann.

Liegt das Lager der Familie aber nahe der Piste, nehme ich die Einladung zum Verweilen gern an.

Großzügig werde ich bewirtet, dabei ist der Buttertee meist das erste, was man mir anbietet drinnen im Ger, auf dem kleinen Hocker direkt neben dem Familienoberhaupt. Diese Besuche können mehrere Stunden dauern und so ist selbst Zeit zum Schlachten eines Schafes, wenn kein frisches Fleisch mehr in der kleineren Aufbewahrungsjurte nebenan, vorhanden ist.

Der Buttertee wird in der großen Schüssel, die genau auf den Blechherd passt, zubereitet. Dazu wird Wasser aufgekocht, von dem ziegelsteingroßen Batzen aus Schwarzteestrünken eine kleinere Menge abgebröselt und in die Schüssel geworfen.

Dann kommt noch viel Milch hinzu und die Hausfrau rührt mit einer Kelle, schöpft immer wieder die nun grauweiße Flüssigkeit heraus und gießt sie aus großer Höhe in die Schüssel zurück. Noch etwas Salz hinzu, denn gesüßt wird der Tee niemals. In kälteren Jahreszeiten gibt man noch eine tüchtige Portion Milchfett hinein oder sogar Hammelfett. Das macht warm und schützt vor der großen Kälte. Ein paar selbstgeschnittene Nudeln oder eine Handvoll Reis werden hinein getan, wenn es auch sättigen soll. Was nicht sofort verbraucht wird, kommt in große Thermoskannen, so gibt es immer genug Buttertee und eventuelle Gäste können sofort bewirtet werden.

Das Schlachten eines Schafes ist Sache der erwachsenen Söhne. Sie kennen jedes ihrer vielen Tiere und fangen immer das fetteste aus der Herde. Der zweite Sohn legt es auf den Rücken, so dass alle vier Beine gen Himmel zeigen. In einem stillen Gebet bedanken sich die Mongolen bei dem Tier für sein Lebensopfer und die Himmelsgötter bitten sie um Verständnis für ihre Tat. Dann erst schneidet der älteste Sohn mit einem scharfen Messer eine handbreite Öffnung in die Bauchdecke und greift rasch mit der Hand hinein. Bis zum Ellbogen verschwindet sein Unterarm im Tier. Mit sicherem Griff hat er die Aorta gefasst und blitzschnell zerrissen. Ein kurzes Aufstöhnen des Tieres zeigt, dass es bis hierher kaum etwas gespürt hat. Wenige Zuckungen verraten, dass es nun sehr schnell verendet. Der Blutstrom im Inneren der Bauchhöhle ist gewaltig und das Tier blutet vollständig aus, sein Leiden war kurz. Nebenbei benetzt kaum ein Blutstropfen den Boden und kann restlos als Nahrung genutzt werden.

Das Abhäuten und Ausnehmen des Schafes ist in wenigen Minuten geschehen. Jeder kennt von klein auf die Anatomie der Tiere und weiß, wie vorzugehen ist. Mit erstaunlich sicherer Hand wird das Tier in handliche Teile zerlegt und die besten Stücke kommen sofort in die Schüssel, wenn ein ehrenwerter Gast gekommen ist. Es dauert nicht lange, bis das Fleisch gar ist und die Hausfrau reicht dem Ehrengast die dampfende Schüssel voll gekochter und leicht gesalzener Fleischteile. Der nimmt sie entgegen und stellt sie auf den kleinen Tisch vor den Hausherrn.

Ringsum sind die übrigen Familienmitglieder versammelt, die Jüngsten noch auf dem Schoß der Älteren. Der Hausherr nimmt ein fettes Stück von der Schüssel, schneidet etwas Fett ab und reicht es seiner Frau zurück. Die wirft es als Opfergabe in die Flammen des Ofens. Die nächsten Fettstücke werden vom Familienoberhaupt an die Kleinsten verteilt, die sofort das blanke, köstliche Fett zu lutschen beginnen. Dabei verschmieren sie sich die Gesichter und die Ärmchen, an den Ellbogengelenken tropft das Fett von der blanken Haut.

Das köstlichste Stück des Schafes ist der Fettschwanz, wenn es ein Fettschwanzschaf war. Hier ist die gekochte, weiße Masse am zartesten. Dem Ehrengast wird mit stolzem Blick nun ein tüchtiges Stück davon gereicht. Und dann bin ich sehr überrascht, wie gut es mir schmeckt. An den Hammelgeruch habe ich mich längst gewöhnt, er stört mich nicht mehr, denn er liegt hierzulande in allen Nomadenzelten. Und von typischem Hammelgeschmack ist hier kaum etwas zu spüren. So genieße ich tatsächlich solche Gerichte mit vollem Vergnügen.

Beim Abschied gibt es ein besonderes Ritual. Die Hausfrau kommt mit einer Milchkanne und einer Kelle, während ich meine Pferde herbeihole, die während meines oft mehrstündigen Aufenthaltes im Ger draußen frei grasten. Aus der Kelle schüttet die Hausfrau ein wenig Milch auf den linken Steigbügel meines Sattels, dann noch etwas über die Mähnen meiner Pferde. Man wünscht mir eine gute Reise und den Pferden immerwährende Gesundheit. Mit viel Herzlichkeit ist der Abschied verbunden und in manchen Gesichtern ist aufrichtiges Bedauern zu erkennen. Seltsam berührt ist meine Seele angesichts so viel Herzlichkeit einem völlig fremden Menschen gegenüber, und dann sitze ich erneut im Sattel und lenke meine Pferde wieder einmal nach Osten. Die Hausfrau aber gießt mehrere Kellen Milch in den Wind und wieder werden stille Gebete für uns drei in den Himmel geschickt.

Waren es all die Gebete, die uns unterwegs beschützten?
Aber was war dann unser Schutz, bevor wir die Mongolei erreichten?
Beschützt fühlte ich uns bereits nach kurzer Zeit. Ich war und bin noch heute
davon überzeugt, dass es nicht einfach Zufall sein konnte, wie wir alles
überstanden.
Ich bin schließlich Christ, wenn auch ein zweifelnder. War es also der Gott der
Christen?
Oder der Gott der Islamisten? Schließlich kam ich auch durch solche
Glaubensgebiete.

*Gott oder Allah – das ist sicher dasselbe: die Erklärung von Menschen, die
einen Halt, eine Führung suchen. Genauso, wie Naturvölker ihre Götter
auswählen, um zu ihnen beten zu können, um Schutz durch sie zu erlangen.*

*Aber was geschieht mit der Seele verstorbener Menschen? Der Körper kehrt
zur Erde zurück, das können wir ja sehen. Und seine Seele? Sie muss doch
übrig bleiben, kann nicht einfach zu Asche zerfallen. Denke ich an meinen
eigenen Tod, erscheint mir ein vollständiges Verschwinden völlig unmöglich.
Steigt die Seele auf ins All oder setzt sie sich in Dingen auf der Erde nieder?
Dringt sie ein und vermischt sich mit den Seelen anderer Lebewesen? Oder
werden sie zu „Schutzengeln" und beeinflussen das Leben von ihnen
Auserwählter?*
*Was wir Menschen auch immer für Erkenntnisse und Antworten auf solche
Fragen gefunden zu haben glauben, es wird immer Spekulation bleiben.*
Deshalb will ich meine „Schutzengel" Wächter meines Lebens nennen.
*Viele dieser und ähnlicher Gedanken gingen mir immer wieder durch den
Kopf, wenn ich allein mit meinen Pferden war. Es gab viele Tage, an denen wir
Niemandem begegneten, nur die Natur um uns herum hatten. Und trotz meiner
Pferde gab es auch Tage, an denen ich Einsamkeit spürte und traurig war,
denn Pferde können nicht alles ersetzen...*

MONGOLINNEN

Schon in meiner Kindheit war ich Mongolen in Deutschland begegnet.
Für mich waren sie Exoten, die ich natürlich neugierig zu ergründen versuchte.
Sie erschienen mir immer unnahbar, ihre Augen waren stumpf, sie schienen
nicht bewusst am Leben teilzunehmen.

Doch hier bereits beim Eintritt in ihre Hemisphäre erschienen sie mir
ganz anders. Hier waren ihre Blicke nicht leer. Ich spürte ihr Prüfen, ihre
Neugier auf mich Exoten, besonders bei jenen, die vielleicht noch niemals
einem Westeuropäer begegnet waren. Ich war nach vielen Reisemonaten nicht
mehr westlich gepflegt, sondern wettergegerbt, meine Haut oft dunkler als die
ihre. Und auch ich wurde neugierig und offen ihnen gegenüber, meine ganze
Erscheinung musste positiv auf sie wirken. So genügte meist ein gegenseitiger
Blick und offenbarte uneingeschränkte Sympathie. Besonders Männer sahen
wohl in mir Ihresgleichen. Sicher trug auch die Art meines Reisens dazu bei.
Mit Pferden zu reisen ist ganz nach ihrem Geschmack. Sie spürten meine
seelische Nähe zu meinen Pferden, die ebenfalls auf sie sehr sympathisch
wirken musste. Das gefiel ihnen und so nahmen sie mich immer spontan in
ihrer Mitte auf, als wäre ich einer von ihnen.

Begegnungen mit mongolischen Frauen hatte ich zunächst nur in Gegenwart von Männern. Ihre Blicke verrieten vorsichtige Zurückhaltung. Doch je unverkrampfter mein Auftreten gegenüber den Nomadenfamilien wurde, umso offener begegneten sie auch meinem Blick. Immer öfter konnte ich ihren Blicken eine tiefe Sympathie entnehmen. Manchmal drangen ihre dunklen, warmherzigen Blicke tief in meine neugierige Seele.

Beim Übergang vom Altaigebirge in die Wüste Gobi standen unweit des Ufers eines großen Sees direkt an der Piste Richtung Ulaanbaatar zwei Jurten. Die Familie, die hier wohnte, war offensichtlich sesshaft und lebte von der Bewirtung durchreisender Fahrer von LKWs und sonstiger Reisender.

Der Fahrer meines Begleitfahrzeugs war früher selbst LKW-Fahrer und kannte sich hier aus. Ich war mit meinen Pferden nicht weit hinter ihm und konnte sehen, wie er zielstrebig diese Jurten ansteuerte. Ich wusste längst, dass er Alkoholiker war und natürlich besonders deshalb dieses Ziel wählte. Schließlich war der Tag längst zur Neige gegangen und die Dunkelheit ganz nah. Dringend brauchten wir einen geeigneten Lagerplatz und die Pferde Ruhe und Futter. Als ich endlich die Jurten erreicht hatte, rief er mich von dort herbei. Doch ich konnte erkennen, dass es bei den Jurten keine ergiebige Grasfläche gab. Deshalb winkte ich ihm, hinüber zum Ufer zu fahren, wo es genug Gras gab, schließlich mussten zunächst die Pferde versorgt werden.

Murrend fügte er sich und schnell errichteten wir die Koppel für die Pferde bereits in der Abenddämmerung. Hungrig stürzten sich die Pferde auf das saftige Gras. Da knatterte ein Motorrad herbei. Diese zwei Jurten waren nur etwa einen Kilometer entfernt und von ihnen kam es. Ein Mann im weinroten Deel, diesem wadenlangen Allwettermantel, steuerte es. Ein weiterer saß auf dem Sozius und hielt eine große Kanne. Ein dampfender Nudeleintopf mit viel Hammelfleisch war darin. Das Begrüßungsgeschenk für diese Expedition aus dem fernen Deutschland. Das tat mir nun besonders gut nach dem anstrengenden Tag, denn dort oben in den Bergen hatte mich ein eiskalter Schneesturm erwischt. Ich war durchgefroren und hatte zitternd den Sattel verlassen. Ungeschützt in Sommerkleidung hatte mich dieses Wetter überrascht. Entsprechende Schutzkleidung war im Begleitfahrzeug, doch mein alkoholsüchtiger Fahrer in Sichtweite hatte nur diese Jurten und die zu erwartende Alkoholgabe im Blick.

Nach der wohltuenden Mahlzeit noch zu den Jurten hinüber zu gehen, war mir an diesem Abend nicht möglich, ich war deutlich geschwächt und sehnte mich nach Ruhe. Sicher hatten die Männer meinen Besuch erwartet, doch ich hatte das Angebot bedauernd abgelehnt. Außerdem hätte ich das Camp allein lassen müssen und damit auch die Pferde. Dieser Gedanke behagte mir nicht.

So fuhren die Männer mit der geleerten Kanne wieder zurück, es war inzwischen dunkel. Gerade will ich das Nachtlager herrichten, da höre ich draußen leise Stimmen und Schritte. Zwei Gestalten sind im schwachen Licht der Lampe aus dem Fahrzeug zu erkennen und dann klopft jemand vorsichtig zögernd gegen die Tür des Autos. Dies ist ungewöhnlich, denn Mongolen klopfen niemals an, sondern betreten Gers oder andere Wohnungen immer unaufgefordert und ohne Ankündigung.

Doch es sind Mongolen, besser gesagt, Mongolinnen. Zwei junge Frauen, vielleicht gerade 18 Jahre alt. Ich bitte sie herein und bescheiden nehmen sie mir gegenüber auf der Sitzbank Platz. Sie sind hübsch, ihre Gesichter nur wenig mongolisch geschnitten, die Augen dunkel und überraschend offen. Für mich überraschend, weil sie in stockdunkler Nacht von den Jurten herüberkamen und in dieses fremde Auto stiegen. Die Männer auf dem Motorrad waren ihre Väter und die müssen wohl großes Vertrauen in mich gehabt haben, dass sie ihren Töchtern diesen nächtlichen Ausflug zu zwei fremden Männern erlaubten.

Ziemlich lange sitzen wir nun doch noch beieinander und unterhalten uns angeregt radebrechend. Die Augen dieser Mädchen hängen bewundernd und neugierig an meinen Lippen, als ich von der Reise und meiner Heimat erzähle. Sie können gar nicht genug bekommen und würden sicher noch lange bei mir bleiben, käme nicht doch noch einer der Väter, anscheinend nun in Sorge um sie und um sie abzuholen.

Am nächsten Morgen geht es mir gar nicht gut. Alle Knochen tun mir weh und mühsam ziehe ich mich in den Sattel, um den Ritt fortzusetzen. Jeden Schritt der Pferde spüre ich an diesem Tag, offensichtlich hat das Wetter von gestern seine Spuren hinterlassen. Nach etwa 25 Kilometern am Mittag errichte ich die Koppel für die Pferde und möchte mich etwas hinlegen.

Da knattert wieder ein Motorrad herbei. Auf ihm sitzen einer der Väter und die zwei Mädchen. Einen großen Korb haben sie dabei. Wieder ein leckeres Essen und sogar chinesisches Bier sind darin.

Sehr besorgt zeigen sich besonders die Mädchen wegen meines Unwohlseins und hätten mich wohl am liebsten gefüttert. Da bin ich doch sehr gerührt und bedaure nun ziemlich, nicht noch etwas bei den Jurten verweilt zu haben. Besonders dieses weibliche Umsorgen hat mir bisher unterwegs sehr gefehlt, erst jetzt wird es mir bewusst. Mongolinnen scheinen hierbei sehr begabt und geschickt zu sein, wie es scheint. Beide zeigen eine für mich ungewöhnliche Einfühlsamkeit. Bei einem gemeinsamen Foto nehmen sie mich in ihre Mitte und wärmend schmiegen sich ihre weichen Körper seitlich an den meinen, völlig ungeniert...

Lange gehen mir diese Mädchen in den nächsten Tagen nicht aus dem Kopf. Bei all dem Kampf ums Vorankommen in den letzten Monaten war ein Gefühl in mir auf der Strecke geblieben: die Sehnsucht nach weiblicher Nähe und Zärtlichkeit. Hier in der Phase der Entspannung erwacht sie wieder. Immer öfter suche ich bei weiteren Begegnungen den Blickkontakt zu Mädchen und Frauen. Meine Blicke drücken wohl viel neugieriges Interesse aus und oft werden diese Blicke in einer Form erwidert, die eine seltsame Unruhe in mir auslöst. Diese fast schwarzen Augen dringen in mich und streicheln meine Seele auf eine Weise, wie ich es selten zuvor erlebt hatte.

Immer wohler fühle ich mich in diesem Land. So ist meine Ausstrahlung für die Mongolen und Mongolinnen offensichtlich von besonderer Sympathie geprägt und überall springt dieser Funke des Wohlwollens und der Anteilnahme am gegenseitigen Leben über. Ich fühle mich völlig frei und alle Hemmungen gegenüber dieser fremden Kultur fallen von mir ab.

KULTURSCHOCK

Wenige Kilometer vor Ulaanbaatar begegne ich einem Rotelbus mit deutschem Kennzeichen. Jene Weitreisebusse mit winzigen Schlafzellen für die Passagiere hatte ich hier, wo es kaum Straßen gibt, nicht erwartet. Frohlockend reite ich zu ihm hinüber. Endlich wieder Deutsch sprechen zu können, vielleicht zu einem deutschen Bier eingeladen zu werden und vielleicht ein wenig deutsche Nahrung angeboten zu bekommen! Natürlich auch wohlwollend aufgenommen zu werden. Die Fahrgäste sitzen gerade an aufgestellten Tischen und machen Rast. Es ist Mittagszeit. Doch wie werde ich enttäuscht! Wenig Interesse Einzelner, bei den meisten gar keines. Viele beachten mich gar nicht, sind alle nur mit sich selbst beschäftigt. Welch ein Gegensatz zu allem, was ich besonders hier in der Mongolei seit mehreren Monaten erlebte. Dumme Fragen und noch dümmere Bemerkungen, als ich erzähle, seit zwei Jahren mit meinen Pferden hierher unterwegs zu sein. Welch gewaltige Enttäuschung.

Ich steige gar nicht aus dem Sattel, wende meine Pferde und reite sehr still und nachdenklich von dannen. Diese Distanziertheit hat mich tief getroffen und bei dem Gedanken, in Kürze ins Flugzeug steigen zu müssen, um in Deutschland den nahenden Winter zu verbringen, ist mir plötzlich äußerst zuwider...

Am Nachmittag des dritten September durchquere ich die letzten Berge vor der Senke, in der sich Ulaanbaatar weitflächig ausbreitet. Die Hauptstadt der Mongolei liegt zu meinen Füßen. Eine von vager Unruhe begleitete Erleichterung breitet sich in mir aus. Unweit der Straße von Süden her errichte ich mein Lager. Doch hier darf ich nicht lange bleiben, so erzählt der neue mongolische Fahrer meines Versorgungsfahrzeuges, der ja Polizist hier in Ulaanbaatar ist. Die Kriminalität in dieser Stadt ist eine nicht zu unterschätzende Gefahr.

Je länger ich hier auf der Suche nach einem geeigneten Winterquartier verweile, umso mehr Menschen werden auf mich aufmerksam und entwickeln sicherlich mancherlei kriminelle Gelüste. Deshalb fährt er unverzüglich in die Stadt und berichtet weiteren Freunden von meiner Ankunft.

Schon am nächsten Abend wird der Umzug zu einem neuen Lagerplatz vorbereitet und auch durchgeführt. Dieser Umzug bringt mich an einen sicheren Platz abseits jeglichen Durchgangsverkehrs. Auf der anderen Seite des vom bisherigen Camp sichtbaren Flugplatzes befindet sich ein kleines Jurtencamp am Platz der Pferderennen zum Naadam (dem größten mongolischen Volksfest im Sommer). Dorthin geleiten sie mich und es ist bereits dunkel, als wir dort eintreffen. Drei Jurten und ein großer Bauwagen stehen inmitten einer Umzäunung. Tagsüber und auch nachts ist dieser Platz bewohnt. Ein alter Mann und ein weiterer Helfer wohnen in der ersten Jurte. Ich werde in die zweite geführt, sie soll mich in den nächsten Tagen beherbergen, während meine Pferde innerhalb der Umzäunung frei laufen dürfen. Dawaa, der Besitzer dieses Camps, ruft etwas zum Bauwagen hinein, aus dessen kleinem Schornstein dünner Rauch in den nächtlichen Himmel steigt.

Binderja ist nun auch gekommen, ein Mongole, der in Deutschland studierte, als ich ihn im vorangegangenen Winter kennenlernte. Er spricht flüssig meine Muttersprache und ist offensichtlich mit Dawaa gut bekannt. Er übersetzt meine Erzählungen von der Reise dem Hausherrn Dawaa und dessen Freunden. Wir sitzen um den Tisch herum in „meiner" Jurte und Dawaa füllt immer wieder die Trinkschale mit Wodka, um sie reihum zu reichen. Das Trinkritual des ersten Schlucks kenne ich schon und spende brav die ersten Tropfen den Göttern, bevor ich selbst einen kleinen Schluck nehme.

AM RANDE ULAANBAATARS

Plötzlich tritt durch die offene Tür der Jurte eine junge Frau. Mit reizendem Lächeln reicht sie mir einen Teller mit dampfendem Fleisch in einer Nudelsuppe. Sie hatte von Dawaa den Auftrag, mir ein Essen zu machen, nun ist es fertig. Das Essen ist sicher köstlich und ich bin hungrig. Doch zunächst kann ich meinen Blick nicht aus ihren Augen lösen.

Die Wärme in ihren Augen ist so fesselnd, dass sie federleicht meinen Körper durchströmt und deutlich fühlbar bis in die Fußspitzen dringt.

„Oh, ein Deutscher!", sagt sie immer noch lächelnd und diesen Blick nicht von mir nehmend. „Nun kann ich üben, was ich in der Universität lernte." Sie spricht noch nicht akzentfrei Deutsch, doch sehr deutlich und gewählt mit angenehm warmer Stimme.

„Ich heiße Munkhtsetseg und koche hier in den Ferien für Dawaa's Gäste." Seltsam. Noch immer kann ich den Blick nicht von ihr wenden. Die Männer ringsum nehme ich gar nicht mehr wahr! Sie ist von schlanker Gestalt, wie die meisten Mongolinnen. Ihr Gesicht ist oval und die wohlgeformte Nase auch wenig typisch mongolisch. Eher würde sie von Mongolen in die Kategorie der „Langnasen" eingestuft, wie wir Europäer. Ihre dunkelbraunen Augen sind nur wenig schräg und nur leicht geschlitzt. Das lange, dunkle Haar hat sie zu einem „Pferdeschwanz" gebunden.

Dawaa unterbricht meine Entrücktheit und sagt auf Russisch: „Maanfred! Na Sdarowje!".

Und fordernd reicht er mir erneut die silberne Trinkschale auf mongolische Art: Den Ärmel seines Deel bis auf den Handrücken seiner Rechten heruntergezogen und diese mir entgegengestreckt, während seine Linke die Rechte am Unterarm stützt, dazu eine leichte Verbeugung.

Für die junge Frau ist dies gleichzeitig das Zeichen, sich zurückzuziehen. Zu deutlich hat sie sich in die Runde der Männer vorgewagt und ihren Unwillen auf sich gezogen. Nur schwer kehrt mein Geist in diese Runde zurück.

Lang wird der Abend, kurz die Nacht. Trotz reichlichem Alkoholgenuss geht mir dieses Mädchen nicht aus dem Kopf, als ich endlich allein in der Jurte im Bett liege.

„Sicher gilt das Interesse dieses Mädchens dem exotischen Ausländer und nicht mir als Mann", so denke ich. Andererseits, diese Blicke drückten etwas anderes aus und auch die gesamte Ausstrahlung ihrer Person.

„Ach was, das bilde ich mir sicher nur ein!", beruhige ich schließlich mein Ego. Es dauert lange, bis ich Schlaf finden kann.

Am Morgen begrüße ich meine Pferde, die frei in der Umzäunung laufen und sofort zu mir kommen, als ich aus der Jurte trete. Neugierig recken sie mir ihre Köpfe entgegen. Lachend spreche ich mit ihnen, kraule und klopfe sie, bis sie sich zufrieden trollen und sich dem wenigen Gras zuwenden. Da richte ich meinen Blick zum Bauwagen und sehe gerade noch einen Kopf mit langem, dunklem Haar, zu einem Pferdeschwanz gebunden, in ihm verschwinden. Sofort wird die Erinnerung an die gestrige Begegnung wieder wach und minütlich wächst mein Verlangen nach einem erneuten Blick aus diesen Augen.

Außerhalb der Umzäunung breitet sich in weitem Umkreis wellige Steppe aus. Ein nun trockener Bachlauf durchzieht dieses Grün, er kommt drüben von den teils felsigen, teils bewaldeten Bergen im Süden und wird immer flacher und breiter auf seinem Weg nach Norden, dorthin, wo am Ufer der Tuul die ersten Häuser einer Siedlung zu sehen sind. Weit abseits grast friedlich eine etwa zwanzigköpfige Pferdeherde völlig ohne Bewachung. Das Gras draußen ist kurzgefressen, doch dicht und lückenlos.

Ich vertraue auf die Bindung meiner Pferde zu mir und dem Pferdehänger des Versorgungsfahrzeugs, der nun innerhalb aber sichtbar in der Umzäunung steht und lasse sie durch das große Tor hinaus. Freudig springen sie jetzt dort umher und beginnen zu grasen. Kaum kann ich den Blick von meinen zufriedenen Pferden lösen, da höre ich hinter mir einen wohlklingenden Ruf: „Maanfred! Bitte Frühstück!"

Das Mädchen steht vor meiner Jurte und hält ein Tablett mit vielen Sachen darauf. Und wieder überzieht ein warmes Lächeln ihr Gesicht und ihre dunklen Augen suchen die meinen. Sie lässt mir den Vortritt in die Jurte und folgt mir leise. Geschickt deckt sie den Tisch und rückt mir den Hocker heran.

Ich bitte sie, sich zu mir zu setzen und mit mir zu frühstücken. Doch sie lehnt ab: "Das darf ich nicht."

Nur wenige weitere Worte können wir wechseln:

„Was bedeutet Dein Name?", frage ich sie und sie sagt lächelnd: „Munkhtsetseg heißt ‚Blume, die nie verblüht'. Aber alle nennen mich ‚Muuggi', bitte Du auch!". Dann verlässt sie die Jurte mit fröhlichem Lächeln. Ja, wie eine stetig blühende Blume, so kommt sie mir vor mit ihrem Lächeln, mit ihrem Strahlen...

Die nächsten Tage sind mit allerlei Pflichten angefüllt. Einladungen zu Dawaas Wohnung in der Stadt und zu Binderjas Familie. Auch Baagi, mein Fahrer, möchte mich seiner Familie vorstellen und bereitet ein gemeinsames Picknick am nördlichen Rande Ulaanbaatars vor.

Tag um Tag vergeht und es ist noch kein Winterquartier für die Pferde gefunden. Das muss nun Vorrang haben, denn mit einem Kälteeinbruch ist bereits täglich zu rechnen. So bin ich tagsüber meist unterwegs und begegne Muuggi selten. Sie fährt am Abend mit dem Bus nach Hause und kommt morgens erst zurück. Dann aber macht sie mir das Frühstück und ich warte sehnsüchtig auf ihren Ruf: „Maanfred! Bitte Frühstück!"

Erst danach bereitet sie das Frühstück für wechselnde Gäste in der dritten Jurte. Japaner kommen hierher, aber auch Amerikaner. Alle wollen ein wenig in die Steppe hinaus reiten. Dafür ist Tschuka zuständig, ein netter, sechzehnjähriger Bursche. Ihm gebe ich auch den Auftrag, meine Pferde im Auge zu behalten, wenn ich unterwegs bin. Für die Nacht locke ich sie mit einem bestimmten Pfiff und gefüllten Futtereimern in die Umzäunung. Manchmal müssen sie von weither getrabt kommen, ihre Wanderungen durch die Steppe werden immer weitläufiger.

Die zwanzigköpfige Herde Dawaas kommt oft nahe an meine Pferde heran und dann gibt es Streit. Der Leithengst möchte meine Stute Panca gern in seine Herde holen, aber Puschkin hat etwas dagegen. Er fühlt sich als Anführer einer eigenen Herde, die aus ihm und seiner Schwester Panca besteht. So kommt es mehrmals zu heftigen Kämpfen. Puschkin kämpft heroisch, aber der Hengst ist ihm körperlich ebenbürtig.

So tragen beide immer wieder erhebliche Schlag- und Bisswunden davon. Aber immer wieder gelingt es Puschkin, diesen Hengst abzuwehren und „seine Herde" zusammenzuhalten.

Ein Wochenende naht und ich muss nicht in die Stadt. Meine Pferde zu satteln und ein wenig die Gegend zu erkunden, wäre schön. Muuggi hat auch keine Arbeit und fragt mich, ob sie mich nicht begleiten könne.

„Aber ja", sage ich erfreut.

Sowieso fühle ich mich in ihrer Nähe besonders wohl. Zwischen uns hat sich eine unaufdringliche Freundschaft der besonderen Art entwickelt. Kaum sehe ich sie und sei es von noch so fern, erfüllt Wärme mein Herz und sie scheint ähnlich zu fühlen. Zwischen ihr und Dawaa gibt es inzwischen wohl irgendwelche Spannungen und wenn er auftaucht, wird ihr Gesicht finster. Kaum bin ich aber in der Nähe, entspannt sie sich deutlich und sofort wird ihr Gesicht wieder strahlend und freundlich. Ein unsichtbares Band scheint uns zu verbinden.

Einen zweiten Sattel leiht uns Tschuka, denn ich habe ja nur einen, den wechselweise beide Pferde tragen. Tschukas Sattel bekommt nun Panca aufgelegt. So reiten wir nebeneinander durch die grüne Steppe, den Bergen entgegen. Muuggi hat selten in ihrem Leben auf einem Pferd gesessen, sie ist ein Kind der Stadt. Doch für Mongolen scheint dies überhaupt keine Rolle zu spielen. Als sei in ihren Genen etwas gespeichert, was sie besonders talentiert macht. Nur Leichttraben scheint den Mongolen völlig fremd zu sein. Bei den kurzen Schritten der mongolischen Pferdchen ist das Ausstehen jedes zweiten Schrittes entweder nicht möglich, oder nicht nötig. Die schnellen Gangarten reiten sie sowieso grundsätzlich stehend. Aber Panca hat einen erheblich längeren Schritt. Trotzdem bemerke ich, dass Muuggi auch damit keine Probleme hat.

Die Elastizität ihres Körpers, ihr natürlicher Gleichgewichtssinn und die Lockerheit ihrer Bewegungen lassen sie die Trabpassagen leicht aussitzen. So reiten wir völlig entspannt und fröhlich gestimmt durch diese Steppenlandschaft immer höher in die Berge hinauf. Nichts belastet uns heute, wir sind ja nah beieinander, haben uns...

Wie eigentlich alle Mongolen und Mongolinnen ist auch Muuggi sehr wissbegierig, aber niemals aufdringlich. Keine Fragen, die mir unangenehm sein könnten, keine Bemerkungen, die mich auch nur annähernd verletzen könnten. Dabei muss sie deutlich erkennbar gar nicht darüber nachdenken, was sie fragt oder sagt. Instinktiv kommen nur wohlwollende Worte über ihre Lippen. Und es wird auch nicht ununterbrochen gesprochen, was mir sehr angenehm ist. Ganz deutlich nimmt sie meine Worte in sich auf, denkt nicht einfach nur über sie nach, sondern erfühlt geduldig alles, was hinter diesen Worten verborgen ist. Dieses Erfühlen scheint mir bald sogar eine besonders angenehme Eigenart dieses Naturvolkes zu sein. Gespräche unter Mongolen sind meist geprägt von einer alles überdeckenden Ruhe und von Verständnis für den Anderen.

Nach Stunden erst sind wir wieder zurück. Wie gut tat mir dieser gemeinsame Ritt. Und ein großes Stück hat er uns näher aneinander gebracht. Sehr deutlich konnte ich spüren, dass es zwischen uns mehr als nur Freundschaft geben kann. Jenes Wohlgefühl, das sich in mir ausbreitete, wenn ich in ihrer Nähe war und bei unseren Gesprächen, schien nicht nur in mir ein tiefes Gefühl der Dankbarkeit auszulösen.

Morgen soll es ein großes Fest im Nachbartal geben. Eine philippinische Delegation wird dort vom mongolischen Staatspräsidenten empfangen und zu ihren Ehren wird es ein kleines Naadam geben. Natürlich auch mit Pferderennen und Ringkämpfen. Ich solle mich bereitmachen, in voller Ausrüstung dorthin zu reiten, meint Dawaa. Er möchte mich seinem Staatspräsidenten vorstellen.

Er selbst fährt mit dem Jeep und nimmt Muuggi und ein paar Freunde mit. Tschuka führt eine Gruppe von Reitgästen in die Hoteljurtenanlage des Nachbartals. Dort soll das Fest ausgetragen werden, vor den Kameras mehrerer mongolischer Fernsehsender.

Tschukas Gruppe ist längst unterwegs, als ich endlich starte. Ich bin mit meinen Pferden allein und es ist wie vor wenigen Wochen auf dem Wege hierher. Eigentlich sollte ich glücklich und zufrieden sein, wie damals. Doch nun ist etwas anders geworden. Ich vermisse plötzlich jemanden in meiner Nähe. Bisher nahmen mir meine Pferde den größten Teil der Einsamkeit, sie waren mir als Begleiter genug. Doch seit Muuggi an meiner Seite ritt...

Endlich habe ich den Pass in den Bergen erreicht und sehe das stark bevölkerte Camp mit den prächtigen Jurten weit unter mir. Nun noch der Abstieg auf schmalem Pfad, der sich in Serpentinen hinabwindet. Suchend schweifen meine Blicke in das Gewühl dort unten und plötzlich sehe ich Muuggi, die mich längst entdeckt hat. Heftig winkt sie mit beiden ausgestreckten Armen zu mir hinauf, dabei hüpft sie immer wieder und ruft laut meinen Namen. Jetzt eilt sie mir entgegen. Hat sie mich genauso vermisst wie ich sie?

Im Gewühl weicht sie nicht von meiner Seite. Auch nicht, als Dawaa mich dem Präsidenten vorstellt und als wir in die große Restaurant-Jurte zum Essen eingeladen werden. Überall hin folgt sie mir wie ein Schatten und ich spüre regelrecht ihr Fehlen, wenn sich jemand dazwischendrängt. Interview vor laufender Kamera, Sondereinlage eines Ringkampfes mir zu Ehren, der eigentlich schon beendet war und Eintreffen der Reiter. Muuggi begleitet mich durch die Welt der Mongolen...

Auf dem Rückweg schließe ich mich Tschukas Gruppe an. Zwei Japanerinnen klammern sich an ihren Sätteln fest, während ein Freund Dawaas locker auf seinem eigenen Pferdchen folgt. Er ist ein lebenslustiger, freundlicher Typ und Veterinär. Wie alle Mongolen scheint ihn im Sattel nichts zu erschüttern.

Kaum haben wir den Pass erreicht, bis zu dem wir wegen der Enge des Pfades hintereinander gehen mussten, drängen meine Pferde nach vorn. Das Tempo der anderen ist ihnen zu gering.

Ich möchte sie nicht zurückhalten und schnell vergrößert sich der Abstand zur Gruppe. Locker und flott streben wir dem Camp entgegen. Plötzlich höre ich eilige Trabschritte eines Pferdes von hinten näherkommen. „Plopp-plopp-plopp-plopp", in kurzer Folge trommeln dort unbeschlagene Hufe auf den festen, trockenen Steppenboden. Als ich mich umdrehe, sehe ich den Veterinär sein Pferdchen vorantreiben. Er hat sich auch von der Gruppe gelöst und seinem Blick entnehme ich die Lust, sich mit mir zu messen. Hat ihn das Galopprennen bei dem eben erst stattgefundenen Fest inspiriert? Sein mongolisches Kämpferblut scheint zu kochen. Mit animalischem Grinsen und feuerspuckenden Augen schwingt er seine Stockpeitsche und treibt sein Pferdchen in den Galopp.

Da erwacht auch in mir das Rennfieber, doch ich habe keine Gerte oder ähnliche Hilfsmittel. Aber das ist auch nicht nötig. Als hätten Panca und Puschkin auf diesen Moment gewartet, schnellen sie plötzlich wie von gewaltigen Sprungfedern angetrieben, gleichzeitig nach vorn, als ich ein lautes „Jippiehhh!" von mir gebe. Kopf an Kopf jagen sie in gewaltigen Sätzen über die Steppe, bergauf, bergab und geschickt Felsbrocken in eleganten Bögen ausweichend oder gleichzeitig drüber wegspringend. Auf Puschkins Rücken, seine Zügel locker durchhängend in der Linken und Pancas Handseil ebenso in der Rechten, schwebe ich in atemberaubendem Tempo über meinen Pferden. Lenken brauche ich sie nicht, sie wissen, wohin es geht und suchen sich den rechten und kürzesten Weg zum Camp selbst.

Langgestreckt ihre Hälse, die muskulösen Körper mit unwiderstehlicher Kraft immer wieder spannend und in gewaltiger Streckung nach vorn schnellend. Ich lache vor Vergnügen und bestärke sie in ihrem Tun mit meiner Stimme. Die spielerische Bewegung ihrer Ohren, in stetigem Wechsel nach vorn gerichtet, dann wieder mir zugewandt, um meiner Stimme zu lauschen. Wie immer bei so wilden Jagden kann ich nicht über seine Gefahren nachdenken, vergesse jede Vorsicht. Als koche mein Blut, fühle ich mich völlig unbeschwert und schwerelos. Um Jahrzehnte jünger geworden, lässt auch meine Kraft nicht nach und ich wünschte, solche Momente könnten endlos dauern. Das Tempo der Pferde bleibt konstant hoch, ihre Kondition ist beeindruckend. Kilometer um Kilometer fliegen dahin und schon rückt das Camp erstaunlich schnell näher, wird immer größer.

Mich um unseren Herausforderer zu kümmern, habe ich keine Zeit. Ein Blick nach hinten ist mir nicht möglich, mein Gleichgewicht nicht zu verlieren, ist bei dieser Turbulenz unter mir viel zu wichtig. Weil mir der Fahrtwind um die Ohren braust, kann ich auch keine Geräusche hinter mir wahrnehmen und neben mir taucht weder rechts noch links ein Reiter auf. Und von einem solchen ist auch weit und breit nichts zu sehen, als wir das Camp erreicht haben und ich endlich hinter mich blicken kann.

Dawaa ist mit Muuggi und den anderen bereits zurück und sie wundern sich, wieso ich schon angekommen bin, wo sie doch mit dem Auto eben erst vorfuhren! Klar, sie mussten einen Umweg über die nahe Straße machen, doch dieser geringe Ankunftsunterschied ist für sie ungewöhnlich.

Es vergeht einige Zeit, bis mein Herausforderer eintrifft. Eigentlich viel zu viel Zeit. Dabei sieht er gar nicht glücklich aus. Schmerzen plagen ihn am linken Oberkörper und mühsam rutscht er von seinem Pferdchen auf den Boden. Dann erzählt er Dawaa, was passiert ist: Als er fast neben mir war, hatte ich meinen Pferden etwas zugerufen. Wie sie darauf ansprangen, hatte ihn so überrascht, dass er aus dem Sattel fiel. Dabei hat er sich weh getan und kam nun allein. Gleichzeitig hat ihn die Geschwindigkeit meiner Pferde ungeheuer beeindruckt und nun sieht er sie mit ganz großen Augen an.

Jetzt aber kommt er auf mich zu, der ich mit bedauerndem Grinsen gleich nebenan stehe. Mit ungewohnt ernstem Gesicht, seine Hände auf meine Schultern legend, sagt er voll Inbrunst: „German Dschingis Khan!" Ich glaube, dass ich dabei vor Stolz ein wenig errötete...

Es gibt eine kleine Feier in meinem Ger an diesem Abend. Nicht das Fest im Nachbartal ist dabei das Hauptthema, sondern unser kleines Pferderennen. Der Veterinär kann sich gar nicht beruhigen, schwärmt immer wieder erneut von meinen Pferden und Dawaa versichert, dass zu Dschingis Khans Zeiten auch die Mongolen ihre Pferde mit der Stimme dirigierten und ohne Stockpeitsche auskamen. Und wie gern er mir Panca abkaufen würde. „Lieber Dawaa, das geht nicht, Du weißt es. Aber wenn ich irgendwann einmal eine Tochter von ihr bekomme, werde ich sie Dir nach Ulaanbaatar bringen."

Feuchtfröhlich wird diese Feier und der Abend lang. Auch Muuggi und die Japanerinnen sind dabei. Wie fast immer wird natürlich auch gesungen. Jeder stimmt ein Lied an. Erst die Mongolen. Einer stimmt ein und wer das Lied kennt, singt mit. Und jeder Mongole kennt die alten Lieder, die schon seit Jahrhunderten in allen Jurten gesungen werden. Die meisten handeln von der Mutter, gefolgt von denen über Pferde. Aber es gibt auch Liebeslieder, besonders klangvoll und meist melancholisch. Ein solches stimmt Muuggi an. Und wie schön sie singt – manchmal treffen sich unsere Blicke dabei...

Schließlich sind die Ausländer dran. Tschuka ruft: „Maanfred, Du!" Ich zögere nicht, bin noch immer voller Euphorie: mein Lied über Panca und Puschkin, wie damals in der kasachischen Jurte. Noch mehrmals am Abend ruft Tschuka: „Manfred, Panca i Puschkin!", aber nun lehne ich lachend ab.

Dafür treten wir um Mitternacht hinaus in die Steppe, um ein kleines Lagerfeuer anzuzünden. Und weiter wird gesungen und gescherzt und erzählt. Eine wundervolle Stimmung, die bei mir ganz besonders nachhaltig wirkt, denn Muuggi sucht offensichtlich meine Nähe. Sie ist es auch, die alle meine Signalpatronen in den nächtlichen Himmel Ulaanbaatars abfeuern darf. Dabei muss ich ihr die Technik erklären, wir sind uns ganz nah.

Ganz weich ist ihre Stimme, als sie fragt: „Darf ich wirklich?"

„Aber ja, Muuggi, nur Du!", erwidere ich und halte ihre Schusshand in den Himmel. Sprunghaft erhöht sich mein Herzschlag, als ich sie dabei erstmalig berühre.

Mit großen Augen und ein wenig erschrocken zuckt sie bei dem scharfen Knall zusammen, doch als die Leuchtkugel im Schwarz der Nacht erstrahlt und in weitem Bogen zu Boden sinkt, lächelt sie glücklich und schaut mich mit warmem Blick dankbar an. Immer wieder, bis die letzte Kugel verschossen ist.

Diese Nacht kehrt Muuggi nicht heim, wie sonst. Bei den Japanerinnen in der dritten Jurte ist noch ein Bett frei. Als Dawaa am Morgen in das Camp kommt, gibt es einen kleinen Streit, als Muuggi ihn anspricht. Mongolisch wird gesprochen, so kann ich nichts verstehen. Muuggi scheint ihn zu bedrängen und er erwidert nun schärfer. Etwas Abfälliges scheint er zu ihr zu sagen, denn plötzlich kann ich in Muuggis Gesicht deutlich Zornesröte aufsteigen sehen. Noch ein missfälliger Satz Dawaas und plötzlich geht Muuggi entschlossen auf ihn zu und versetzt ihm eine Ohrfeige. Die Antwort kommt prompt. Dawaa schlägt hart zurück, Muuggi schwankt rückwärts. Doch kein Laut entweicht ihren Lippen, wütend und verächtlich blitzt sie ihn an. Ich bin aufgesprungen, möchte dazwischen gehen, Muuggi in Schutz nehmen, denn diesen Schlag Dawaas spürte ich beinah körperlich selbst und Hass gegen ihn steigt in mir auf. Doch Binderja hält mich zurück:

„Misch Dich da nicht ein, es geht Dich nichts an."

Ein Eingreifen ist auch nicht nötig. Schweigend und erhobenen Hauptes geht Muuggi zum Bauwagen, nimmt ihre Tasche und geht grußlos davon. In den nächsten Tagen macht der Großvater, der das Camp leitet, das Essen für die Gäste. Das ist nun dürftig und lieblos hergerichtet.

Ich weiß ja, dass die Ferien in den nächsten Tagen zu Ende gehen und Muuggi dann sowieso nicht mehr ins Camp kommen kann. Sie muss zur Universität und will nun mit besonderem Eifer Deutsch lernen, wie sie mir versicherte. Und sie hatte mir verraten, wo in der Stadt diese Universität ist.

Trotzdem ist es nun leer und traurig im Camp. Alle Fröhlichkeit ging mit Muuggi und Dawaa lässt sich kaum noch sehen. Binderja erst recht nicht. Missmutig verbringe ich die Tage, allein meine Pferde sind nun Trost für mich. Ich vermisse Muuggi.

Ein Sturm kommt auf, es wird plötzlich kalt. Schon in der Nacht hatte es angefangen, ich hatte im Bett zu frieren begonnen. Am Morgen schließe ich eilig die Lücken am Boden des Nomadenzeltes. Für die warme Jahreszeit waren an mehreren Stellen der Filz und die Leinenabdeckung am unteren Ende der Jurte nach oben gebunden worden. So konnte ständig frische Luft zwischen Erdboden und Zeltwand durch die dort nun freiliegenden Scherengitter ins Innere dringen. Es konnte draußen so heiß werden wie es wollte, immer herrschte ein angenehmes Raumklima im Zelt. Die dicken Filzbahnen verhinderten ein Aufheizen der Wandung und selbst Sonnenstrahlen konnten durch entsprechende Positionierung der beweglichen Dachabdeckung am Eindringen in das Innere der Jurte gehindert werden. Gleichzeitig sorgte die kurz über dem Boden eindringende und am Dachkranz austretende Luft für angenehme Kühlung.

Nun ziehe ich noch die Abdeckung vollständig über die Dachöffnung. Aber das allein reicht nicht. Draußen liegen noch einige Bauholzabfälle. Ich zerkleinere sie mit der stumpfen Axt, die dabei liegt und verfeuere sie in dem blechernen Ofen. Der erwärmt das Innere des Zeltes schnell, doch kaum ist das Holz niedergebrannt, wird es schon wieder kalt. Ständiges Heizen ist jetzt erforderlich und solange es draußen noch Holz gibt, nutze ich es. Trotzdem spare ich dabei, denn auch der Großvater muss ja nebenan heizen und rapide schmilzt der Vorrat.

Warme Kleidung trage ich nun beim Aufschreiben all meiner Erlebnisse der letzten Wochen. Allzu lange hatte ich mein Tagebuch vernachlässigt. Jetzt sitze ich auf dem hölzernen, buntbemalten Bett, das Schreibheft auf den Knien und lasse all die Zeit seit den letzten Eintragungen an mir vorüberziehen.

Wie oft hatte ich doch auf dem Weg zwischen der russischen Grenze im Altai und Ulaanbaatar in diesen faszinierenden Gers gesessen und sie bewundert. Seit Jahrhunderten ist an ihrer Konstruktion nichts verändert worden. Viel zu perfekt ist sie wohl, als das sie verändert werden müsste. Sie hält den schwersten Stürmen stand, weil diese nur wenig Angriffsfläche finden. Lediglich ein schwerer Stein, der nach Bedarf an ein bis kurz über den Boden reichendes Seil in der Mitte der Jurte gebunden wird, sichert dann den Dachkranz. Damit natürlich auch die über achtzig mit bunten Ornamenten bemalten Dachstangen, die in den Dachkranz locker eingelassen und am anderen Ende mit Pferdehaarschnüren am rund- gestellten Scherengitter befestigt sind.

Fünf dieser Scherengitter sind miteinander verbunden und nach Süden finden sie beidseitig der hölzernen, niedrigen Tür ihre Enden. In zusammengeschobenem Zustand nehmen diese Scherengitter aus

Leichtholzleisten einen erstaunlich geringen Raum ein. Auseinandergezogen und aufgestellt bilden sie einen Kreis von 6 Metern Durchmesser bei einer Außenwandhöhe von 1,5 Meter. Zur Mitte hin steigt die Innenraumhöhe dieser Nomadenwohnung auf über 2 Meter an. Keine Schraube, kein Nagel verbindet die einzelnen Teile der Jurte. Alles ist mit von den Tieren der Nomaden gespendeten Materialien gemacht: Die Seile und Schnüre aus Pferde-, Kamel- oder Yakhaar, Riemen und Schlaufen und sogar die Nieten der beweglichen Scherengitter-Kreuzungen aus der Haut der Tiere. Die dicken Filzbahnen stellen die Nomaden selbst her, die Wolle dazu liefern ihre Tiere Jahr für Jahr.

Erstaunlich viel Platz ist in so einer Jurte, sodass eine Truhe als Altar am nördlichen Ende Platz findet, davor ein niederer Tisch und je nach Familiengröße diverse kleine Hocker. Oft bis zu drei Betten, weitere Truhen und Schränkchen, alles bunt ornamentiert, genau wie die Dachstangen, die Tür innen und außen, der Dachkranz und seine zwei Säulen.

Zum Wohnen braucht man nicht mehr, das ist selbst mir als Westeuropäer inzwischen klar. Körperhygiene findet draußen statt und als Toilette dient die Steppe. Nicht zu nahe am Jurtencamp findet sich allemal eine Sichtschutz spendende Erdmulde oder ein großer Felsbrocken. Wer es ganz eilig hat, rennt schnell etwas abseits und hockt sich, bevor es gar nicht mehr ohne Unfall geht, in die flache Steppe und nutzt seinen weitgeschnittenen Deel als Sichtschutz.

Dieser Deel ist nicht nur ein Allwettermantel, der oft fast den Boden berührt. Seine Ärmel reichen weit über die Fingerspitzen hinaus und ersetzen so die Handschuhe, wenn es kalt geworden ist. In der Steppe wird er von den Hirten, die manchmal mehrere Tage unterwegs sind, um ihre zu weit gewanderten Herden zurückzuholen, als Bettdecke genutzt.

UMZUG IN DIE STADT

Das Essen wird immer kläglicher und immer kleiner die Portionen. Andere Gäste sind schon lange nicht mehr im Camp und auch der Großvater wird immer mürrischer. Allein Tschuka und er sind neben mir noch im Camp.

Endlich lässt sich Dawaa wieder einmal blicken. Die Holzreste sind aufgebraucht. Deshalb bitte ich Dawaa, mich in die Stadt zu bringen und mir bei der Suche nach einem billigen Hotel behilflich zu sein. Der tut es scheinbar erleichtert, denn er hat kein Geld mehr, um Holz oder Nahrungsmittel einzukaufen. Alles, was ich für meine Unterbringung in der Jurte und die dazugehörige Versorgung voraus gezahlt hatte, scheint anderweitig ausgegeben.

Wir finden ein Zimmer für mich, dürftig zwar, aber meine Ansprüche sind nicht hoch. Es ist mitten in der Stadt, nahe dem Zentrum und nicht teuer. Tschuka hat den Auftrag, meine Pferde zu bewachen und sie wie ehedem abends in die Umzäunung zu holen. Dieser Junge scheint mir zuverlässig und ich vertraue ihm.

Auch ein Winterquartier für die Pferde ist endlich gefunden. Sie im Winter sich selbst zu überlassen, wo sie Futter aus dem Schnee graben müssten und statt Wasser zu saufen, Schnee zu fressen, so wie es die Nomaden tun, kann und will ich nicht. Schließlich überleben in harten Wintern viele Tiere und damit auch Pferde der Nomaden nicht und ein solches Risiko ist mir einfach zu groß. Deshalb habe ich mit dem Direktor des Staatszirkus einen Kontrakt geschlossen. Gegen eine erhebliche Summe bekommen die Pferde im Zirkusgebäude zwei Boxen neben acht weiteren Pferden. Futter, Wasser, Reinigung, Veterinär und tägliche Bewegung in der Manege sind abgesicherte Vereinbarungen.

Mit Beginn des Oktober sollen sie umquartiert werden. Diese Sorge bin ich nun los. Aber etwas fehlt mir noch und beunruhigt mich sehr. Seit vielen Tagen habe ich Muuggi nicht mehr gesehen und vermisse sie sehr, meine Sehnsucht nach ihrer Nähe wird mir jetzt erst richtig bewusst. Nun endlich in der Stadt und damit wahrscheinlich nicht weit von ihr, suche ich ihre Universität und kann sie nicht finden. Und ohne sie noch einmal zu sehen, möchte ich Ulaanbaatar nicht verlassen.

Die Hauptstadt der Mongolei bietet wenig Attraktives an Gebäuden. Sie ist geprägt von unansehnlichen, teilweise ziemlich heruntergekommenen Plattenbauten aus der Sowjetzeit. Wenige Monumentalgebäude, ebenfalls nach sowjetischem Vorbild im Stadtkern, beeindrucken eher durch vorgelagerte, weiträumige Paradeplätze. Großzügig breite Straßen gibt es besonders im Kernbereich und die sind durchaus in gutem Zustand. Wären da nicht die oft gewaltigen Höhenunterschiede zwischen Asphalt und Kanaldeckel oder sogar völlig fehlende Kanaldeckel. Die Verkehrsdichte ist erstaunlich hoch. Die meisten Autobesitzer können allerdings ihr Fahrzeug nur schwer unterhalten. Benzin, Ersatzteile und Reparaturen sind teuer. Deshalb ist es üblich, zwischendurch Taxidienste zu verrichten und dies wird von den Behörden toleriert. Wer kein Auto hat und schnell irgendwohin muss, stoppt einfach ein Privatauto und zahlt für das Mitnehmen einen geringen Betrag.

Offizielle Taxis gibt es auch. Die sind entsprechend gekennzeichnet, doch erheblich teurer.

Um das Zentrum herum sind inzwischen, offensichtlich in erstaunlich kurzer Zeit, sehr moderne Gebäude mit gewaltigen Glasfassaden entstanden. Es sind Hotels, die sich in ihrer Ausstattung mit jedem Hotel der westlichen Welt messen können. Sie sind notwendig geworden, weil der Tourismus stetig anwächst.

Das Interesse an der Kultur dieses Nomadenvolkes ist weltweit groß und viele Menschen wollen auch einfach nur wissen, wie die Nachkommen des Dschingis Khan wirklich sind und wie sie leben.

Auf der Suche nach Muuggis Universität lerne ich schnell das Zentrum der Stadt kennen. Zum zigsten Mal durchwandere ich es in alle Richtungen. Vergebens! Dort gibt es so ein Gebäude, wie Muuggi es mir beschrieb, doch ich sehe keine Studenten darin oder drum herum und das Gebäude ist verschlossen. Am nächsten Tag beginne ich noch einmal von vorn. Wieder lande ich nach Muuggis Beschreibung vor diesem Gebäude und will schon ärgerlich aufgeben. Da sehe ich, dass diesmal die Eingangstür geöffnet ist. Hinter den Fenstern sind viele Köpfe zu sehen. Also ist gerade Unterricht. Ich warte angespannt. Irgendwann in der nächsten Zeit muss ja die Vorlesung zu Ende sein, denn es ist schon Nachmittag. Bald erwacht Lärm in dem Gebäude und endlich strömen die Studenten heraus. Und plötzlich sehe ich sie in angeregter Unterhaltung mit einem anderen Mädchen das Gebäude verlassen: Muuggi!

Ich hatte an einem Baum gelehnt, trete nun aus seinem Schatten. Sofort sieht sie mich und ruft freudig: „Maanfred!"

Eine kurze Erklärung zu dem Mädchen und sie eilt mir entgegen.

„Danke, dass Du gekommen bist!", ruft sie strahlend und reicht mir ihre Hand. Ich möchte sie nach Hause begleiten und mit ihr sprechen, denn so Vieles ging mir in den letzten Tagen durch den Kopf. Ich erzähle ihr, dass ich nun in der Stadt wohne und wenn sie es möchte, könne ich sie öfter von der Universität abholen. Da sieht sie mich glücklich an und nickt heftig mit dem Kopf.

„Das ist schön", sagt sie und leitet mich dorthin, woher ich eigentlich gekommen bin auf dem Weg von meinem Hotel.

Überrascht stelle ich fest, dass wir auf dem Weg zu ihrer Wohnung an meinem Hotel vorbei kommen. „Hier wohne ich, dort hinter diesem Fenster im Erdgeschoss", erkläre ich ihr.

„Oh schön, da kann ich Dich besuchen!", sagt sie und errötet ein wenig.

Nur hundert Meter von meinem Hotel ist ihre Wohnung. In einem dieser hässlichen Plattenbauten. Ganz oben, im fünften Stock, sagt sie mir, wohnt sie mit ihrer Mutter. Der Vater habe vor vielen Jahren die Familie mit fünf Kindern verlassen, habe nun eine neue Frau. Muuggi ist wütend auf ihren Vater, der offensichtlich wohlhabend ist, aber seine alte Familie kaum unterstützt.

Jetzt verabschieden wir uns erst einmal, vielleicht könne sie mich heute Abend besuchen, sagt Muuggi. Aber das geht nicht so leicht, weil das Hotelgelände durch einen Polizeiposten abgesperrt ist. Nur Hotelgäste dürfen es betreten, oder weitere Personen in deren Begleitung. Jeder, der das Gelände betritt, wird in einem Buch registriert. Auch die Fahrzeuge, die im Hof geparkt sind, darunter nun auch meines. Die Kriminalität hier in der Stadt ist hoch. Ein Auto auf der Straße stehen zu lassen, ist besonders in der Nacht äußerst gefährlich. Wer kein bewachtes Hotelgelände dafür hat, mietet sich einen Stellplatz in einem der hoch eingezäunten und streng bewachten Parkplätze an vielen Punkten der Stadt.

Der Kälteeinbruch, der mich in die Stadt trieb, ist abgeflacht. Die Sonne scheint wieder und es ist warm draußen. So kann ich mein Zimmerfenster zur Straße offen lassen, um Muuggi zu hören, falls sie mich besuchen kommt. Schon längst habe ich ein wenig eingekauft, um sie bewirten zu können. Dann warte ich voller Ungeduld. Lange! Immer wieder gehe ich zum Fenster und blicke hinaus. Die Straße hinunter und hinauf, suche ihre Gestalt in der Menge der Fußgänger, die drüben den Platz überqueren. Von meinem Fenster kann ich die Rückseite eines monumentalen Gebäudes aus der Sowjetzeit sehen. Heute ist ein Restaurant darin.

Viele Ausländer, aber auch betuchte Mongolen gehen dort essen. Eines der bekanntesten Gerichte dort, das weiß ich schon, sind Brathähnchen. Die Abfälle aus der Küche werden in eine große Gitterbox, die hinter dem Gebäude steht, geworfen.

Immer wieder sehe ich zerlumpte Männer mit Plastiktüten diese Gitterbox ansteuern. Sie steigen hinein und wühlen darin herum. Noch brauchbare Speisereste füllen sie in ihre Tüten. Nicht selten urinieren sie nach dem Herausklettern gegen die Gitterbox. Kommen Straßenkinder, die es ebenfalls in großer Zahl gibt, um sich etwas herauszusuchen, werden sie schimpfend von den Männern vertrieben. Erst wenn die Männer abziehen, wagen sich die Kinder wieder heran und suchen nun, was noch Essbares verblieben ist. Bereits abgenagte Hühnerknochen, vielleicht noch mit ein paar Fleischfasern, Hautresten, Sehnen und Gelenkknorpeln daran. Gierig wird gleich vor Ort abgenagt, was noch „essbar" ist. Immer wieder, den ganzen Tag hindurch kommen Einzelne oder mehrere gleichzeitig an diesen Platz.

Und kaum sind mal keine Menschen an der Gitterbox, kommen flink Straßenhunde herbei, um sich ebenfalls darin zu tummeln und sich oft lautstark um das zu streiten, was jetzt noch verblieben ist. Ein schockierender Anblick, der hoffentlich in reichen Ländern bald genügend Aufmerksamkeit erregt, und zu entsprechender Hilfe für die vielen Obdachlosen und vor allem der Kinder, führt.

Missmutig hat mich dieser Anblick gemacht und noch immer warte ich vergeblich. Ist sie verhindert? Oder war es eine nicht ernst gemeinte Aussage?: „Ich komme dich besuchen." Enttäuscht werfe ich mich auf das Bett.

Plötzlich höre ich laut und deutlich Muuggis Stimme durch das Fenster schallen: „Maanfred!"

Mit einem Satz bin ich am Fenster und sehe sie lächelnd und winkend draußen stehen.

„Ich komme, Dich abzuholen!", rufe ich begeistert zurück und springe schon zur Tür. Eben noch enttäuscht und betrübt, nun augenblicklich himmelhoch jauchzend. Was ist eigentlich los mit mir?

Schnell bin ich draußen beim Polizeiposten. Der Polizist sitzt in seinem kleinen Häuschen und langweilt sich. Und da kommt Muuggi strahlend heran. Misstrauisch kontrolliert der Polizist ihren Pass und macht seine Eintragung in das Buch. Was der wohl denkt? „Wieder eine Mongolin, die einen Ausländer auf seinem Zimmer besucht", vielleicht. Mongolische Männer können ziemlich eifersüchtig sein, das Gesicht dieses Mannes drückt zumindest Missbilligung aus. Doch Muuggi schert sich nicht darum. Sie ist sowieso sehr selbstbewusst, ich konnte es ja schon erleben. Unterkriegen und einschüchtern lassen wird sie sich bestimmt nie.

Wir gehen auf mein Zimmer, ich mache einen Milchkaffee und stelle eine Schale mit Gebäck auf den kleinen Tisch. Jetzt erfahre ich auch, was es mit dem Streit zwischen ihr und Dawaa auf sich hatte: Muuggi hatte eine Liste geschrieben, was ihr Dawaa für die Küche im Camp mitbringen sollte, damit sie die Gäste ordentlich bewirten könne.

Erst hatte Dawaa die Liste einfach ignoriert und später zugegeben, dass er kein Geld habe. Da hatte ihm Muuggi Vorwürfe gemacht. Schließlich kassiere er doch von den Gästen, so müsse doch Geld da sein. Für seine Saufgelage mit Freunden habe er ja auch welches.

Da habe er sie persönlich gekränkt und sie habe ihn dafür geohrfeigt. Das sei alles und würde sicherlich bald wieder vergessen sein.

Noch nie hatten wir Gelegenheit, so lange und intensive Gespräche zu führen. So ist es längst dunkel, als sie sich verabschieden will. Doch ich möchte sie nicht allein in die Nacht hinauslassen und begleite sie bis zu ihrem Haus.

„Ich bin glücklich, Dich wiedergefunden zu haben und so froh, dass Du mich besucht hast. Dafür möchte ich Dir danken, denn in Deiner Gesellschaft ist mein Herz ganz leicht.", sage ich zum Abschied. Im schwachen Licht der Lampe über dem Eingang kann ich sehen, dass sie erneut errötet.

„Ich auch bin glücklich.", sagt sie leise, dreht sich geschwind um und eilt die Treppe hinauf. Auf dem oberen Treppenabsatz dreht sie sich noch einmal um und winkt mir lachend zu.

„Bis morgen!", höre ich sie noch rufen, dann wandere ich beschwingt zu meinem Hotel.

Auch am nächsten Tag besucht sie mich wieder und nun ist es wohl offensichtlich, dass sie ebenfalls zärtliche Gefühle in sich trägt, wenn sie an mich denkt. Denn sie erzählt aus ihrer Uni, verrät sogar, dass sie ihrer Freundin von mir berichtete. Von mongolischen Männern scheint sie nicht viel zu halten. Die seien oft sehr brutal und dächten nur an sich selbst. Deshalb verlassen so viele ihre Familien und lassen die Frauen mit den Kindern unversorgt zurück. Jetzt denkt sie wohl an ihre Mutter, denn tiefe Traurigkeit umhüllt ihr Gesicht. Da kann ich nicht anders, ich nehme sie in meine Arme und sie legt ihren Kopf dankbar an meine Schulter. Beruhigend streiche ich ihr über das dunkle, glänzende Haar. Nein, sie weint nicht. Stattdessen befreit sie nun ihre Arme und legt sie mir um den Hals. Heiß ist ihr Gesicht und ich kann ihr Herz heftig pochen fühlen, als sie mich auf die Wange küsst. Ihre Augen sind weit geöffnet und ihr Blick dringt tiefer denn je in mich, löst eine heiße Welle in mir aus. Nun gibt es kein Zurück mehr, langsam nähern sich unsere Gesichter und unsere Lippen finden sich...

Ich weiß nicht, wie lang dieser Kuss war, wie lange unsere Körper eng umschlungen wie von selbst sich aneinander schmiegten, wie viel Zeit verging, bis wir uns voneinander lösten. Aber ich weiß, welch tiefe Gefühle diese Minuten in mir und wohl auch in ihr hinterließen. Ab jetzt schien sie bereits ein Teil von mir zu sein. Egal, wo ich in der nächsten Zeit ohne sie war oder was ich tat – immer sprach ich mit ihr wie zu meinem zweiten Ich. Sie schien ständig an meiner Seite zu sein und an allem interessiert, was ich tat oder dachte.

Und waren wir zusammen, dann war es tatsächlich so. Sie wollte alles wissen, alles mit mir gemeinsam tun, überall mit mir hingehen, alles mit mir teilen. Wir durchstreiften die Stadt und fuhren zu den Pferden hinaus. Tschuka und der Großvater waren dort übrig- geblieben und freuten sich über unseren Besuch. Die Pferde kamen aus der Steppe herbeigeeilt, weil sie das Auto erkannten. Es ging ihnen gut, das konnte man deutlich sehen.

Dieses Leben war nach ihrem Geschmack. Und Muuggi hatte längst alle Hemmungen gegenüber der Öffentlichkeit aufgegeben. Selbstbewusst bekannte sie sich zu ihren Gefühlen zu mir, wich nicht von meiner Seite.

Jeden Abend waren wir in meinem Zimmer allein miteinander - Küsse längst zur Selbstverständlichkeit geworden und dennoch immer aufwühlend intensiv. Mir schien, dass diese unglaubliche Zärtlichkeit, die sie in allem, was sie mir gegenüber an den Tag legte, wohl angeboren sein musste. Vielleicht tragen alle Mongolinnen diese besondere Begabung in sich, denn obwohl Muuggi ja ein Stadtkind war, konnte ich noch sehr viele Verhaltensweisen an ihr entdecken, die ich auch bei den Nomaden sah. Der zärtliche Umgang mit Kindern, mit ihren Geschwistern, mit der Mutter und schließlich auch mit mir.

Stundenlang konnten wir eng umschlungen Zärtlichkeiten miteinander austauschen, ohne endgültig intim zu werden. Ich scheute mich, sie zu mehr zu drängen. Zu groß war meine Angst, sie dadurch zu verlieren, der Augenblick zu heilig, um ihn zu zerstören. Und dafür schien sie dankbar zu sein, denn schnell wuchs ihr Vertrauen in mich.

Der Zeitpunkt meiner Abreise rückte näher. Nicht nur mir war das schmerzhaft bewusst. Wenn wir darüber sprachen, wurde Muuggi ganz leise und traurig. Allein die Tatsache, dass ich ja nach sechs Monaten wieder hier sein würde, tröstete ein wenig. Daran, dass ich jedoch nach dem Wiedersehen weiter musste und dann sogar endgültig, wollten wir beide nicht denken. Wir verdrängten diesen Gedanken und nur manchmal sah ich einen Schatten über ihr Gesicht huschen, wenn wir von meiner Rückkehr sprachen.

Am Abend vor meiner Abreise waren wir besonders lange auf meinem Zimmer, konnten uns nur schwer lösen.

„Wirst Du mich zum Flughafen begleiten?", fragte ich sie an ihrer Haustür.

„Ja", sagte sie leise und entschwand im Treppenhaus.

Am Tag der Abreise ging Muuggi nicht zur Universität. Nach wenigen Stunden Schlaf war sie wieder bei mir, um mich zum Flughafen zu begleiten. Binderja hatte mir das Ticket besorgt und mir angeboten, mich in seinem Auto zum Flughafen zu bringen. Dass Muuggi nun an meiner Seite war und wir offensichtlich ein Liebespaar, verwunderte ihn, aber er verlor kein Wort darüber. Auf dem Flughafen schienen Muuggis Bewegungen müde, ihre ganze Gestalt drückte Traurigkeit aus. Doch sie sagte kein Wort während der Abfertigung, hielt sich ein wenig abseits und als der Zeitpunkt des Abschieds gekommen war, wurden ihre Augen feucht.

Ein letztes Mal nahm ich sie in meine Arme und hatte das Gefühl, sie nicht loslassen zu dürfen. Festzuhalten diesen Augenblick und bei ihr zu bleiben für immer, zu ihrem und zu meinem Wohl. Doch dann ging ich wie unter einem Zwang durch jene Absperrung, die nur die Fluggäste durchschreiten dürfen. Ein letztes Winken, ein letzter Blick, dann verlieren wir uns im Gewühl aus den Augen...

Wie gelähmt sitze ich in dem engen Sitz des Flugzeugs. Während des Starts und bald hoch über diesem merkwürdigen Land, das mein Leben veränderte. Werde ich sie je wiedersehen? Was alles kann schließlich geschehen in sechs Monaten!

Und wieder bohrt in mir die Frage, warum dies alles geschah. Kann alles nur Zufall sein? Ist es nicht auch möglich, dass irgendwelche geheimnisvollen Kräfte diese Begegnung herbeiführten wie diese Reise sowieso? Unglaublich Vieles ist in so kurzer Zeit an mir und in mir verändert worden!

Aus dem braven Bürger, der bisher alle Gesetze der Gesellschaft achtete, sich widerspruchslos den Zwängen unterwarf, ist ein völlig anderer Mensch geworden. Plötzlich denke ich tiefer, begehre auf gegen Gebote, die ich bisher ohne darüber nachzudenken, als wichtige Bestandteile meines Lebens hinnahm - mache mir Gedanken über „Sünden". Ich kann den Bruch

WINTERPAUSE

Die Zeit zu Hause gestaltet sich qualvoll. Ständig wandern meine Gedanken zurück in die Monate meiner Reise. Besonders die Erinnerungen an Muuggi lassen mich still werden, mich in schmerzliche Einsamkeit flüchten. Ich scheue menschliche Begegnungen. Hier ist mir plötzlich alles zu laut, zu hektisch, zu eng.

Und die Pferde! Werden sie gut versorgt? Geht man gut mit ihnen um? Bekommen sie genug Bewegung? Selten gelingt es mir, mit Muuggi und mit Binderja zu telefonieren. Beide beruhigen mich jedes Mal: „Den Pferden geht es gut!"

Und Muuggi fragt: „Wann kommst Du?"

Doch je länger ich zu Hause bin, umso häufiger mache ich mir Vorwürfe. Hier bin ich verheiratet, auch wenn diese Ehe längst keine mehr ist, ja dringend beendet werden müsste. Ich falle langsam aber unaufhaltsam zurück in das Bewusstsein von Sünde, dessen Zwänge mich ja so viele Jahrzehnte leiteten, wie die meisten Menschen meiner hiesigen Umgebung.

Kann es mir überhaupt jemals gelingen, diese Ketten abzuwerfen und zu meinen Gefühlen zu stehen, die ich ja nicht willentlich herbeiführte? Wäre es nicht besser und ehrlicher, vor alle Betroffenen zu treten und zu gestehen, dass sich meiner neue Gefühle bemächtigten, zu denen es mich unaufhaltsam drängt?

So und ähnlich sind immer wieder meine Gedanken: zwischen bewusster Schuld und dem Versuch, eine Entschuldigung für meine Entgleisung zu finden. Eine endlose Geißelung meiner Seele.

Nein, ich kann es nicht gestehen. Lieber will ich als Feigling gelten und will es weiter geheimhalten, bevor ich Jemandem diese Schmerzen zufügen könnte. Sicher wird es sowieso nur eine kurze Episode ohne nachhaltige Folgen, denn schnell nach meiner Rückkehr in die Mongolei werde ich ja sowieso weiterziehen müssen...

So gehe ich verwirrt den Bemühungen nach, die weitere Reise vorzubereiten. China ist das nächste Land, dann sollen es Südkorea und Japan sein, bevor wir den Pazifischen Ozean überqueren. Kontakte mit den deutschen Botschaften in Peking, Seoul und Tokio sind schnell geknüpft. Doch für notwendige Visa können die nichts tun und die chinesische Botschaft in

Deutschland verweist mich an ein Reisebüro. Leider sind dessen Mitarbeiter nicht in der Lage, mir zu helfen. Monat um Monat vergeht und immer wieder werde ich vertröstet. Meine Art des Reisens stößt offensichtlich bei den Chinesen auf Unverständnis.

Der Februar vergeht bereits und noch immer bin ich in meinen Bemühungen nicht weiter. Bald werde ich aufbrechen müssen, wenn ich das eben begonnene Jahr nutzen will. Auch wenn der Frühling in der Mongolei spät einsetzt, muss ich doch so viele Monate wie nur möglich zum Weiterkommen haben.

Immer unruhiger werde ich, unwiderstehlich zieht es mich dorthin, wo ich so ungern abreiste. Muuggi ist es, die ich unbedingt wiedersehen möchte und meine Pferde sind es, nach denen ich so große Sehnsucht habe. Aber auch dieses Land selbst, das eine so unglaublich große Anziehungskraft auf mich ausübt. Endlich wieder in die Freiheit hinauszureiten, allen so einengenden gesellschaftlichen Zwängen zu entfliehen – das sind meine Gedanken jeden Tag.
Deshalb telefoniere ich bereits Mitte März mit Binderja und gebe ihm meinen Ankunftstermin bekannt, damit er mich vom Flughafen abholen kann. Ich bin sicher, in Ulaanbataar auf der dortigen chinesischen Botschaft und vielleicht sogar mithilfe der dortigen deutschen Botschaft mehr zu erreichen, als hier in Deutschland.

RÜCKKEHR IN DIE FREIHEIT

Aeroflot, diese russische Fluggesellschaft, ist von allen Gesellschaften, die Ulaanbaatar anfliegen, die billigste. Doch muss ich in Moskau umsteigen. Als das furchtbar laute Flugzeug dort zum Landeanflug ansetzt, erkenne ich, dass hier der Winter noch lange nicht zu Ende ist. Dabei ist es bereits Ende März. Weiße Flächen noch überall auf dem flachen Land und spiegelndes Eis auf großen Wasserflächen. Ulaanbaatar liegt zwar etwas südlicher, doch erheblich höher. Was wird mich um diese Jahreszeit dort für ein Wetter erwarten und welche Temperaturen?
Ein ständig schwankendes Gefühl zwischen Bangen und froher Erwartung wühlt mich auf. In welchem Zustand werde ich meine geliebten Pferde antreffen? Wie wird die erneute Begegnung mit Muuggi ausfallen? Meine Ankunft konnte ich ihr nicht mitteilen, zu schwierig ist es, sie am Telefon ihrer Schwester zu erreichen. Hat sie überhaupt auf mich gewartet oder inzwischen einen anderen Freund?

In Moskau muss ich in ein anderes Flugzeug umsteigen und dort ist es besonders eng. Eine dünne Röhre, vollgestopft mit Sitzen für die Fluggäste.

Wohl wegen vernachlässigter Wartungsarbeiten aus Geldmangel stürzten in der letzten Zeit mehrere Flugzeuge dieser Baureihe ab.

Das Bewusstsein darüber fördert nicht gerade ein Gefühl der Sicherheit und die Enge erst recht nicht. Viele Stunden werde ich so zusammengepfercht überstehen müssen, bis wir Ulaanbaatar erreicht haben. Immer mehr Fluggäste zwängen sich in das Flugzeug, es ist offensichtlich bis zum letzten Platz ausgebucht.

Doch wer hier zusteigt, trägt meist mongolische Gesichtszüge. Ich höre ihre wohlklingenden, unaufdringlich leisen Gespräche und bin plötzlich erleichtert. In ihrer Obhut fühle ich mich wohl und sofort beruhigt sich meine Seele. Eine Mongolin nimmt neben mir Platz und bei der ersten Begegnung unserer Blicke habe ich wieder dieses Gefühl gegenseitigen Verstehens, gegenseitiger Sympathie. Selten habe ich in einem Flugzeug schlafen können, meine innere Unruhe ließ es nie wirklich zu. Jetzt aber flieht diese Unruhe, ich fühle mich geborgen und schlafe ein. Gerade kann ich noch wahrnehmen, dass diese Frau neben mir, mich mit einer Decke zudeckt, wie es meine Mutter getan hätte, denn kalt ist es hier so hoch über dem zentralasiatischen Festland um diese Jahreszeit.

Zwischenlandung in Nowosibirsk, das Flugzeug muss aufgetankt werden. Noch immer werden es einige Stunden sein bis zu meinem sehnsuchtsvoll erwarteten Ziel. Meine Unruhe steigt weiter. Beim erneuten Start sehe ich lichten Schnee flach über die Startbahn wehen. Kalt muss es draußen sein. Erst recht natürlich im Altaigebirge, das wir bald überqueren. Hochaufragende Berge, oft steil und zerklüftet. Sie muten unzugänglich und lebensfeindlich an von hier oben, sind bis in die Täler hinein noch von einer geschlossenen Schneedecke überzogen.

Langsam werden die Berge flacher, schließlich abgerundeter, gehen endlich in welliges Steppenland über. Hier gibt es keine geschlossene Schneedecke mehr, aber grau wirkt dieses Land unter mir nun, von Raureif lückenlos überdeckt. Der Frost hat die Mongolei noch sicher im Griff.

Langsam verlieren wir an Höhe, Ulaanbaatar muss schon ganz nah sein. Meine Pulsfrequenz erhöht sich sehr deutlich. Und endlich sehe ich unten den Talkessel mit der sich darin ausbreitenden Stadt. Eine Stadt, eingerahmt von zahllosen Hütten und Gers, die wie in Schachteln gestellt, innerhalb hoher Bretterzäune stehen.

Endlich die Landung, Abschied von der netten Sitznachbarin, unkomplizierte Abfertigung durch freundliche Mongolen in Uniform und Empfang des Reisegepäcks. In der Vorhalle erwartet mich Binderja und begrüßt mich freundschaftlich. Mein Hotelzimmer vom Vorjahr hat er auch bereits organisiert und bringt mich unverzüglich dorthin. Gleich am nächsten Tag will er mich zu seinem Verwandten bringen, auf dessen Grundstück mit nagelneuem Haus nach europäischem Muster am nordwestlichen Rande Ulaanbaatars mein Fahrzeug überwintert. Nirgends hier wäre es sicherer als hautnah an einem bewohnten Haus mit kleinem Innenhof, der von einer hohen Mauer umgeben ist.

An diesem Abend aber mache ich nur einen Besuch und für den brauche ich das Fahrzeug nicht. Das Gebäude des Staatszirkus ist schließlich nur 30 Gehminuten von meinem Hotel entfernt. Meine Eile ist groß, deshalb benötige ich heute für diese Strecke gerade mal 20 Minuten. Ziemlich atemlos komme ich dort an, benutze den Personaleingang und werde unverzüglich zu meinen Pferden geführt. Mit heftig klopfendem Herzen erreiche ich den Pferdestallbereich und kann schon den typischen, lange vermissten Geruch wahrnehmen. Hier gehe ich an leeren Boxen vorbei, nur in den zwei letzten sind derzeit noch Pferde untergebracht. Es sind meine beiden. Die Zirkuspferde sind offensichtlich bereits auf den Weiden irgendwo in der Steppe.

Meine Pferde, jedes in einer einzelnen Box, aber nebeneinander, haben längst bemerkt, dass Menschen den Stall betraten. Und als ich nun den gewohnten Pfiff hören lasse, drängen sich zwei schwarze Gesichter an die Gitterstäbe. Ein leises, grummelndes Wiehern, wie das tiefe Lachen eines Menschen mit Bassstimme, ertönt zaghaft. Das ist Puschkin, ich kenne diesen Ton, den er immer von sich gibt, wenn ich mich mit Futter nähere. Mein Herzklopfen ist deutlich am Hals zu spüren, als ich zu ihnen eile.

Aufgeregt spreche ich mit ihnen voll freudiger Euphorie, schreie fast und bin sofort sicher, dass sie mich erkannt haben. Beide Hände strecke ich zuerst zu Panca hinein und dann nebenan zu Puschkin.

Gierig saugen sie meinen Geruch ein, wollen gar nicht von meinen Händen lassen. Mit Tränen des Glücks in den Augen öffne ich die Tür zu Pancas Box und trete ein. Sofort drängt sie sich an mich, umkreist mich hauteng, wickelt mich regelrecht ein. An ihrer linken Seite stehend, lege ich meinen linken Arm auf ihren Rücken, beuge meinen Körper nach vorn, um mit der Rechten ihren Bauch zu kraulen.

Dies ist ein altes Ritual zwischen uns und darauf hat sie gewartet. Mein Gesicht in ihr Fell gedrückt, atme ich tief ihren vertrauten Geruch und Panca tut das, was sie immer tut: vorsichtig hebt sie ihr linkes Hinterbein und streckt es weit seitlich von sich. So kann ich sie besser dort kraulen, wo sie selbst niemals hinkommt. Gleichzeitig möchte sie auch mir etwas Gutes tun: weit biegt sie ihren Hals herum, um mit ihrem weichen Maul meinen Rücken zu kraulen. Auf und ab, auf und ab, bis ich mein Tun beende.

Ungeduldig wartet Puschkin nebenan in seiner Box und scharrt längst fordernd mit einem Vorderhuf. Auch er will mehr, als nur an meiner Hand schnuppern. Obwohl er eigentlich kein Schmusetier ist, verlangt er heute doch auch seine Zärtlichkeiten. So löse ich mich endlich von Panca, die schlau versucht, mir den Weg zu verstellen. Als ich ihre Box wieder verschließe, sieht sie mir herzerweichend traurig nach. Nun kann Puschkin mich endlich vollständig beschnuppern und wieder lässt er sein grollendes Wiehern, das wie verhaltenes Lachen klingt, hören. Auch ihn kraule und tätschele ich glücklich rundum und drücke meine Nase saugend in sein Fell. Beide riechen auch für mich unterschiedlich und ganz speziell und mir ist, als könnte ich den Geruch meiner Pferde von hundert anderen unterscheiden.

Tief erleichtert atme ich nun auf und bin zunächst unendlich dankbar, meine Pferde wohlbehalten vorgefunden zu haben. Sie sind gut genährt, hungern mussten sie nicht. Allerdings kann ich sie noch nicht wieder in die Freiheit zurückholen, denn der Umzug in die Steppe muss vorbereitet werden und das wird einige Tage dauern. Jetzt muss ich erst erneut Abschied nehmen und Puschkin ahnt wohl, dass ich schon wieder gehen will.

Behutsam nimmt er meinen linken Ärmel zwischen die Zähne und versucht, mich festzuhalten. Als ich gehe, drängen sich wieder zwei schwarze Gesichter an die Boxenstäbe und deutlich kann ich ihre Enttäuschung erkennen. Mir ist erneut zum Jammern...

Als ich mein Hotel erreiche, ist es längst dunkel. Deprimiert lasse ich mich auf das Bett fallen – meine Gedanken sind verwirrt. Natürlich hatte ich meine Blicke unterwegs ständig umherschweifen lassen und gehofft, eine bestimmte Gestalt zu entdecken unter all den Menschen, die durch die Stadt eilen. Aber nirgends konnte ich sie entdecken: Muuggi. Erschöpft schlafe ich schließlich ein.

Am nächsten Tag muss zunächst das Fahrzeug her. Um die Pferde so schnell wie möglich in die Freiheit zu bringen, ist es notwendig, beweglich zu sein und gleichzeitig kann ich so besser auf die Suche nach Muuggi gehen. Binderja ist zuverlässig. Wie versprochen bringt er mich zu meinem Fahrzeug. Ich fülle den im Herbst entleerten Kühler, baue die Batterie ein. Erster Startversuch – ohne Zögern springt der Motor sofort an.

Dann fahre ich auf die Suche nach dem deutschen Reisebüro, das als Empfänger der dringend benötigten Ersatzteile für mein Auto fungierte. Dort erfahre ich, dass die Teile angekommen seien und in einem Lagerschuppen am Stadtrand gelagert werden. Morgen könne ich sie in Empfang nehmen. Eine außergewöhnliche Unruhe ist in mir. Alles erledige ich fahrig und ich bin in unsteter Eile.

Mein nächster Weg führt mich zu jenem Camp hinaus, in dem meine Pferde im Vorjahr schon untergebracht waren und wohin ich sie nun auch so bald wie möglich wieder bringen möchte. Doch das Camp ist noch leer.

Dawaa, den Besitzer, kann ich telefonisch erreichen, doch der vertröstet mich. Erst muss er noch auf eine Auslandsreise, erst danach wird er sein Camp wieder besetzen. Also müssen meine Pferde noch einige Tage im Zirkus bleiben. Sie tun mir leid, denn noch nie so lange Zeit mussten sie in einer Box verbringen. Es muss ihnen wie eine Bestrafung erscheinen und sie wissen nicht, wofür sie bestraft werden.

AUF DER SUCHE NACH MUUGGI

Endlich ist der Nachmittag gekommen, jene Stunde, zu der ich Muuggi vor Monaten von der Uni abholte und aufgeregt eile ich dorthin. Auch heute hatte ich sie bei meinen Gängen und Fahrten durch die Stadt nicht entdecken können. Aber das war auch unwahrscheinlich, schließlich können jetzt keine Ferien sein. Nun warte ich vor diesem Gebäude. Vergeblich. Alle Studenten haben es längst verlassen, als ich mich enttäuscht entschließe, mein Warten aufzugeben. Verwirrt mache ich mich auf den Weg in mein Hotel. Warum ist sie nicht auf der Uni? Ist sie krank?

Am nächsten Tag hole ich die Ersatzteile. Sie jetzt einzubauen, kann ich mich nicht aufraffen. Anderes beschäftigt mich zu sehr. Wieder laufe ich zur Uni. Dort gibt es ja auch Pausen und in denen sind die Studenten meist draußen auf dem großen Hof. Als sie herausströmen, werde ich wieder enttäuscht. Muuggi ist nicht unter ihnen. Vielleicht ist sie im Gebäude geblieben? Schließlich weiß sie ja nicht, dass ich hier bin. Bei der nächsten Pause will ich es wieder versuchen. Wieder vergeblich. Und auch bei der übernächsten und auch am Nachmittag nach dem Ende des Unterrichts. Was ist nur passiert?

Am Abend gehe ich ins Khan-Bräu. Dies ist ein Treffpunkt vieler Ausländer in Ulaanbaatar, vor allem von Deutschen, die hier auf Montage sind, an Hilfsprojekten beteiligt oder für immer hier leben. Ich bin nicht der Einzige, der von der Mongolei und den Mongolen fasziniert ist. Manche haben hier eine Mongolin geheiratet und wohl kein Bedürfnis mehr, nach Deutschland zurückzukehren. So, wie auch der Mitbesitzer dieses Bierlokals und der dazugehörigen Brauerei. Hier treffe ich nun Bekannte aus dem Vorjahr – es gibt viel zu erzählen.

Doch ich bin unkonzentriert, ständig wandern meine Gedanken hinaus und suchen nach Erklärungen für Muuggis Fernbleiben von der Uni. Ist ihr etwas Schlimmes passiert? Wie kann ich etwas über sie erfahren ohne preiszugeben, warum ich das wissen will?

Ein ungutes Gefühl macht sich immer stärker in mir breit. Was ist mit Muuggi? Ich rätsele, denke in alle Richtungen. Am Telefon bei ihrer Schwester habe ich es auch schon probiert, es gelang nicht. Die Schwester versteht von dem, was ich sage, nur „Muuggi" und was sie mir antwortet, kann ich nicht verstehen. Morgen werde ich es vor dem Haus versuchen, in dem sie mit ihrer Mutter wohnt. Irgendwann muss sie doch nach Hause kommen...

Auch dort warte ich vergeblich. Lange stehe ich mit meinem Auto vor diesem Haus. Jeder, der das Haus betritt und jeder, der es verlässt, kann dieses hier sehr auffällige Fahrzeug mit deutschem Nummernschild sehen. Aber ich sehe niemanden, den ich kenne.

Wieder ist ein enttäuschender Tag vergangen und ich entschließe mich, jetzt offener aufzutreten. Mein nächster Weg führt mich in das Gebäude der Universität. Gleich unten links gibt es einen kleinen Raum, der mit einer Frau hinter einem Glasfenster besetzt ist.

„Sprechen sie deutsch?", frage ich sie hoffnungsvoll und habe Glück.

„Ja, ein bisschen.", antwortet sie.

„Ich suche eine Studentin, die hier die deutsche Sprache studiert. Ihr Name ist Munkhtsetseg."

Die Frau blättert in einem großen Buch und schüttelt den Kopf: „Munkhtsetseg nicht hier."

„Aber im September war sie hier, ich weiß es.", sage ich enttäuscht.

Sie hebt nur bedauernd die Schultern und will mir das Buch reichen.

Ich lehne dankend ab und will gehen. Da sagt sie: „Ein Moment! Heute Abend, deutsche Klasse kleine Feier in japanische Restaurant. Vielleicht dort?"

„Danke für die Auskunft", sage ich und schöpfe wieder Hoffnung.

Das Lokal kenne ich und bin natürlich am Abend dort.
Als ich ankomme, eilen viele junge Menschen herausgeputzt und aufgekratzt in dieses Haus und die breite Treppe hinauf. Ich folge ihnen. Oben ist wohl ein feierlicher Akt in Vorbereitung.

Vor dem offen stehenden Raum spreche ich eine junge Frau auf deutsch an: „Entschuldigen Sie bitte. Ich suche eine Studentin, die Munkhtsetseg heißt und auf Ihrer Universität Deutsch studiert."

„Bei uns kein Mädchen Munkhtsetseg", sagt sie und schüttelt nachdenklich den Kopf.

„Aber im September habe ich sie dort oft abgeholt", lasse ich nicht locker.

„Eine Moment", sie wendet sich den anderen zu und spricht mit ihnen. Jetzt kommen auch die anderen herbei und umringen mich.

„Muuggi", ruft schließlich ein junger Mann und erklärt: „Ist nicht mehr bei uns. Kein Geld mehr für Gebühren", sagt er noch.

„Weiß jemand, wo ich sie finden kann?", frage ich und erhalte als Antwort ringsum bedauerndes Kopfschütteln und Achselzucken.

Wieder zum Khan Bräu. Dort bin ich noch zu früh. Wenige Gäste sind im Lokal und der Stammtisch der sich allabendlich treffenden Ausländer ist noch unbesetzt. Das Bier vor mir und einsam komme ich ins Grübeln.

„Das ist sicher die Strafe für meine Unehrlichkeit", geißele ich mich. Weil ich keine klaren Verhältnisse in mein Leben brachte, wird mir nun Muuggi wieder entzogen! Ich verdiene sie nicht, wenn ich nicht eindeutig zu ihr stehe...

Da bleiben meine Augen an der Gestalt eines Mongolen hängen, der dort ebenfalls einsam vor seinem Bier sitzt. Sein geöffneter, hellbrauner Deel hängt rechts und links des Stuhles bis auf den Boden herab. „Aber den kenne ich doch?", geht es mir plötzlich durch den Kopf.

Es ist der Veterinär, ein Freund Dawaas und jener Mann, der mich im Herbst zu einem Pferderennen herausforderte! Da schaut er schon herüber, als hätte er meinen Blick gespürt.

Ein breites Lächeln überzieht sein Gesicht erkennend und erfreut gehe ich mit meinem Glas zu ihm und setze mich an seinen Tisch.

„Sayn bainoo!", sage ich und erhalte ein erfreutes „Saa sayn bainoo."

Radebrechend werden ein paar Höflichkeiten ausgetauscht, dann komme ich gleich ohne große Umschweife zu dem, was mich so brennend interessiert:

„Du kennst Muuggi aus Dawaas Camp", sage ich und gleich weiter: "ich suche sie und kann sie nicht finden."

„Ah, Muuggi Studentin!", sagt er.

„Ich weiß, aber sie ist nicht auf ihrer Universität".

„Doch, doch!", antwortet er heftig nickend.

„Nein, ich war schon dort", sage ich.

„Ah, nicht alte Universität in Stadt, neue Universität dort. Große Universität!" Und er weist mit ausgestrecktem Arm in die entgegengesetzte Richtung, wo die große Brücke der Tuul das gegenüberliegende Ufer erreichbar macht.

Diese Gegend kenne ich noch gar nicht und will gleich morgen dorthin fahren. Eine neue, vage Hoffnung keimt auf.

Am Vormittag mache ich mich über mein Auto her. Der linke, hintere Federblock ist gebrochen, der Austausch ist am schwierigsten. Dreckverschmiert liege ich auf dem blanken Betonboden unter dem Auto und schraube. Scharfe, kalte Windböen blasen mir Sand in die Augen, die Finger werden vor Kälte steif. Ohne fremde Hilfe ist es schwer und anstrengend. Doch ich schaffe es. Auch der Austausch der verbogenen Spurstange und deren Neueinstellung gelingen. Die Stoßdämpfer auszutauschen, außerdem Luft- und Ölfilter, ist ein Leichtes.

Nun schnell noch in die Badewanne und endlich wieder auf die Suche nach Muuggi. Wie angenehm sich das Auto nun endlich wieder über die Straßen bewegt! Über die Brücke nach Osten und schnell bin ich am Universitätsgelände. Es ist sehr weitläufig. Viele Gebäude moderner Bauart, dazwischen asphaltierte Straßen. Menschen eilen geschäftig von Gebäude zu

Gebäude. Busse kommen und spucken Menschen aus. Andere steigen ein und fahren in ihnen fort.

Doch Muuggi ist nirgends dabei. Wieder muss ich eine Hoffnung aufgeben. Hatte sich der Veterinär geirrt?

DIE ÜBERRASCHUNG

Am Abend klopft es an der Tür meines Zimmers. Wer kann das sein? Neugierig öffne ich die Tür. Da steht Binderja, in seiner Begleitung ein Mann und zwei Frauen. Überschwänglich begrüßt er mich und stellt mich vor. Alle sind seltsam aufgekratzt und scheinbar angeheitert. Sie möchten ein wenig mit mir feiern, sagt Binderja. Das gefällt mir nicht, mir ist gar nicht nach Feiern zumute. Und Getränke habe ich auch nicht, kann nichts anbieten. Aber das sei kein Problem, man könne ja etwas holen, meint Binderja.

Offensichtlich wartet er darauf, dass ich nun zur Geldbörse greife. Doch ich hoffe, wenn ich keine Anstalten dazu mache, würden sie wieder gehen. Leider ist dem nicht so. Binderja spricht mit seinem Begleiter und schließlich gehen die beiden und lassen die Frauen in meiner Obhut.

Beide sind gepflegte Schönheiten, ganz städtisch. Weshalb sie mit diesen Männern unterwegs sind, ist nicht schwer zu erraten. Sicherlich möchten sie ein wenig Abwechslung, sich etwas verwöhnen lassen in dieser tristen Stadt. Freigiebige Männer sind rar, weil die meisten selbst arm sind und selten feste Einkommen haben. Auch Binderja hat das meines Wissens nicht. Was er im letzten Jahr an mir verdiente, war für hiesige Verhältnisse nicht wenig, doch bei solchem Lebenswandel bestimmt längst aufgebraucht.

Schnell sind die beiden wieder da und haben alkoholische Getränke und ein wenig Gebäck mitgebracht. Nun wird doch noch gefeiert. Ich will nicht unhöflich sein, doch halte ich mich sehr zurück. Ständig hoffe ich, dass sie endlich wieder gehen mögen, doch noch immer machen sie keine Anstalten dazu. Fast ist es schon Mitternacht, als es erneut an meiner Tür klopft.

„Wer kann das schon wieder sein?", denke ich und gehe etwas genervt zur Tür. Als ich sie öffne, erstarre ich vor Überraschung zur Salzsäule: Muuggi steht vor mir und fliegt mir augenblicklich mit einem Schrei der Erleichterung um den Hals.

Dass ich nicht allein bin und wer in meinem Zimmer augenscheinlich eine kleine Feier abhält, stört sie nicht. Kurz und knapp begrüßt sie Binderja und seine Freunde, dann setzt sie sich demonstrativ ganz nah zu mir auf mein Bett. Ich spüre ihre körperliche Wärme, aber auch ihre mir gänzlich zugewandte Seele.

Die Flaschen sind geleert und endlich merkt auch Binderja, dass es wohl an der Zeit sei, zu gehen. Alle vier erheben sich und verabschieden sich ohne Umstände. Als sie zur Tür gehen, steht auch Muuggi auf. Doch nicht, um ihnen zu folgen, wie ich schon befürchtete. Kaum schließt sich die Tür hinter den ungebetenen Gästen, da fällt sie mir erneut um den Hals. Endlich können wir uns ungestört einer intensiveren Begrüßung hingeben.

Oh, wie vermisste ich diese Anschmiegsamkeit, diese Zärtlichkeit, den Klang ihrer glücklichen Stimme, ihren Körpergeruch! Mit Tränen des Glücks und der Erleichterung in den Augen strecke ich endlich meine Arme nach vorn, drücke Muuggi von mir, um ihr in die Augen zu sehen. Ganz feucht sind auch ihre Augen, so schwarz und tief und voller Glück. Über ihre Wangen rinnen zwei Tränen, bahnen sich ihren Weg über zahlreiche, winzige Sommersprossen, kaum wahrnehmbar auf der von der Frühlingssonne langsam erdunkelnden Haut. Wie groß war meine Sehnsucht nach diesem Augenblick und wie groß die Angst, sie nie mehr wiederzusehen.

„Darf ich heute Nacht bei Dir bleiben?", fragt sie mit zweifelndem Blick. Wie könnte ich ablehnen, wonach ich mich so sehr sehnte während der langen Zeit meiner Abwesenheit!

„Du würdest mich sehr glücklich machen!", ist meine Antwort und wie könnte sie anders lauten. Meine Überraschung über diesen Wunsch verberge ich, möchte ihr nicht das Gefühl geben, dass sie etwas für mich Ungewöhnliches tat.

Eine Nacht wie ein schöner Traum. Stunden des Schwebens auf schwerelosen Wolken hoch über jeder Wirklichkeit. Umeinander und ineinander verschlungen in atemlosem Rausch...

Zu schön sind manche Augenblicke des Lebens, um mühsam über sie nachzudenken. Sich einfach fallenzulassen in die Glückseligkeit und sie zu genießen mit jeder Faser seines Körpers und seiner Seele. Oh, könnten solche Augenblicke und Stunden doch ewig dauern und würden niemals ein Ende finden...

Aber könnten wir armseligen Menschen so tief empfinden, wenn wir nicht auch die Augenblicke und Stunden der Angst, des Schreckens, der Verzweiflung kennenlernten?

Deutlich hatten mich die Wächter meines Lebens leiden lassen, bevor sie mir als Belohnung und Entschädigung dafür dieses Wiedersehen bescherten. Oder etwa nicht...?

MONATE WIE EIN TRAUM

Muuggis Tante war längere Zeit krank und brauchte nach der Rückkehr aus dem Krankenhaus Hilfe. Unter Mongolen ist es eine Selbstverständlichkeit, dass Familienmitglieder, auch weitläufige, ohne große Umstände helfend einspringen. Weil Muuggi nun die Universität schon seit Monaten nicht mehr besucht, war sie hierzu bereit. Der Vater hatte die Zahlungen der

Studiengebühren eingestellt, so musste Muuggi ihr Studium abbrechen. Die Mutter verdiente als Helferin in einem Supermarkt gerade so viel, um die Lebenshaltungskosten für sich und Muuggi zu decken. Für Studiengebühren blieb da nichts übrig. Vorbei war die Zeit, in der jeder Mongole Anspruch auf kostenfreien Schul- und Studiengang hatte.

Der Hinweis des Veterinärs war also lediglich eine Vermutung seinerseits und das hatte ich falsch gedeutet.

Das waren die Gründe, weshalb ich Muuggi nicht finden konnte. Erst, weil eine ihrer Freundinnen mein Auto in der Stadt gesehen hatte und Muuggi davon erzählte, wusste sie von meiner Rückkehr.

Nun ist sie täglich bei mir und auch manche Nacht muss ich nicht mehr allein im Hotel verbringen. Tagsüber streifen wir oft durch die Stadt, besuchen einen Ringerwettkampf, fahren hinauf zum Ehrenmal der russischen Soldaten, von dem man eine herrliche Aussicht über die Stadt hat. Alles kommt mir herrlich vor in dieser Zeit, auch wenn es wenig Besonderes zu sehen gibt, die Stadt ist eigentlich grau und kalt.

Natürlich hatte Muuggi längst auch ihrer Mutter, ihren Schwestern und ihrem Bruder von mir erzählt. Deshalb bittet mich eines Tages die Mutter zum Essen in ihre Wohnung. Muuggi holt mich im Hotel ab. Erstmalig betrete ich nun dieses Haus, folge Muuggi die Treppe hinauf zur Wohnung ihrer Mutter. Trist, grau und schmutzig ist das Treppenhaus und es riecht unangenehm. In jeder Etage kann ich die stählernen Klappen sehen, die in einen Schacht münden. Dieser Schacht reicht vom Dachgeschoss bis hinunter in einen Abfallsammelraum neben dem Hauseingang. Jeder Hausbewohner wirft seinen Müll durch die Klappen in diesen Schacht und unten im Sammelraum fällt er auf einen immer höher werdenden Berg. Manchmal wächst dieser Berg bis an die Decke des Raumes, denn geleert und weggefahren wird der Abfall viel zu selten.

Deshalb verbreiten sich besonders in den Sommermonaten unangenehme Gerüche weit ringsum, und unglaubliche Schwärme von Fliegen bevölkern die Umgebung. Das alles hält die Obdachlosen der Stadt - Männer, wenige Frauen, viele Kinder und noch mehr Hunde - nicht davon ab, bei ihren Streifzügen die Türen dieser Räume zu öffnen, um darin nach Essbarem zu wühlen. Schließen können sie die Türen dann meist nicht mehr und umso verheerender wirken sich die Gerüche und die Fliegen auf die Umgebung aus.

Rasch versucht man deshalb, diese Treppenhäuser zu überwinden. Endlich stehen wir vor der Tür zur Wohnung. Muuggi drückt den Klingelknopf in einem Takt, der nur ihr und ihrer Familie bekannt ist.

So weiß die Mutter gleich, dass ihre jüngste Tochter kommt. Drei Schlösser werden von innen geöffnet, ich kann es deutlich hören. Wegen der vielen Einbrüche in der Stadt sichert jeder seine Türen mehrfach. Die Tür öffnet sich und eine Frau im Festtagsdeel empfängt uns mit freundlichem

Lächeln. Bescheiden und ein wenig unterwürfig tritt Muuggi ihrer Mutter entgegen und würdigt damit deren Stand in der übriggebliebenen Familie. Doch zärtlich legt diese sogleich ihren Arm um Muuggi und begrüßt sie herzlich.

Dann werde ich vorgestellt. Forschend beobachtet Muuggi dabei ihre Mutter. Wie wird diese wohl auf mich reagieren? Wird sie mich ablehnen? Oder mich unsympathisch finden?

Offensichtlich kann sie keinerlei negative Anzeichen bei ihrer Mutter entdecken, denn sogleich hellt sich Muuggis Gesicht erleichtert auf. Auf mich wirken die Augen der Mutter sehr schnell völlig entspannt und sofort warmherzig. Sie nimmt meinen Arm und führt mich in das Wohnzimmer. Hier sind bereits zwei Schwestern und der Bruder, sowie der zweijährige Sohn einer der Schwestern, versammelt. Als die Mutter mit mir den Raum betritt, stehen alle sofort auf und strecken mir nach europäischer Sitte die Hand entgegen. Nacheinander reiche ich ihnen meine Rechte und sage jedes Mal „sayn bainoo". Dabei begegne ich ihren neugierigen Blicken mit einem Lächeln, das sie sofort erleichtert erwidern. Fühlbar ist eine allgemeine Entspannung eingetreten und fröhliche Gespräche füllen bald den Raum. Offensichtlich bin ich von der Familie akzeptiert. Muuggi ist ziemlich aufgekratzt, ihr strahlendes Gesicht von einer erhitzten Röte überzogen. Ganz eng setzt sie sich zu mir, zeigt ihrer Familie damit, wie gern sie mich hat.

Als Begrüßungstrunk reicht die Mutter nun auch mir, wie vordem jedem ihrer Besucher, eine reichlich verzierte und mit Ebenholz eingelegte Silberschale, gefüllt mit Salztee. Mit einer leichten Verbeugung nehme ich sie mit beiden Händen entgegen und trinke hörbar schlürfend den für mich nicht mehr fremdartigen Inhalt. Es ist nicht üblich, den Wohlgeschmack von Speisen und Getränken mit Worten zu loben, sondern mit hörbarem Schmatzen und Schlürfen.

Der Tisch wird reichlich gedeckt. Dabei werden als mongolische Spezialität Buuts gereicht, diese in Dampf gegarten, mit Hackfleisch vom Schaf gefüllten Teigbällchen. Geschickte Frauenhände haben sie zu wundervollen Röschen geformt. Saftig und wohlschmeckend, habe ich die längst neben „Hammel aus der Milchkanne" zu meiner Lieblingsspeise erklärt. Aber auch einen prächtigen, gemischten Salat nach europäischem Muster gibt es. Seit man in Ulaanbaatar fast alles kaufen kann, was der Weltmarkt bietet, essen die Stadtmongolen offensichtlich nicht nur Fleisch und Milchprodukte, wie ihre nomadisierenden Verwandten auf dem Land. Als Dessert gibt es süßes Gebäck und auch Kaffee.

Noch lange sitzen wir fröhlich plaudernd rings um den großen Tisch in diesem mit wenigen Möbeln gefüllten Raum. Eine Couch gibt es und einen Fernseher, aber auch eine große Truhe, die als Altar dient, so wie es in jeder Jurte draußen im Land zu finden ist. Bunt geschmückt ist der mit vielen Bildern von Familienmitgliedern aller Generationen. Was Mutter, Schwestern und Bruder untereinander sprechen, kann ich nicht verstehen. Aber Muuggi bemüht sich sehr, mir möglichst Vieles davon zu übersetzen. Dabei nähert sie ihren Mund meinem Ohr, um leise sprechen zu können, damit die Gespräche nicht gestört werden. Oft werden mir Fragen gestellt, die meine Reise und meine Eindrücke von der Mongolei betreffen. Muuggi übersetzt Fragen und Antworten und deutlich kann ich ihren bescheidenen Stolz dabei spüren. Und ich selbst bin sehr erleichtert und froh, so von allen akzeptiert und aufgenommen zu sein.

Endlich ist Dawaa von seiner Reise nach China zurück und richtet sein Camp drüben am Zielplatz der Pferderennen zum Naadam wieder ein. Dazu lässt er auch seine Pferde wieder holen, die den Winter unter der Aufsicht befreundeter Nomaden in den bewaldeten Bergen verbrachten. Verluste hatte es in diesem Winter nicht gegeben, alle Pferde haben das Frühjahr erreicht. Aber wie mager sie geworden sind! Bei fast allen sind deutlich die Rippen zu sehen und ihre Kruppen sind spitz. Der ganze Sommerspeck vom letzten Jahr ist aufgebraucht.

Und furchtbar zottelig sind sie geworden, verlieren nun langsam ihr langes Winterfell. Teilweise sind schon kurzhaarige Flecken zu sehen, an deren Ränder Fetzen von Langhaar herabhängen. So ähneln sie beinahe Wildschafen beim Fellwechsel im Frühling.

Tüchtig Futter bräuchten diese Pferde jetzt, doch die Steppe lässt noch keinen grünen Halm erkennen. Und was vom letzten Jahr an welkem, grauem Gras übrig ist, ist so kurz, dass es kaum mit den Zähnen der Pferde greifbar sein kann. Deshalb lässt Dawaa eine Ladung Heu vom Güterbahnhof kommen. Dort hat es den Winter über gelagert, weil es wohl im letzten Herbst nicht mehr verkauft werden konnte.

Direkt am Camp wird schnell ein Verschlag errichtet, in dem die Pferde die Nacht verbringen können und Heu vorgelegt bekommen. Gleich daneben noch eine kleine Einzäunung, die ist für Panca und Puschkin vorgesehen.

Endlich kann ich mithilfe Tschukas meine Pferde im Zirkus in Empfang nehmen, satteln und zum Camp reiten. Aber mit so viel Freude über die wiedergewonnene Freiheit meiner Pferde habe ich nicht gerechnet. Als sie begreifen, dass es nun endlich wieder in die Steppe hinausgeht, vollführen sie Freudensprünge, die ich leider zweimal nicht aussitzen kann.

Einmal lande ich nach einem beachtlichen Salto über den Kopf Puschkins hinweg, flach rücklings auf einem harten Schotterweg. Doch nur ein paar Abschürfungen und Prellungen an verschiedenen Körperteilen trage ich davon und Puschkin steht erschrocken neben mir, als wollte er sich entschuldigen. Oder sehe ich da nicht ein kleines, verschmitztes Grinsen? Ich bin froh, dass außer Tschuka kein Mensch, vor allem nicht der Veterinär, diesen Absturz gesehen hat. Vielleicht würde der seinen Satz „German Dschingis Khan" noch einmal gründlich überdenken...

Nun stehen meine zwei Pferde in ihrem Pferch im Camp und zermahlen genüsslich das alte Heu. Nebenan Dawaas zwanzigköpfige Herde. Was für ein Unterschied! Zottelig und dürr die einen, wohlgenährt und regelrecht gepflegt die anderen.

Immer wieder schreitet Puschkin mit drohendem, wildem Blick, angelegten Ohren, gewölbtem Hals und aufgerichtetem Schweif zu den trennenden Stangen, denn dort befindet sich der Leithengst der Herde, der keinen Blick von Panca lässt.

Am nächsten Morgen bin ich dabei, als die Pferde in die Steppe entlassen werden. Langsam trottet Dawaas Herde in die Richtung der Berge im Süden. Für meine zwei öffne ich die Einzäunung kurz darauf und sie schlagen unter Puschkins Führung sogleich die Gegenrichtung ein. Kraftvolle Freudensprünge, Auskeilen in der Luft und regelrechte Springtänze vollführen sie und drücken damit ihre Lebensfreude aus, die mehrere Monate unterdrückt war. Die Nächte sind noch kalt und so wird gleichzeitig der Frost aus den Gliedern geschüttelt, bevor sie sich dem allzu kurzen Restgras zuwenden, dessen Spitzen sie nur mit entblößten Zähnen erreichen können.

Die Aufsicht über meine Pferde kann ich getrost Tschuka überlassen, das weiß ich. Auch das allabendliche Eintreiben in den Pferch und das Hinauslassen am Morgen. So muss ich nicht jeden Tag hinaus zum Camp und kann mich endlich meiner Expedition widmen.

Muuggi musste noch einmal für ein paar Tage zu ihrer Tante, dic erneut Hilfe braucht. Deshalb können wir uns für eine ungewisse Zeit nicht sehen, denn auch nachts muss sie bei der Tante bleiben. Eines Abends klingelt das Telefon in meinem Zimmer.

„Ich bin cs, Muuggi!", höre ich sie mit leiser, trauriger Stimme sagen.

„Muuggi, was ist los? Ist etwas passiert?", frage ich erschrocken.

„Nein, nichts passiert. Aber ich kann nicht mehr zu Dir kommen. Wir werden uns nicht mehr sehen!"

„Aber Muuggi, warum denn nur? Was ist los?"

„Ich kann nicht sagen. Nur, lebe wohl...!"

Nur noch ein Schluchzen und gleich darauf dieses hässliche Knacken am Ende einer Verbindung.

Versteinert halte ich den Hörer in der Hand, wohl minutenlang, und kann keinen klaren Gedanken zustande bringen.

Irgendetwas muss doch passiert sein! Dies tut sie nicht ohne einen wichtigen Grund. Doch was soll das sein? Ich kann mich nicht erinnern, sie je gekränkt zu haben. Immer herrschte zwischen uns eine so unglaubliche Harmonie und ich versuchte, sie regelrecht auf Händen zu tragen. Nicht ein einziges Mal hatte ich das Gefühl, dass ich ihr mit irgendetwas wehgetan hätte.

Auch der Altersunterschied schien sie niemals gestört zu haben. Allerdings hatten wir seit meiner Rückkehr nicht über meine Weiterreise gesprochen. Hat Muuggi nun, während der Tage ohne mich, darüber nachgegrübelt und ist deshalb in ein so tiefes, seelisches Loch gefallen?

Ich muss es herausfinden, ich muss sie noch einmal sprechen! Zunächst hoffe ich, dass sie sich wieder meldet und warte sehnsüchtig auf einen Anruf oder einen Besuch. Immer wieder sitze ich am Fenster meines Zimmers und lasse meine Blicke unstet hin und her wandern. Wenn sie aus der Innenstadt kommt, muss sie entweder direkt am Hotel vorbei oder drüben über den Platz gehen, den ich von hier genauso gut einsehen kann. Aber kommt sie denn aus der Innenstadt? Ich weiß ja gar nicht, wo ihre Tante wohnt. Darüber haben wir nie gesprochen.

Immer wieder diese Rückfälle, dieses schmerzhafte Herausreißen aus glücklichen Zeiten. Habe ich schon wieder für all das Glück zu bezahlen, das mir in den letzten Tagen geschenkt wurde? Kurz und steil war die Welle des Glücks, rasant der Anstieg aus dem Tal und ebenso rasant nun der Absturz vom Kamm. Liegt nun das nächste Tal schon vor mir und wie lange muss ich dort verbleiben? Kann dieses Glück überhaupt wieder zu mir kommen? Oder vielleicht ein anderes?

Ich will gar kein anderes! Ich bin zutiefst gekränkt. Nicht durch Muuggi, sondern durch die Wächter meines Lebens...

„Hey, du Narr! Vertraue doch den Wächtern Deines Lebens! Sie wissen viel besser als Du selbst, was gut und was schlecht ist für Dich! Vielleicht retten sie Dich gerade vor dem Untergang?"

„Aber vielleicht ist Muuggi gar nicht mehr bei ihrer Tante, sondern schon wieder zu Hause?", geht es mir am nächsten Tag durch den Kopf. Vielleicht sollte ich versuchen...

Hastig steige ich in meine Schuhe, streife die Jacke über. Schneller denn je bin ich am Haus ihrer Mutter und stürme die Treppe hinauf. Den Rhythmus ihres Klingelzeichens habe ich noch im Ohr und voller Hoffnung drücke ich nun mehrmals den Knopf. Innen ist nichts zu hören.

Noch einmal dieses Zeichen und gleich noch einmal. Endlich höre ich drinnen leise Bewegung. Die Mutter kann es nicht sein, um diese Zeit ist sie auf der Arbeit. Es kann eigentlich nur ... und heftig pocht mein Herz ... Da geht endlich die Tür auf und ich sehe Muuggi mit verheultem Gesicht. Mit mir hat sie wohl nicht gerechnet, denn sofort wendet sie sich mit einem Schrei voller Schmerz und Verzweiflung um, schlägt die Hände vor ihr Gesicht und eilt schluchzend in ein Nebenzimmer.

Bis ich die Tür geschlossen habe und ihr gefolgt bin, liegt sie schon im Bett, das Gesicht nach unten in ein Kissen vergraben. Heftige Weinkrämpfe schütteln ihren Körper.

Vorsichtig setze ich mich auf den Bettrand und lege meinen Arm auf die bebende Gestalt.

„Muuggi, bitte sag mir, warum Du weinst", spreche ich ganz sanft zu ihr und hoffe, dass sie mich erhört. Aber ihr Schluchzen hört nicht auf und sie zeigt mir nicht ihr Gesicht.

„Bitte, Muuggi!" und sanft streichele ich ihr Haar. „Du kannst alles zu mir sagen!", spreche ich dann sehr ernst und gefasst, denn ich ahne Schreckliches.

Endlich dreht sie sich um und wendet mir ihr schönes Gesicht zu. Ganz nass ist es und noch immer von heftigen Schluchzern wird ihr Körper geschüttelt. Es dauert lange, bis sie sprechen kann. Sicher bin ich sehr blass, denn meine Ahnung will nicht schwinden.

„Viele Tage war ich bei Dir und war sehr glücklich. Aber ich habe vergessen, dass in Deutschland eine Frau auf Dich wartet. Sie muss sehr unglücklich sein. Wir werden nicht für immer glücklich sein können, wenn wir diese Frau immer mehr unglücklich machen."

Ich weiß ja, dass dieses Mädchen sehr klug ist. Und sie ist eine Frau, die sowieso anders fühlt als Männer es wahrscheinlich jemals können. Dazu noch eine Mongolin und damit noch einmal feinfühliger als die meisten anderen Menschen der Hochzivilisation.

Langsam sinkt mein Blick mutlos nach unten. Ein Gefühl endloser Scham breitet sich in mir aus.

Gibt es dagegen ein Argument? Davon zu sprechen, dass diese Ehe sowieso nicht mehr funktioniert, eigentlich nicht mehr vorhanden ist? Zaghaft versuche ich es. Aber Muuggi schüttelt nur traurig den Kopf und beginnt erneut zu weinen.

„Bitte Muuggi, verzeih mir. Niemals wollte ich Dir weh tun, denn ich liebe Dich." Wiederhole es auf Mongolisch: „Bi tschamd chairtee!"

Langsam und mutlos erhebe ich mich, schleiche zur Tür. Ihr noch einmal in die Augen zu sehen, kann ich nicht. Doch bei jedem Schritt warte ich auf ihren Ruf: „Bitte komm zurück!".

Doch der Ruf bleibt aus. Mühsam ziehe ich die Wohnungstür hinter mir zu und steige die lange Treppe hinab. Draußen scheint alles leer und grau, obwohl die Sonne scheint. Endlos und schwer erscheint mir der Weg ins Hotel. Alle Kraft wich von mir und ich bin endlos müde. Ohne mich auszuziehen, falle ich auf das Bett. Mein Kopf ist leer, voller Qual meine Brust, doch keine Träne will den Weg nach außen finden. Meine Seele ist tief verletzt...

Nicht meine Ahnung war es also: dass Muuggi glaubte, sich lieber rechtzeitig von mir trennen zu müssen, bevor ihr die sowieso bevorstehende Trennung noch schwerer fallen musste, je länger wir zusammen sein würden und noch tiefer ihre Gefühle werden könnten. Die Rücksicht auf eine ihr völlig fremde Person war es und lieber wollte sie selbst auf ihr Glück verzichten, als einer Anderen Unglück zuzufügen...

Zwei Tage verlasse ich das Zimmer nicht. Jemanden zu sehen, mit jemandem sprechen zu müssen, erscheint mir unerträglich. Ich will allein sein, mich in Schmerzen winden und mich quälen.

Doch dann raffe ich mich auf, will mich endlich wieder in den Griff bekommen, meine Lethargie abwerfen. Verbissen kämpfe ich um meine alte Sicherheit, um Selbstbeherrschung.

Am dritten Tag fahre ich in das Camp hinaus. Weit abseits des Camps kann ich meine Pferde sehen. Sie wandern sehr weit, denn noch immer beginnt das neue Gras nicht zu sprießen. Doch als sie mein Auto sehen, heben sie die Köpfe. Mein Pfiff ertönt und schon setzen sie sich in Bewegung.

Wenige Schritte nur, dann eiliger Trab und schließlich ein flotter Galopp mit freudigen Springeinlagen. Ich stehe neben dem Auto, der Motor läuft und die Tür steht offen. Da sind sie schon heran und beschnuppern mich neugierig. Mit trockenem Brot belohne ich sie, spreche zärtlich mit ihnen und klopfe und kraule sie. Dann trollen sie sich mit zufriedenem Schnauben davon, um sich dem dürftigen Steppenbewuchs zu widmen.

Tschuka benutzt meine Pferde zusammen mit Aagi, einem 20-jährigen Jungen, inzwischen als Triebpferde für Dawaas Herde. Panca und Puschkin entfernen sich nicht so weit vom Camp wie die große Herde und sind erheblich leichter herbeizulocken, um gesattelt zu werden. Denn jeden Morgen und jeden Abend müssen alle Pferde hinunter zum Fluss getrieben werden, um zu saufen. Das würden sie durchaus auch selber nach Bedarf tun, doch müssen sie dabei eine Autostraße überqueren und durch eine Siedlung laufen. Deshalb ist es besser, die Pferde zusammenzuhalten.

Ich verbringe den Tag im Camp, das lenkt mich ein wenig ab.

ABSTAND

Ich möchte Abstand zu Muuggi gewinnen. Nicht weil ich mich gekränkt fühle, sondern weil ich sie schützen möchte. Vor mir und den Schmerzen, die ich ihr zusätzlich noch zufügen müsste. Der wirkliche Grund ihres Schmerzes war zwar nicht der, den ich vermutete, doch den müsste ich ihr ja auch noch zumuten: meine bevorstehende Weiterreise.

Dass sie eine Frau schützen wollte, die sie gar nicht kennt, damit hatte ich nicht gerechnet. Meine Hochachtung vor Muuggi ist trotz meines Schmerzes durch diesen selbstlosen Verzicht gewaltig gewachsen. Muuggi, ich verneige mich vor dir...

Weil meine Gedanken immer wieder zu ihr wandern, weil ich immer noch mit ihr spreche wie zu meinem zweiten Ich und weil mich immer wieder der Schmerz überwältigt, suche ich nach Abwechslung. Oft gehe ich zur deutschen Botschaft, denn von dort versucht man, auf die Chinesen einzuwirken. Sowohl hier in Ulaanbaatar, als auch in Peking selbst. Dabei darf man natürlich nicht zu forsch oder gar drängend vorgehen, denn die Chinesen können sehr empfindlich reagieren. So vergeht eine Menge Zeit mit vielen diplomatischen Depeschen und Gesprächen. Immer wieder werde ich vertröstet und die einzige Hoffnung ist, dass sich viele einflussreiche Persönlichkeiten meiner Sache angenommen haben.

Endlich reagieren die Chinesen und machen darauf aufmerksam, dass ich für meine Pferde eine Gesundheitsbescheinigung benötige. Dieser „Cogginstest" war schon an der polnischen Grenze nötig und bescheinigt lediglich, dass drei verschiedene, schwerwiegende und ansteckende Pferdekrankheiten bei einem Bluttest nicht nachgewiesen werden konnten.

Also, lasse ich meinen Pferden von einem mongolischen Amtsveterinär Blut abnehmen. Dieses wird in einem Labor getestet und zertifiziert. So ist die erste Hürde genommen. Aber ich brauche auch ein Visum für mich und eine Erlaubnis, das Versorgungsfahrzeug durch China steuern zu dürfen. Der Kampf beginnt von Neuem.

Allabendlich gehe ich nun ins Khan Bräu. Fast immer bin ich längst am Stammtisch rechts der Theke und sitze auf einem Barhocker, wenn endlich die ersten Bekannten eintreffen. Viele Stunden sitze ich jeden Tag hier, muss so nicht einsam und allein sein. Nicht selten spüre ich die Wirkung des guten Bieres, fast immer trinke ich ein Glas zu viel, bis ich mich auf den Weg in mein Hotel mache. Dabei strenge ich mich an, aufrecht und sicher zu gehen.

Denn ich weiß, wer den Eindruck einer leichten Beute macht, ist ein potenzielles Opfer für Überfälle, die jede Nacht in dieser Stadt passieren. Wer dabei mit kleinen Verletzungen und dem Verlust der Geldbörse davon kommt, hat noch Glück gehabt. Manchmal sind sogar Todesopfer zu beklagen. Fast eine halbe Stunde brauche ich für den Weg zu meinem Hotel und der führt mehrfach durch dunkle und enge Straßen.

An Tagen, an denen ich nichts ausrichten kann auf der deutschen oder der chinesischen Botschaft und auch keine Korrespondenz mit Peking, Seoul oder Tokio zu führen habe, fahre ich hinaus zu meinen Pferden. Die Ablenkung durch sie ist die angenehmste. Aber auch Tschuka und Aagi sind gute Gesellschafter, wenn wir auch keine gemeinsame Sprache haben.

Meine Reise wird mich auch durch Länder führen, in denen kein Russisch gesprochen wird. Damit wird es an der chinesischen Grenze vorbei sein. Englisch wird also bald für mich wichtig und in meiner Schulzeit durfte ich nicht Englisch lernen. Deshalb habe ich aus Deutschland entsprechendes

Lehrmaterial mitgebracht. Jetzt ist die Zeit gekommen, mit dieser neuen Aufgabe zu beginnen.

Doch nur wenige Stunden täglich kann ich konzentriert arbeiten. Immer wieder wandern meine Gedanken dorthin, wo meine große Sehnsucht wohnt. Ärgerlich versuche ich, solch quälende Gedanken abzuschütteln und warte dabei auf den Moment des Tages, an dem ich endlich wieder zum Khan Bräu aufbrechen kann...

Gelangweilt sitze ich manchmal dort, wenn gerade eine Skatrunde läuft. Ich selbst hatte mich nie für dieses Kartenspiel interessiert, so kann ich noch nicht einmal als „Kiebitz" daran teilhaben. Andere Gespräche laufen nun aber nicht unter den wenigen Deutschen, so kann ich meine Blicke wandern lassen.

Oft ist dieses Lokal bis zum letzten Platz gefüllt. Immer mehr Mongolen, die es sich leisten können und das werden tatsächlich ständig mehr, kehren hier ein. Für sie ist das Bier nicht billig, doch sie trinken es gern.

Schließlich ist es deutsches Bier oder besser gesagt Bier, das nach deutschem Reinheitsgebot hier in Ulaanbaatar gebraut ist. Oft kommen neue Gäste durch die Eingangstür und suchen vergeblich einen freien Platz. Enttäuscht verlassen sie dann das Lokal wieder.

Da kommen wieder zwei junge Frauen, in Mäntel gehüllt. Schlanke Gestalten, schwarzes, langes Haar. Suchend gleiten ihre Blicke durch den großen, runden Raum. Alle Plätze sind wieder einmal besetzt, doch das müssten sie längst erkannt haben. Trotzdem suchen ihre Blicke weiter, wandern von Person zu Person.

Endlich wendet die offensichtlich jüngere von beiden ihr Gesicht in die Richtung des Stammtisches und wie vom Donner gerührt, erstarre ich augenblicklich. Es ist Muuggi! Was soll ich tun? Mich verstecken? So tun, als hätte ich sie nicht gesehen?

Doch zu spät: Ihr suchender Blick hat mich gefunden. Augenblicklich verschwindet eine Sorgenfalte von ihrer Stirn und sie eilt auf mich zu. Bevor ich noch ein Wort sagen kann, hat sie schon ihre Arme um meinen Hals geschlungen und drückt ihr heißes Gesicht an meine blutleere Wange. Ihre Schwester steht erleichtert lächelnd daneben.

Noch immer bringe ich kein Wort heraus, meine Hände klammern sich in Muuggis Schultern. Nach vielen Minuten nimmt sie den Kopf zurück und sieht mir in die Augen. Die ihren sind ganz nass und zaghaft schleicht sich ein wehmütiges Lächeln in ihr Gesicht.

„Muuggi...", wie unter größter Anstrengung hervorgewürgt, klingt meine Stimme. Ich erkenne diese Stimme selbst nicht mehr. Noch immer kann ich es nicht fassen und sicher ist noch keine Farbe in mein Gesicht zurückgekehrt, es fühlt sich an wie gelähmt.

Warum ist sie hierhergekommen? Sie weiß doch, dass ich nur ins Khan Bräu gehen kann um diese Zeit, habe doch sonst keine Kontakte. Hat sie etwa bewusst ein Zusammentreffen herbeigeführt?

Ja, das hat sie! Schnell erfahre ich es jetzt. Sie spricht von Sehnsucht, die nicht vergehen wollte und davon, dass sie so sehr gehofft hatte, ich würde weiter um sie kämpfen und wiederkommen.

Ganz enttäuscht sei sie gewesen, weil ich den Kampf aufgab und auf keinen Fall wollte sie zu mir kommen, denn ein Mann, der den Kampf um seine Geliebte aufgibt, liebt nicht wirklich...

Erst ihre Schwester, die nun lächelnd neben ihr steht und uns beobachtet, überredete sie, mich zu suchen. Sie hatte erkannt, welche Qualen ihre kleine Schwester erlitt.

Wieder drücke ich sie von mir und betrachte prüfend dieses mir so lieb gewordene Gesicht. Schmal und blass ist es geworden, die dunklen Augen in starkem Kontrast dazu. Endlich ziehe ich sie zu mir heran, umarme sie ganz fest, als wollte ich sie nie mehr loslassen.

„Oh Muuggi, wie ich Dich liebe... Bitte verzeih mir, dass ich nicht weiter kämpfte...“

NEUBEGINN

Einer der deutschen Freunde aus dem Khan Bräu arbeitet als Monteur einer österreichischen Firma bei den Kraftwerken in Ulaanbaatar. Diese sind schon sehr alt, verpesten die Luft und arbeiten längst nicht mehr effektiv. Ausländische Hilfe ist notwendig, diesen Zustand zu ändern. Nicht weit vom Khan Bräu hat Werner in einem der besseren Plattenbauten eine Wohnung. Nun möchte er für zwei Wochen nach Deutschland, um Urlaub zu machen. Trotz erheblicher Maßnahmen zur Einbruchssicherung an seiner Wohnung, hält er sie bei längerer Abwesenheit, nicht für sicher genug. Deshalb möchte er, dass ich sie in dieser Zeit bewohne. Das Angebot nehme ich gern an und beginne sogleich davon zu träumen, dass Muuggi zu mir ziehen würde.

„Muuggi, möchtest Du mit mir in eine schöne Wohnung ziehen?“, frage ich sie deshalb gleich am Abend.

Überrascht sieht sie mich mit großen Augen an und fragt: "Bleibst Du denn in Ulaanbaatar?“

„Nein Muuggi, aber es wird sicherlich noch einige Wochen dauern, bis ich alle chinesischen Papiere habe“, sage ich bedauernd und habe erkannt, dass ich ihr gerade eine Hoffnung zerstörte.

„Ja, ja, ich weiß schon. Du wirst weitergehen und Muuggi schnell vergessen.“

Schelmisch soll das klingen, doch kann sie den traurigen Unterton nicht verbergen. Ihre Gefasstheit überrascht mich dennoch. Obwohl wir beide dieses Thema ganz bewusst verdrängen, beschäftigt es also nicht nur mich unentwegt.

„Aber ich muss erst mit meiner Mutter sprechen.", sagt.

Schon am nächsten Tag bringt sie mir die Antwort: „Ja, ich will für wenig Zeit Deine Frau sein!"

Da nehme ich sie in die Arme und gemeinsam hüpfen wir wie übermütige Kinder durch das Hotelzimmer.

Werner übergibt mir den Wohnungsschlüssel und reist ab. In zwei Stunden will Muuggi mit ihrem Gepäck zu dieser Wohnung kommen. So habe ich Zeit, noch etwas einzukaufen. Auch ein paar Blumen und eine Flasche Wein kann ich ergattern. Dann ist die Stunde gekommen. Aufgeregt gehe ich hinüber zur Bushaltestelle und möchte ihr dort das Gepäck abnehmen. Es ist nicht weit. Da kommt schon ein Bus, doch Muuggi steigt nicht heraus. Auch aus dem nächsten nicht. Habe ich sie missverstanden? Doch eine andere Bushaltestelle gibt es in der Nähe nicht. Ich weiß ja, dass Mongolen ein anderes Zeitverständnis haben. Tatsächlich hat Muuggi nicht immer ihre Terminankündigungen eingehalten und das ist normal für Mongolen. Doch je länger wir zusammen waren, umso deutlicher hat sich das gewandelt. Wieder ein Bus, wieder nichts.

Enttäuscht gehe ich zum Haus hinüber. Weniger schmutzig sind hier die Treppenhäuser und auch weniger stinkend. Es sind weit neuere Gebäude als in der Gegend von Muuggis Mutter und sie sind gepflegter. Hier wohnen Menschen mit festen Einkommen.

Bestimmt habe ich in meiner Erregung den Tag verwechselt, geht es mir durch den Kopf, als ich die erste Treppe nehme. Weiter oben kommt mir jemand entgegen, wie ich hören kann. Mit zwei schweren Taschen beladen biegt Muuggi plötzlich um die nächste Treppenwendung:

„Da bist Du ja! Wo warst Du denn? Ich warte schon bestimmt eine Stunde vor Deiner Tür!", ruft sie mir empört entgegen. „Jetzt gehe ich wieder!", mit diesen Worten will sie sich an mir vorbeidrücken.

Doch dass ihr das nicht ernst ist, kann ich deutlich sehen. Schon hat sie die Taschen auf die Stufen gestellt und schlingt ihre Arme um meinen Hals.

„Ich wartete am Bus und Du kamst nicht.", sage ich schuldbewusst.

„Ich wollte Geld sparen und ging zu Fuß."

„Welch ein Weg mit diesen schweren Taschen!", bewundere ich sie.

Wieder Tage voller Glück. Wie lange werden sie andauern? Ich möchte gar nicht darüber nachdenken. Verdränge alle Gedanken, die sich mit dem Ende dieser Tage befassen möchten.

Wenn wir nicht gemeinsam zu den Botschaften gehen oder die Pferde besuchen, genießen wir die Zeit mit einer Nähe, die nur mit „Aneinanderkleben" zu bezeichnen ist, innerhalb dieser Wohnung. Muuggi kocht gern und freut sich wie ein Kind, wenn sie sieht, dass es mir schmeckt. Jedes Mal lobe ich sie, denn was sie zubereitet, ist mit viel Liebe gemacht und immer köstlich. Deutlich hat sie Freude am Hausfrauendasein.

Manchmal gehe ich abends hinüber zum Khan Bräu, um den Kontakt nicht abreißen zu lassen. Nur zweimal begleitet mich Muuggi dorthin, sie ist lieber zu Hause. Auch mich zieht es sehr schnell wieder zu ihr zurück. Von dem kleinen Platz auf der Westseite des Hauses kann man das Fenster unserer Küche sehen.

In der ist Muuggi wie immer beschäftigt und offensichtlich beobachtet sie dabei diesen Platz. Sie weiß, dass ich den überqueren werde, wenn ich zu ihr nach Hause komme. Kaum wird das Fenster für mich sichtbar, sehe ich sie schon heftig winken. Wenn ich die Schwelle zur Wohnung überschreite, fliegt sie mir entgegen und schlingt ihre Arme um meinen Hals, als sei ich wochenlang weg gewesen.

Welch ein Mädchen, welch eine Liebe, welch eine Zeit!
Ach könnte sie doch ewig dauern...

Werner hat eine Putzfrau für seine Wohnung und die soll auch weiter beschäftigt werden, während er in Urlaub ist. Das ist zwar unnötig, denn Muuggi macht voller Selbstverständlichkeit alles mit großem Eifer, um die Wohnung sauber und in Ordnung zu halten. Doch das Geld, welches Werner dieser Putzfrau zahlt, braucht deren Familie dringend. Einmal in der Woche kommt sie und bleibt den ganzen Tag. Dann geht sie Muuggi zur Hand und die beiden freunden sich an.

Noch immer ist kein Ergebnis da, das meine Chinadurchquerung möglich machen soll. Unglaublich zäh gestaltet sich dieser nervenaufreibende Vorgang. China zu umgehen, ist mit Pferden praktisch unmöglich. Das ginge nur im Norden über das ostsibirische Russland. Doch östlich von Tschita breiten sich riesige Sumpfgebiete aus, die man nur im Winter überqueren kann, wenn sie zugefroren sind.

Im Khan Bräu erhalte ich eines Abends die Nachricht, dass Werner eine Woche länger in Deutschland bleiben will und ich den Schlüssel an einen gemeinsamen Freund übergeben soll, falls ich vorher abreise. Doch damit ist noch immer nicht zu rechnen. Inzwischen bin ich sogar froh darüber. Bei Muuggi zu sein, ist weit angenehmer, als allein unterwegs.

Die Gruppe der Deutschen des Stammtisches plant eine Wanderung in den südwestlich von Ulaanbaatar gelegenen Nationalpark. Inmitten des Parks liegt das Mandschir-Tal mit den Resten eines buddhistischen Klosters. Dies soll das Ziel sein. Eine lange und schwierige Wanderstrecke sei es dorthin. Ein einheimischer Führer, der den Weg kennt, sei engagiert, heißt es.

Ich frage Muuggi, ob sie Lust hat, daran teilzunehmen. Sie ist gleich begeistert und schließlich sind es fünf Männer und drei Frauen, die sich am nächsten Tag auf den Weg machen.

Der bestellte Führer befürchtet schlechtes Wetter und sagt ab. Es würde zu gefährlich werden, meint er. Doch wir sehen dem Wetter nichts Gefährliches an und glauben an eine Ausrede des Mannes, der vielleicht nur die Mühe scheut. Weil zwei von uns diese Wanderung bereits gemacht haben und fast sicher sind, den Weg zu finden, entschließen wir uns, ohne Führer aufzubrechen.

Es gibt keinerlei Wegmarkierungen, noch nicht einmal Wege oder auch nur Pfade. Drei Landmarken müssten wir nacheinander finden, wenn wir die Richtung nicht verfehlen. Treffen wir die nicht, könnte es wirklich gefährlich werden, denn die Sicht ist wegen dichten Baumbestandes sehr eingeschränkt.

Die erste Landmarke ist das „Kleine Kamel". Als wir diesen seltsam geformten Felsen vor uns sehen, sind wir erleichtert. Dann beginnt eine anstrengende Kletterei über gefährlich schräge Geröllfelder, hier geht es nur in kleinen, vorsichtigen Schritten voran. Leicht kann man ins Rutschen geraten. Dann das Überqueren eines großen Felsengartens. Springen von Felsbrocken zu Felsbrocken ist angesagt. Schwindelfreiheit und Trittsicherheit sind jetzt besonders wichtig.

Ich beobachte Muuggi, die wie eine Gams ihren Weg sicher durch die Wirrnis findet, zielsicher vorausklettert und von Fels zu Fels springt. Probleme aber hat eine andere der drei Frauen, die auch noch Angst entwickelt. Weil deren Mann sich nicht um sie kümmert, bleibe ich in ihrer Nähe und versuche ihr Sicherheit zu geben und sie zu leiten.

Erst spät bemerke ich Muuggis misstrauischen Blick und eine Abkühlung ihrer Zuneigung zu mir. Ihr Blick wird immer ernster und ich sehe sie nicht mehr lächeln.

Als wir das letzte dieser Hindernisse überwunden haben und auf der Hochfläche die entscheidende dritte Landmarke sehen können, nehme ich Muggis Hand mit der Ahnung, dass sie sich vernachlässigt fühlt. Dabei habe ich recht. Und es ist noch mehr: Muuggi ist eifersüchtig.

Mit Sorgenfalten auf der Stirn entschuldige ich mich und versuche ihr zu erklären, dass sie keinen Grund zur Eifersucht habe, denn ich hatte sehen können, dass sie keine Hilfe brauchte, sehr wohl aber diese Frau.

„Aber ich möchte doch mit Dir gehen!", sagt sie schließlich ernst und mit leiser Stimme.

Ab jetzt weiche ich nicht mehr von ihrer Seite. Für mich ist Eifersucht keine negative Erscheinung, sondern ein Zeichen besonderer Zuneigung. Sie ist ein starkes Gefühl zum Schutz seiner Liebe. Ein Geschenk Muuggis also, die bereit ist um mich zu kämpfen und die mich nicht verlieren möchte.

Ein Felsplateau bildet den Wendepunkt unseres Weges. Zwei Felsnadeln ragen wie die Pfosten eines Tores zum Himmel. Sie bilden die ersehnte, dritte Landmarke. Dort müssen wir hindurch. Unsere Führer sind erleichtert, diesen Punkt gefunden zu haben. Doch südöstlich von uns nähert sich eine riesige, pechschwarze Wolkenwand. Noch haben wir das Felsentor nicht erreicht, da beginnt es, kleine Eiskügelchen auf uns herabzuregnen. Bedrohlich wirkende Blitzserien zucken hektisch in der Schwärze des gewaltigen Gewölks zur Erde. Ganz klein fühlen wir uns vor dem Anblick der heranrollenden Naturgewalt. Immer dichter wird der Eisregen, immer größer die Kügelchen. Welch ein Glück, dass uns dieses Unwetter mit voller Kraft erst trifft, als wir die schützenden Felsen erreicht haben. In Felsnischen und Ausbuchtungen können wir uns einzeln oder paarweise drücken und finden so Schutz vor dem immer heftiger werdenden Eisregen.

Schnell haben die Hagelkörner die Größe von Kirschen erreicht, springen von den Felsen wie Irrwische in alle Richtungen. Langsam füllen sich Löcher und Mulden im Boden mit körnigem Eis, bilden bald eine raue, eisige Ebene. Ganz still ist es in den Schutznischen geworden angesichts dieser Naturgewalt. Die Blitze werden immer greller, immer kürzer die Abstände zwischen Blitz und nervenzerreißendem Donner. Muuggi drückt sich ganz eng an mich und bei jedem Donnerschlag kann ich ein leichtes Zucken ihres Körpers spüren. Ich schütze sie mit meinem Körper und umschlinge sie mit meinen Armen und der geöffneten Jacke, um sie mit hineinzuwickeln und zu wärmen, denn empfindlich kalt ist es plötzlich.

Nicht eine einzige der inzwischen zu Pflaumengröße angewachsenen Eiskugeln trifft Muuggi, auch wenn sie geschossartig gegen Felsen schlagen und in alle Richtungen davonspringen, nicht selten natürlich auch zu den Felsnischen hinein, in denen wir zusammengedrängt auf das Ende des Unwetters warten.

Blitz und Donner gleichzeitig! Eine ohrenbetäubende Explosion, so stark, dass unser Gehör minutenlang aussetzt. In den prasselnden Hagel mischen sich jetzt Kugeln von der Größe weißer Golfbälle. Ich stehe mit dem Rücken vor der Öffnung unserer Nische und manchmal spüre ich den Aufschlag einer solchen Kugel wie einen abgeschwächten Faustschlag. Wo diese Eisbrocken direkt auftreffen, richten sie erhebliche Schäden an. Nicht auszudenken, wenn uns diese Phase des Unwetters auf der ungeschützten Hochfläche, die eben erst hinter uns liegt, überfallen hätte.

Wie aber konnte der mongolische Führer erahnt haben, was uns heute erwarten würde? Plötzlich wird mir bewusst, dass dieses Naturvolk noch sichere Instinkte in sich trägt. Erst später erfahre ich, dass Unwetter dieser Dimensionen durchaus häufig sind hierzulande und deshalb Mongolen wohl ein Gespür entwickelt haben. Rundfunk oder Fernsehen brauchen sie scheinbar nicht als Warnungsgeber.

Endlich ist diese bedrohliche Wolkenwand über uns hinweggezogen, die Sonne kommt wieder zum Vorschein. Wir können die schützenden Nischen verlassen und den so erheblich veränderten Untergrund bewundern. Keine Unebenheit ist ringsum zu erkennen, auf dem bisher so zerklüfteten Felsen. Alles ist glatt und bedeckt von einer dicken, doch beweglichen Eisschicht. Wir stapfen hindurch, sinken dort tief ein, wo das Eis eine Kuhle ausfüllte und bewundern die Größe mancher Eiskugeln, die schwer und kalt in der Hand liegen. Oft, so wird berichtet, töten solche Geschosse Tiere und Menschen. Das erscheint uns durchaus glaubwürdig, als wir die Größe der herabgeschlagenen Äste bestaunen, die auf dem weiteren Weg überall herumliegen.

Bald haben wir ziemlich erschöpft das Mandschir-Tal erreicht und nicht lange danach trifft das Auto ein, welches uns mit Essen und Getränken versorgt. Manche haben immer noch Kraft genug, das wieder im Aufbau befindliche Kloster zu besichtigen. Wenige Mönche sind dabei, die restlichen Ruinen zu beseitigen und Gebäude neu zu errichten. Eines steht bereits wieder und ist eingerichtet. Zahlreiche Besucher, die auch mit Autos und Bussen hierher kommen, spenden gern Geld, damit die Frevel kommunistischer Vergangenheit beseitigt werden können. Die vielen Leben der ermordeten Mönche können freilich nicht mehr ersetzt werden.

Als wir spät am Abend nach Ulaanbaatar zurückkehren, ist die Innenstadt noch immer zu großen Teilen überschwemmt. Das Wasser bedeckt ganze Straßenzüge, reicht über die erhöhten Gehwege hinweg bis an die Häuser heran. Jetzt ist es besonders gefährlich, ein Auto über diese Straßen zu steuern, denn fehlende Kanaldeckel sind nicht mehr zu orten und wer deren Lage nicht ganz genau kennt, lässt lieber sein Auto stehen. Eine Meldung macht die Runde, dass alle Tiere einer Nomadenfamilie nahe der chinesischen Grenze in Panik vor diesem Unwetter gerieten und bei ihrer Flucht die Grenze überquerten. Die Tiere zurückzuholen, sei nicht möglich, denn die Chinesen würden es als Diebstahl bewerten.

Nur noch wenige Tage, dann kommt Werner zurück und wir müssen seine Wohnung räumen. Aber da gibt es schon eine neue Lösung. Werners Putzfrau vermittelt uns die Wohnung einer ihr bekannten mongolischen Familie am südlichen Ende der Stadt. Das Ehepaar mit zwei Kindern und der Großmutter braucht dringend Geld und so sind Turuu und Tuula bereit, so lange wir wollen, zu ihren Verwandten zu ziehen. Nicht weit von ihrer Wohnung haben diese ein Stückchen Land mit einem hohen Bretterzaun umgeben, eine Hütte darauf gestellt und auch die Jurte wieder aufgebaut, die noch vor wenigen Jahren draußen in der Steppe stand.

Viele Nomaden geben ihr Viehzüchterdasein auf, hoffen auf ein leichteres Leben in der Stadt. Besonders nach harten Wintern, in denen manche Nomadenfamilien einen Großteil ihrer Herden verlieren und deshalb natürlich ihre Lebensgrundlage, gehen sie diesen folgenschweren Schritt. Denn hier in der Stadt erwartet sie meist eine noch traurigere Zukunft. Es gibt ja keine Arbeit und damit keine Verdienstmöglichkeit. Staatliche Hilfen ebenso nicht, der Staat ist arm und selbst auf ausländische Hilfe angewiesen. Seit die Sowjets vor wenigen Jahren abzogen, hat die Mongolei den alles finanzierenden großen Bruder verloren. So ist die Sehnsucht nach dem Kommunismus in vielen Köpfen noch immer vorhanden und wieder bekommt diese Partei die Möglichkeit zur Rückkehr an die Macht. Aber nicht für lange Zeit, denn schnell muss das nun endlich frei wählende Volk erkennen, dass ohne die Zahlungen der Sowjets der beste Kommunismus nichts taugt.

Wir ziehen um. Bis auf ihre ganz persönlichen Sachen und ihre Kleidung haben Turuu und Tuula mit ihren Kindern und der Großmutter alles in der Wohnung zurückgelassen und das dürfen wir nutzen. Ein Wohn- und Schlafraum mit einem Schrank und einem Bett, einem kleinen Tisch und zwei Stühlen. Alles ist alt und klapprig, neue Möbel konnte sich die Familie nie leisten. In der Küche ist es nicht anders. Ein Tisch mit zwei Stühlen, Herd, Spüle und Kühlschrank. Nebenan das Zimmer der Großmutter mit einem Bett und einer Truhe. Toilette mit Spülklosett und das Bad mit einer Badewanne sind in zwei getrennten, winzigen Räumen untergebracht.

Von der Küche kann man den Balkon, der nach Süden zeigt, durch eine verglaste Tür erreichen. Von der hüfthohen Brüstung bis obenhin ist auch dessen großflächige Öffnung verglast. Durch diese Glasfenster hat man einen ungehinderten Blick hinüber zu der wilden Siedlung der Landflüchtlinge, und hier aus der dritten Etage ist der Blick sogar in einige dieser von hohen Bretterwänden eingeschachtelten Innenhöfe frei. Oft stehen wir in den nächsten Tagen auf unserem Balkon und beobachten das Leben in diesen kleinen Höfen.

In dieser Wohnung kann Muuggi noch besser werkeln, als in der von Werner. Hier gibt es auch diesen speziellen Dampftopf, in dem Mongolen ihre Buuts bereiten. Er besteht aus mehreren Etagen. In die untere kommt das zu verdampfende Wasser und in mehreren darüber werden auf Lochblechscheiben die noch rohen Buuts sorgfältig nebeneinander gesetzt. Je nach Größe des Bedarfs werden unterschiedlich viele Etagen übereinandergestapelt. Den oberen Abschluss bildet ein Deckel.

Mit einem runden Holz werden kleine Teigklumpen zu einer dünnen, runden Scheibe ausgerollt. Mitten darauf kommt das gewürzte Hackfleisch und mit unglaublichem Geschick entsteht sehr schnell ein kleines Bällchen. Die Enden der dünnen Fladen werden von Muuggis flinken Fingern zu einer Rosenblüte geformt. Nach kurzer Zeit schon ist die Reihe der Röschen zu beachtlicher Länge angewachsen, und wie gleichmäßig in Größe und Form sie sind! Tausende muss sie in ihrem Leben schon gemacht haben, und das wird wohl stimmen. Denn bei allen wichtigen Anlässen sind Buuts unerlässlich. Hunderte sind es oft bei einer einzigen Feier, wenn die Gäste zahlreich genug sind und das ist meist der Fall.

Aber auch Chuschur sind wichtig. Die Zutaten sind gleich, doch macht man sie größer und formt sie zu flachen Muscheln. Die werden nicht in Dampf gegart, sondern in einer großen, tiefen Pfanne mit viel Hammelfett frittiert. Dadurch werden sie knusprig und braun. An den Hammelgeschmack habe ich mich längst gewöhnt und mag ihn sogar, er gehört einfach zur Mongolei und den Nomaden.

So werde ich nun verwöhnt. Natürlich möchte ich Muuggi beim Formen der Teigtaschen helfen und bemühe mich, es ihr gleich zu tun. Doch wie kläglich ist das Ergebnis und wie lange dauert es, bis ein einziges Stück einigermaßen gelungen ist.

Muuggi ist nicht nur geschickt, sie ist auch sehr klug und hat ein großes Sprachtalent. Zwei Jahre hatte sie in Kasachstan gelebt und dort ein Gymnasium besucht. Bei einer befreundeten Familie in Almaty wohnte sie damals und hatte die kasachische Sprache gelernt. Die russische konnte sie schon, sie war Pflichtfach wie in allen Sowjet- und deren Bruderstaaten. Nicht wie ich, der ich selbst im zweiten Anlauf nur dürftig Russisch radebreche. Muuggi spricht Russisch fließend. Auch scheinbar leicht fällt ihr die deutsche Sprache, denn wenig Zeit war ihr geblieben, sie so zu erlernen, wie sie diese heute spricht und versteht. Gern würde sie in Deutschland leben, um dort Journalistik zu studieren, sagt sie mir eines Abends und sofort werde ich hellhörig...

Nach dem Besuch bei einer Freundin bringt Muuggi plötzlich eine Gitarre mit. Dass sie schön singen kann, wusste ich ja schon. Nun überrascht sie mich schon wieder mit der Gitarre. Ein paar Tage Übung und schon trägt sie mir mongolische Lieder mit Gitarrenbegleitung vor. Weil ich ihr fasziniert zuhöre, ihre Stimme so gern höre und die melodischen Klänge dieser Lieder, die schon Jahrhunderte alt sind, singt sie mir gern ihr ganzes Repertoire vor und das ist erstaunlich groß.

So viele Texte auswendig zu kennen, nicht ein einziges Mal ins Stocken zu geraten – ich kann dieses Mädchen immer nur bewundern.
Dabei habe ich zuvor und später oft erleben können, wie viele Talente auf künstlerischer Ebene es in der Mongolei gibt. Das betrifft nicht nur die Musik, sondern auch die Malerei und die beachtliche Dichtkunst.

Eines Tages höre ich bekannte Klänge aus ihrem Mund. Während ich rücklings auf dem schmalen Bett liege, in dem wir nach mongolischer Sitte eng aneinander geschmiegt die Nacht verbringen, greift sie zur Gitarre und setzt sich rittlings auf mich.

Voller Wehmut und gleichzeitig mit vielsagendem Lächeln, ihre dunklen Augen in die meinen versenkt, singt sie jenes Lied, das ich damals im

Camp von ihr hörte. Ohne den Text zu verstehen, rührt mich diese Melodie besonders und nun möchte ich wissen, was dieser Text aussagt. Versonnen, den Blick in die Ferne gerichtet und mit wehmütigem Ausdruck im Gesicht, übersetzt Muuggi:

„Geliebter, warum beachtest Du mich nicht und bemerkst nicht meine Sehnsucht nach Dir...“

Immer wieder fahren wir in die Stadt, versuchen in Sachen Expedition voranzukommen. Wir besuchen Muuggis Mutter, kaufen frisches Gemüse, Obst und vor allem Fleisch auf dem großen Markt. Und natürlich fahren wir auch immer wieder zu den Pferden, um nach dem Rechten zu sehen. Doch die sind gut aufgehoben und seit dem großen Gewitterregen sprießt es auch endlich in der Steppe. Schnell erholt sich nun Dawaas Herde und die letzten Winterfellfetzen fallen von ihnen ab.

Mehr können wir nicht tun, doch Langeweile kommt nie auf. Wenn Muuggi in der Wohnung kocht und werkelt, lerne ich Englisch. Manche Tage sind schon sehr heiß, dann ist es abends üblich, vor das Haus zu gehen. Von mehreren großen Wohnblocks umrahmt, gibt es dort einen Platz und eine ausgedehnte Sandfläche mit Geräten für die Kinder. Schaukeln und Wippen sind meist abends in Betrieb, dann sitzen die Mütter auf dem stählernen Geländer ringsum und unterhalten sich. Schnell hat Muuggi Kontakte geknüpft und zieht mich mit hinein in die Gesellschaft der Frauen. Kein Befremden ist darüber zu spüren unter all diesen Leuten, dass eine junge Mongolin ganz offensichtlich hier bei ihnen mit einem Europäer zusammenlebt, der noch dazu deutlich älter ist. Sowohl Muuggi als auch ich sind gern gesehen und immer mehr Bewohner grüßen uns freundlich und wohlwollend.

DER SCHAMANE

Muuggi möchte wissen, ob es mir in diesem Jahr noch gelingen wird, meine Reise fortzusetzen und was es sonst noch über unsere Zukunft zu erfahren gibt. Von einer Bewohnerin des Blocks nebenan erhält sie den Hinweis auf einen Schamanen am Rande der Stadt. Der wohnt dort in einem steinernen Haus inmitten vieler steinerner Häuser und alle sehen fast gleich aus. Straßennamen gibt es nicht, jedenfalls sind keine Schilder zu sehen und auch nach Hausnummern suche ich vergeblich. So muss Muuggi sich durchfragen. Im Schritttempo fahren wir langsam Straße um Straße in dieser Siedlung ab, denn alle sind unbefestigt und voller gewaltiger Löcher. Das Auto wird selbst im Schleichtempo gnadenlos durchgeschüttelt.

Endlich haben wir das Haus des Schamanen gefunden und drücken auf den Klingelknopf an der hohen Eingangstür des Bretterzaunes. Schlürfend nähern sich von innen Schritte und eine Männerstimme ist zu hören. Muuggi sagt, dass sie den Schamanen suche und erst jetzt wird die Tür einen Spalt geöffnet. Nur ein Auge kann ich sehen und das mustert uns misstrauisch. Scheinbar haben wir die Prüfung bestanden, denn endlich wird die Tür geöffnet und ein dicker Mann mittleren Alters bittet uns durch Handzeichen, hereinzukommen. Wir folgen ihm über einen schmalen Hof und betreten schließlich das Haus durch eine offenstehende Tür. Gleich links hinter der Tür sollen wir uns auf zwei Stühle an einen kleinen Tisch setzen. Ein dritter Stuhl bleibt frei und der Mann sagt, wir müssten warten. Dann setzt er sich abseits in die dunkelste Ecke des Zimmers. Von dort scheint er uns zu bewachen.

Einige Zeit vergeht, niemand spricht ein Wort. Endlich geht eine andere Tür auf und herein kommt ein noch dickerer Mann, ebenso alt und ebenso mürrisch.

Wieder prüfende Blicke, dann setzt er sich auf den dritten Stuhl zu uns. Kaum hörbar fragt er jetzt etwas und Muuggi antwortet. Übersetzungen würden jetzt die Atmosphäre stören, deshalb bleibe ich ohne Information über all das, was tröpfchenweise zwischen Muuggi und diesem seltsamen Mann gesprochen wird.

Immer sind es nur wenige Worte, sehr leise und in gleichbleibendem Tonfall gesprochen, und mit langen Pausen dazwischen. Endlich kramt der Mann umständlich ein kleines Ledersäckchen aus seinem Deel und schüttet den Inhalt auf den Tisch. Viele kleine Kupferscheiben in der Größe von Zehn-Pfennig-Stücken, jedoch glatt und ohne jegliche Prägung, rollen leise klimpernd auf den Tisch. Mit seiner Linken stoppt er jene, die sich bedrohlich der Tischkante nähern und schiebt sie schließlich mit beiden Händen zu einem Haufen zusammen.

Mit geschlossenen Augen konzentriert sich der Mann bewegungslos. Beide Hände flach auf der Tischplatte und zwischen ihnen der kleine Haufen der Kupferscheiben. Kein Geräusch stört diese Phase, die mehrere Minuten dauert und endlos erscheint. Endlich öffnet er seine Augen ein wenig, greift mit der Rechten einige Kupferscheiben von dem Haufen und streicht sie mit der Linken auf seiner Handfläche auseinander. Keine einzige fällt herunter. Sie liegen in unregelmäßigem Abstand voneinander, teilweise übereinander auf der Handfläche und den geschlossenen, ausgestreckten Fingern. Minutenlang betrachtet er das Bild in seiner Hand, bevor er mit müder, leiser Stimme sehr bedächtig einige Sätze von sich gibt. Muuggi hört gespannt zu und sagt kein Wort. Erst, als sich der Mann mühsam und scheinbar völlig entkräftet von seinem Stuhl erhebt und grußlos zu jener Tür hinüber schlurft, aus der er gekommen ist, sagt Muuggi: „Bayarlalaa" (Dankeschön). Ich lege einen Geldschein auf den Tisch, so wie Muuggi mir geraten hat. Immer noch sehr still, als dürften wir die Geister, die in diesem Haus wohnen, nicht stören, verlassen wir es und steigen in das Auto. Nachdem wir um mehrere Straßenecken gebogen sind und dieses Haus uns nicht mehr sehen kann, beginnt Muuggi zu erzählen:

„Du bist im Jahr des Pferdes geboren und jetzt haben wir das Jahr des Tigers. Das ist gar nicht gut für Dich, denn der Tiger ist ein Feind des Pferdes. In diesem Jahr musst Du besonders wachsam sein und beweglich. Wenn Du klug genug handelst und alles um Dich herum beobachtest und richtig einschätzt, wird Dir alles gelingen. So wie Pferden in der Steppe. Geduldig musst Du sein und ausdauernd.

Und weiter sagte er, dass Du stark genug bist, das auch zu schaffen. Viele Probleme wirst Du noch bekommen in diesem Jahr und auch im nächsten, denn das ist das Jahr des Hasen und auch dieses Tier verträgt sich schlecht mit Pferden. Aber Du wirst alle Probleme bewältigen, wenn es Dich auch viel Kraft kosten wird. Im Jahr des Drachen wirst Du es endlich wieder leichter haben und dann folgen die Jahre der schlauen Schlange und des Pferdes, sie werden gut für Dich.“

Und was sagte er über unsere Partnerschaft?“, will ich wissen.

„Wir beide sind sehr glücklich, hat er gesehen. Und wir passen sehr gut zusammen, denn ich bin eine Schlange!“, kindlich lachend kneift sie mich in den Hals. „Wir werden noch lange zusammen sein, doch wie das nächste Jahr für unser Glück sein wird, konnte er nicht mehr sehen, da wurde er ganz müde.“

Sehr seltsam berührte mich das, was dieser Mann, dem ich misstrauisch gegenübertrat, von sich gab. Und es waren nicht nur seine Worte, sondern auch er selbst, seine Aura und dieses Haus, das von einer seltsamen Energie durchzogen schien. Schon beim Betreten des Hofes hatte ich etwas Fremdes, Undefinierbares gespürt. Mein Misstrauen gegenüber all dem ließ mich skeptisch sein. Würde er mit dem, was er sagte, recht behalten?

UNTER FREUNDEN

An Wochenenden können wir nichts ausrichten in der Stadt und beginnen, Ausflüge aufs Land zu machen. Am Flughafen vorbei führt eine Straße nach Süden. Sie führt zu einer kleinen Stadt, die Suun Mod heißt und von der gelangt man ins Mandschir-Tal. Gern würde ich in diesem Tal auch über Nacht mit Muuggi bleiben, denn unser Auto ist auch zum Wohnen eingerichtet. Leider ist das nicht möglich, im Nationalpark darf nicht kampiert werden. Deshalb fahren wir wieder zurück und suchen uns abseits der Asphaltstraße in der Nähe einer Nomadenjurte einen Stellplatz.

Gemeinsam gehen wir hinüber zu der Jurte, es beginnt bereits zu dunkeln. Der Herr der Jurte ist noch draußen und erwartet uns gelassen. „Sayn bainoo“, sagt Muuggi und spricht mit ihm. Sie fragt, ob er erlaube, dass wir die Nacht dort stehen bleiben könnten. Das störe ihn nicht, meint er und wenn wir etwas bräuchten, wolle er es uns gern geben. Schnell läuft Muuggi zum Auto und holt ein Glas. Etwas Kefir wäre gut, sagt sie dem Mann und hat dann Mühe, ihm ein paar Tugrik (mongolische Währung) aufzudrängen.

Am nächsten Morgen fahren wir weiter und möchten einen Platz suchen, der nicht so nah an dieser Straße liegt. Ein solcher ist schnell gefunden, wir brauchen nur einer Spur zu folgen, die hinter der nächsten Bergflanke verschwindet. Am Ende des danach vor uns liegenden Tales entdecken wir drei Jurten und ein steinernes Haus. Hier lebt eine Familie, die zwar noch viele Tiere hat und davon lebt, doch sesshaft geworden ist. In den Sommermonaten wohnen sie in dem Steinhaus, doch im Winter ist es in der Jurte angenehmer. Das Tal ist groß und Weideflächen gibt es genug. Ein Bach kommt aus den Bergen und versorgt alle mit Wasser. Wenn mit Beginn des Winters das Wachstum der Kräuter und Gräser einschläft, werden die Pferde in die Wälder hinaufgetrieben, die dort oben an der rechten Bergflanke beginnen. Diese Wälder gehören schon zum Naturreservat und Holz darf dort nicht entnommen werden.

Aber die Pferde als Teil der Natur dürfen sich im Winter von Zweigen, Baumrinde, Flechten und Moosen und den wenigen Waldgräsern ernähren. Beaufsichtigt werden sie dabei nicht. Im Frühjahr kommen sie von selbst auf die Bergwiesen und in die Täler zurück und werden dann von den Menschen wieder in Empfang genommen. Jedenfalls jene, die den Winter überlebt haben. Pferde, die schon zu alt und schwach oder nicht gesund sind, also nicht wehrhaft genug, werden Opfer von Wölfen, die es noch in großer Zahl gibt.

Diese Art der Pferdehaltung haben asiatische Volksgruppen vor vielen Jahrhunderten auch nach Europa gebracht. In Zeiten der großen Eroberungszüge der Hunnen und später der Mongolen, die ja auf Pferden unterwegs waren, gab es natürlich auch kriegsmüde oder nicht mehr kriegstaugliche Deserteure.

Die damals kaum zugänglichen Karpaten boten diesen ehemaligen Kriegern genug Verstecke. Verborgene Hütten konnten überall in den dicht bewaldeten Bergen gebaut werden, Felder angelegt und somit eine Lebensgrundlage geschaffen. Was diese Menschen für ihr Überleben nicht hatten, eroberten sie bei Raubzügen in den längst besiedelten, weitläufigen Tälern. Natürlich wurden auch Frauen geraubt und schließlich entstanden Familien. In der Sprache der hier ansässigen, friedlich lebenden Menschen wurden diese Banditen „Huzul" genannt und dieses Schimpfwort schließlich auch auf ihre noch halbwilden Pferde übertragen.

So entstand im östlichen Europa eine Pferderasse, die sich bis heute erhalten hat. Eine besonders robuste Rasse mit noch erheblichen Erbanteilen des Tarpan, jenes Wildpferdes Eurasiens, das es im Original heute leider nicht mehr gibt. Deutliche Zeichen des Tarpan tragen immer noch viele Huzulen, wie den Aalstrich, Zebrierungen an den Beinen und sogar das Schulterkreuz. Ihre Robustheit verdankt diese Rasse der Art ihrer Haltung. Die Bergbauern in den Karpaten machten nie Winterbevorratung an Futter für ihre Pferde, sondern entließen sie, wie heute noch viele Mongolen, zum Winter in die Wälder. Nur die widerstandsfähigsten überlebten beim Kampf gegen Wölfe, Bären und Luchse und kamen im Frühling auf die Weiden und zu den Menschen zurück.

Panca und Puschkin, meine treuen Weggefährten, gehören zur Rasse der Huzulen und weil ich die Geschichte dieser Rasse kannte, kamen für mich nur diese für meinen Ritt um die Erde in Frage. Nun treffe ich hier in der Mongolei auf die Nachkommen ihrer gemeinsamen Vorfahren. Tatsächlich sind noch immer viele Ähnlichkeiten zu erkennen, wenn auch meine Huzulen gegenüber den Mongolen, wohl wegen des üppigeren Futterangebots etwas größer sind.

Rasch freunden wir uns mit dieser Viehzüchterfamilie an, werden nach und nach regelrecht in die Familie integriert, denn viele Wochenenden werden es während der Wartezeit auf die Genehmigungen zur Durchquerung Chinas. Einer der Söhne sagt uns eines Morgens, dass es oben am Berg bereits Erdbeeren gäbe.

Während unser Auto als zusätzliche Wohnung bei der Gruppe der Jurten bleibt, machen sich Muuggi und ich auf den Weg, den uns Baatra beschrieb. Er wird lang und beschwerlich und es ist weiter, als es vom Tal unten den Anschein hatte. Zunächst auf einem Pfad, dann stapfen und klettern wir über Weideflächen mit buntem Bewuchs. Gras und vielerlei unterschiedliche Kräuter wachsen hier und ihre Blüten leuchten in allen Farben. Manche duften so intensiv, dass man endlos einatmen möchte, die wunderbar reine Natur in sich aufsaugen. Keine Verschmutzung der Luft durch Straßenverkehr oder Industrie, keine Insektizide, Pestizide oder Kunstdünger sind hier je eingesetzt worden   auf tausende Kilometer im Umkreis. So hat sich die Natur erhalten können, wie sie sicher schon vor Hunderten von Jahren war.

Dann finden wir die Erdbeeren. Natürlich sind es sehr kleine Walderdbeeren und erst wenige sind reif. Doch ihr Aroma ist einfach köstlich. Eifrig sammeln wir nur die rötesten in die hohle Hand und schmatzen dann die gefüllte Hand leer. Zurück bleiben eine rotgefärbte Handfläche und zwei lachende, zufriedene, aber beschmierte Gesichter.

Plötzlich sehe ich ein Edelweiß. Und da! Noch eins und immer mehr, soweit das Auge reicht, bedecken sie zwischen allerlei anderen Pflänzchen große Flächen. Überrascht rufe ich Muuggi zu mir und deute darauf: „Sieh mal, das sind ja seltene Blumen, die es in Europa in den Alpen gibt!"

„Oh", sagt sie, „das bin ich, das ist Munkhtsetseg, die Blume, die nie verblüht."

Sie pflückt eine ab und reicht sie mir. Vielsagend blicke ich ihr in die Augen und drücke die Blume an meine Lippen. Verstehend lächelt mich Muuggi an und ganz zärtlich wird dabei ihr Blick...

Tsogto ist ein Cousin Baatras. Er holt Wasser aus dem Bach. In einem Eimer trägt es der junge Mongole zu einem Haufen Tierdung. Den Haufen hat er über mehrere Tage aus dem Schafs- und Ziegenpferch, sowie von den Weiden eingesammelt. Darunter sind auch Kuhfladen und Pferdeäpfel.

Nun vermischt er den Dung mit Wasser zu einem zähen Brei. Mit einer großen Schaufel geht das ganz fix. Gleich nebenan setzt er danach schaufelweise einen Brocken Brei nach dem anderen auf ein kahles Stück Boden und klopft ihn flach. Nach wenigen Tagen sind diese Fladen völlig durchgetrocknet und lassen sich zu einem großen Berg aufstapeln. Was die Nomaden mit einer dreizinkigen Holzgabel von den Weiden sammeln, wird hier sehr einfach zu Heizmaterial verarbeitet. Nicht nur im Winter zum Beheizen der Gers, sondern auch zum Kochen im Sommer wird es benötigt. Es kostet kein Geld, nur ein wenig Arbeit. Wer sowieso mit Tieren arbeitet, den stört der schwache Geruch nicht, denn es sind ja Pflanzenfresser, die den kostbaren Stoff liefern. Selbst beim Verbrennen in dem kleinen Jurtenofen entwickelt dieses Brennmaterial keine wirklich unangenehmen Gerüche. Schon lange hat sich selbst meine Nase daran gewöhnt.

MURMELTIERJAGD

Tsogto ist es auch, der uns eines Tages einlädt, ihn zur Jagd auf Murmeltiere zu begleiten. Die Murmeltierjagd hat eine uralte Tradition bei den Mongolen und lässt ihre Gesichter vor besonderer Leidenschaft erstrahlen. Weil es vor wenigen Jahren verboten wurde, tun sie es jetzt nur noch heimlich und sprechen sehr leise darüber und nur in Gegenwart vertrauenswürdiger Personen. Der Grund des Verbotes ist der Pestfloh. Das Murmeltier beherbergt ihn und wer ein getötetes Tier berührt, läuft Gefahr, infiziert zu werden. Jedes Jahr aufs Neue bricht in diesem Land irgendwo die Schwarze Pest aus und dann sterben gleich mehrere Menschen daran. Aber das scheint die Mongolen nicht zu stören. Ihre Jagdleidenschaft ist größer als ihre Angst vor einem qualvollen Tod.

Am liebsten jagen sie dieses scheue Tier mit dem Gewehr, doch wegen des Lärms ist die Gefahr der Entdeckung so nahe einer Stadt zu groß. Deshalb hat Tsogto drei Fallen in seinem Rucksack.

Wenn die Sonne beginnt, die Erde zu erwärmen, verlassen die tagaktiven Tiere ihre Erdhöhlen. Sie sind wegen der ständigen Bejagung sehr misstrauisch und scheu. Also müssen wir bereits im Morgengrauen aufbrechen.

Mit meinem Auto fahren wir über unmögliche Pisten und Pfade hinauf in die Berge, verstecken das Auto schließlich am Rande einer großen Bergwiese zwischen den Bäumen. Würden die Murmeltiere das Auto bemerken, hätten wir keine Chance mehr auf einen Erfolg. Dasselbe gilt für die Fallen. Viel Geschick und Präzision gehört zum Aufstellen – nichts darf dabei die nahe Umgebung des Höhlen-eingangs verändern. Die Tiere würden sofort für den ganzen Tag tief in den Höhlen verschwinden. Dabei werden diese Fallen direkt am Haupteingang, den man leicht erkennen kann, eingegraben. Genau wissend, wo es sich lohnen könnte, hat Tsogto den ersten Bau ausgewählt.

Auf besonders leisen Sohlen betritt er die Umgebung des Baues, die Tiere schlafen noch und dürfen nicht durch Erschütterungen oder Geräusche gestört werden. Vorsichtig kniet er nieder und beginnt, die frische Erde direkt am Eingang mit den Händen aufzunehmen und neben sich abzulegen. Tiefer wird die kleine Grube und höher der Erdhaufen neben ihm. Ganz andächtig und vorsichtig ist jede seiner Bewegungen. Endlich ist das Loch groß genug. Nun nimmt er geräuschlos die erste Falle aus dem Rucksack, spannt sie und legt sie hinein. Krümel für Krümel rieselt dann die Erde aus seinen Händen wieder zurück in das Loch, füllt die Lücken zwischen dem Gestänge der Falle und bedeckt diese schließlich vollständig. Vorsichtige Korrekturen mit ruhigen Fingern noch, nichts darf darauf hinweisen, dass hier Erde von Menschenhand bewegt wurde. Wenig ist von dem Häufchen neben Tsogto übriggeblieben, aber auch das muss beseitigt werden. Die scheuen Tiere würden sofort erkennen, dass sich seit gestern Abend hier etwas verändert hat. Weit weg schleudert deshalb Tsogto diese Erdreste, verstreut sie so unsichtbar. Noch einmal lässt er seinen Blick prüfend wandern und scheint schließlich zufrieden mit seinem Werk.

Dann neigt er seine Stirn zu Boden und spricht demütig ein Gebet: „Bitte, ihr Götter der Erde, schenkt mir einen fetten Tarbag...“

Vorsichtig entfernen wir uns und legen uns schließlich weitab hinter tarnendem Gestrüpp auf die Lauer. Lange dauert es, bis die Temperatur des Bodens hoch genug geworden ist und aus den zahlreichen Höhlen dieser großen Bergwiese endlich erste Lebenszeichen erkennbar werden. Immer ist es ein großes Tier, das zuerst den Bau verlässt, um prüfend die Umgebung zu beobachten. Hochaufgerichtet sitzt es auf seinem Hinterteil, die Vorderpfoten vor sich angewinkelt und ruckartig den Kopf nach und nach in alle Richtungen drehend. Erst, wenn nichts sein Misstrauen erweckt, geht es einige Schritte vor den Eingang und dies ist das Zeichen für die übrigen Familienmitglieder, auch den Bau verlassen zu können. Viele größere und vor allem kleinere Murmeltiere wuseln nun in der Nähe herum, suchen leckere Kräuter oder nutzen die Gelegenheit zu drolligen Spielchen. Dabei ist mindestens ein älteres Tier damit beschäftigt, die Umgebung, aber auch den Himmel zu beobachten, denn auch Steppenadler haben großes Interesse an ihnen. Ein greller Pfiff genügt und in Sekundenschnelle sind alle wieder im Bau verschwunden.

Tsogto hat sein einäugiges Fernglas am Auge und beobachtet abwechselnd jene drei Stellen, an denen er je eine Falle aufgestellt hat. Muuggi und ich tun es ihm ohne Fernglas gleich. Plötzlich sehe ich, wie sich eine Staubwolke an dem ersten Bau blitzartig ausbreitet und mache Tsogto darauf aufmerksam. Ringsum sind schlagartig alle Murmeltiere verschwunden, die eben noch die Wiese bevölkerten. Wir eilen den Hang hinauf und als wir den Bau erreicht haben, zappelt ein fettes Murmeltier und versucht, mit der Falle am Hinterbein, in den Bau zurückzugelangen. Aber das geht nicht, zwei nun gespreizte Sperrarme verhindern das. Vorsichtig nimmt Tsogto die Falle, zieht mit ihr das Tier wieder heraus und legt es flach auf den Boden. Dabei muss er es berühren, doch die Gefahr ist ihm zwar bekannt, aber egal. Zu groß ist sein Jagdfieber.

Geschwind nimmt er einen kurzen Knüppel aus seinem Deel, legt ihn dem Tier über den Nacken, steigt mit beiden Stiefelspitzen auf die Enden, packt das Tier an den Hinterbeinen und ruckt es kräftig nach oben. Sein Genick ist mit einem deutlichen Knacken gebrochen, das Tier ist augenblicklich tot.

Ich bedaure das arme, unschuldige Tierchen und entnehme Muuggis Blick, dass auch ihr Mitgefühl heftig ist. Mit geübter Hand enthäutet Tsogto die Beute abseits der Wiese, nachdem er sich erneut voller Dank an seine Götter gewandt hat. Die Eingeweide wirft er weit von sich und kaum haben sie den Boden erreicht, werden sie schon von einem herniederstürzenden Adler ergriffen und davon getragen. Längst haben mehrere dieser von den Mongolen so verehrten Greifvögel erkannt, dass es dort unten Beute geben wird, doch nur einer bekommt seinen Anteil.

Ein kleines Stück aus der Bauchhöhle des Murmeltieres schneidet Tsogto vorsichtig heraus, wickelt es in ein Tuch und steckt es in seinen Deel. Es ist ein Magen mit Inhalt und dieser fermentierte Inhalt ist eine sehr wirksame Medizin für allerlei Tiere der Nomaden, erklärt er mir. Manchmal würde diese Medizin auch bei Menschen angewandt.

EINE ANGENEHME LÖSUNG

Endlich bekomme ich ein Visum zur einmaligen Einreise nach China. Leider hat sich das chinesische Ministerium für Touristik noch immer nicht entschieden, auch mein Versorgungsfahrzeug in das Land zu lassen. Es heißt, dass der Polizeichef jeden Bezirkes, durch den ich zu reisen beabsichtige, sein Einverständnis geben müsse, denn den Schutz der Polizei benötige ich dort überall.

Noch einmal befasse ich mich mit dem Gedanken, über Russland an das östliche Ende dieses Kontinents zu reiten: Baikal – Tschita – Wladiwostok. Eine viel zu lange Strecke für den verbliebenen, kläglichen Rest des Jahres.

Aber wenn ich Pferde und Versorgungsfahrzeug auf die Bahn verladen könnte, um so die riesigen Sumpfgebiete durchqueren zu können, würde die Zeit vielleicht reichen. Von Wladiwostok wäre es sicher möglich, per Schiff nach Südkorea oder Japan weiter zu kommen. Diese Idee bespreche ich mit Muuggi.

„Oh, Südkorea!", sagt sie. „Dort lebt meine älteste Schwester Nawtschaa schon seit zwei Jahren. Wenn ich Dich dorthin begleiten könnte...", zweifelnd wiegt sie den Kopf und ihr Blick verrät ungläubiges Hoffen.

Auch für mich hätte das viele Vorteile. Ich hätte eine perfekte Dolmetscherin für Russland und sicher die besten Kontakte in Südkorea. Und was für mich noch verlockender ist, ich hätte Muuggi noch erheblich länger an meiner Seite. Sie einfach hier zurückzulassen, vielleicht sogar schon in wenigen Tagen mich endgültig von ihr zu trennen, erscheint mir grausam und schnell schiebe ich diesen Gedanken wieder von mir.

Wir gehen zur russischen Botschaft. Muuggi hat wirklich nicht die geringsten Probleme, mit den Beamten hier zu sprechen und zu verhandeln. Doch schnell stellt sich heraus, dass wir diese Hoffnung begraben müssen. Um ein neues russisches Visum für mich zu bekommen, müsse ich nach Deutschland zurück und ob ich es dort ohne die Einladung einer Institution in Wladiwostok bekäme, ist sehr zweifelhaft. Mein Einwand, dass ich ja auch in der Ukraine diesbezüglich erfolgreich war, wischt dieser Beamte vehement vom Tisch. Dies könne niemals korrekt gewesen sein, sagt er und hier in der Mongolei würde ich das bestimmt nicht bekommen.

Enttäuscht kehren wir in die Wohnung zurück. „Auf keinen Fall kann ich erneut einen Winter hier in Ulaanbaatar verbringen, auch wenn es Deinetwegen noch so verlockend ist", sage ich zu Muuggi. „Noch einmal eine so große Summe an den Zirkus für die Pferde zu bezahlen, kann ich nicht. Meine Reisekasse hat sowieso schon viel zu sehr gelitten, ich muss endlich weiter!"

Muuggi senkt traurig ihren Blick. Nun ist es wohl so weit – wir können dieses Thema nicht mehr weiter verdrängen. Noch etwas mehr als einen Monat, dann wird es hier bereits wieder kalt.

„Geh über die grüne Grenze nach China", rät einer im Khan Bräu.

„Aber das ist doch unmöglich, schließlich muss ich irgendwo das Land wieder verlassen, wo es vielleicht keine grüne Grenze gibt. Was dann, ohne Einreisestempel auf den Papieren?"

Plötzlich erwacht mein alter Kampfgeist wieder: „Vielleicht habe ich die besten Chancen, wenn ich mit den Papieren, die ich schon habe, einfach zur offiziellen Grenze gehe. Entweder haben die dort so viel Verständnis, dass sie mir gegen Bakschisch Notpapiere für das Versorgungsfahrzeug ausstellen oder sie geben mir den Tipp, den ich brauche. Vielleicht gilt ja auch bei Chinesen, dass ein Gespräch Auge in Auge mehr bewirkt als anonyme Korrespondenz aus der Ferne."

„Ja, Liebling", sagt Muuggi mit funkelndem Blick. „Ich will mit Dir kämpfen und gehe mit an die chinesische Grenze!"

Alle lachen und ich sage: „Danke Muuggi, diese Idee gefällt mir besonders gut."

Zuhause spinnen wir diese Idee weiter und Muuggi sagt: „Können wir nicht versuchen, für mich ein koreanisches Visum zu bekommen? Dann könnte ich noch viel weiter mit Dir gehen."

„Oh Muuggi, das wäre toll!", rufe ich begeistert, fasse sie mit beiden Händen um die schlanken Hüften und tanze mit ihr wirbelnd durch das Zimmer.

Schon am nächsten Tag machen wir uns auf den Weg zur koreanischen Botschaft. Und hier erfahren wir, dass Visa für Mongolen nur noch ausgestellt werden, wenn sicher ist, dass sie das Land spätestens nach dreißig Tagen wieder verlassen. Der Grund ist die derzeit schwächelnde koreanische Wirtschaft, und die dadurch hohe Arbeitslosigkeit. In den Jahren des Aufschwungs war der Arbeitskräftebedarf hoch und viele Ausländer, vor allem Mongolen, kamen nach Korea. Darunter auch Nawtschaa, Muuggis Schwester.

Kaum war sie dort, begann der Wirtschaftabschwung und man versuchte, alle Ausländer zur Heimkehr zu bewegen. Aber viele tauchten unter und arbeiten nun unter weit härteren Bedingungen weiter: längere Arbeitszeiten für noch weniger Geld. Deshalb lebt Nawtschaa nun illegal in Südkorea, gesteht Muuggi.

Trotzdem will ich es versuchen und endlich sitzen wir einem koreanischen Beamten gegenüber. Der spricht natürlich Mongolisch und so kann Muuggi mein Anliegen übersetzen:

„Dies ist Munkhtsetseg aus Ulaanbaatar und ich bin ein deutscher Reiseschriftsteller", dabei lege ich ihm meinen deutschen Reisepass vor und habe die Seite mit dem koreanischen Visum aufgeschlagen.

„Für die weitere Reise über China, Südkorea und Japan in die USA möchte ich Munkhtsetseg als Dolmetscherin mitnehmen, denn sie spricht mehrere Sprachen. Nach China darf sie als Mongolin ohne Visum einreisen, wie ich weiß, aber nach Südkorea nicht. Mir ist bekannt, dass Mongolen nicht mehr als Arbeitskräfte nach Korea kommen können, aber das trifft hier nicht zu, denn Munkhtsetseg wird Korea mit der Expedition wieder verlassen. Bitte geben Sie ihr ein Visum für die Zeit, auf die auch meines ausgestellt ist."

Prüfend durchblättert der Beamte meinen Pass und sieht sich auch all die anderen Visa an. Dann legt er uns ein Formular vor, das wir morgen ausgefüllt und unterschrieben zurückbringen sollen, dazu auch Muuggis Reisepass. Doch versprechen könne er uns nichts, sagt er, die Zeiten seien sehr schwierig.

Wir fiebern der Stunde des Publikumeinlasses am nächsten Tag entgegen und sind schließlich viel zu früh an dem großen, stählernen Tor. Endlich wird das Tor geöffnet und mit wenigen weiteren Besuchern überqueren wir das parkähnlich angelegte Gelände vor dem großen Gebäude der Botschaft. Die schwere Tür steht schon offen, wir betreten den Vorraum. Dann sitzen wir demselben Beamten gegenüber, der uns gestern schon empfangen hatte. Mit ernstem Gesicht nimmt er das ausgefüllte Formular und Muuggis Pass entgegen, dabei forscht er in meinem Gesicht.

Mir ist klar, dass er versucht, meine Glaubwürdigkeit zu prüfen, denn ich bin dafür verantwortlich, dass diese Mongolin nicht in Korea untertaucht. Allein meine bereits erteilten Visa für Korea und Japan sagen aus, dass diese Expedition wirklich dorthin will.

Wir sollen warten, sagt er und entfernt sich mit den Dokumenten, auch mit meinem Pass. Wir sind beide angespannt und kneten nervös unsere Hände. Nach einer halben Stunde kommt der Beamte endlich wieder und immer noch ist sein Gesicht ernst und ausdruckslos. Er hat beide Pässe in der Hand und einen Zettel. Mit diesem Zettel sollen wir dort hinüber an den Schalter gehen und bezahlen, sagt er zu Muuggi und übergibt ihr die Pässe. Sofort schlägt sie den ihren auf und sieht ein nagelneues, koreanisches Visum. Ihre Augen leuchten auf wie zwei Sterne. Doch jubeln ist jetzt hier in dem Gebäude nicht angebracht, das tun wir gemeinsam und ausgiebig in der Wohnung. Nun kann die Expedition endlich weiterziehen.

ENDLICH WEITER

Turuu und Tuula kommen uns manchmal in ihrer Wohnung besuchen. Dann sitzen wir plaudernd zusammen, trinken Tee und naschen süßes Gebäck. Ich mag diese beiden, denn unter ihnen herrscht immer Harmonie. Tuula ist zwar oft sehr lebhaft und lacht viel, dafür gleicht Turuu das mit seiner wissenden Stille wieder aus. Er lächelt immer und nichts kann seine Freundlichkeit erschüttern. Ich erfahre, dass er Kraftfahrer ist, doch keinen Job hat. Kraftfahrer gibt es inzwischen mehr als Kraftwagen in dieser Stadt. In besseren Zeiten gab es genug zu tun und er steuerte die unterschiedlichsten Autos über die Pisten der Mongolei in alle Richtungen.

Dabei war er in seiner Jugendzeit noch Nomade und seine Familie hatte viele Tiere, natürlich auch Pferde und Kamele. Aufgrund seiner Pferdekenntnisse und weil er auch ein wenig Englisch sprach, war er vor kurzem noch beim holländischen Tachi-Projekt angestellt. Zwei Jahre dauerte sein Vertrag, dann brauchte man ihn nicht mehr.

Dieses Projekt befasst sich mit dem Auswildern des „Przewalski-Pferdes" (jenes Wildpferd, das nur durch die illegale Entnahme des Hamburgers Hagenbeck im Original überleben konnte, sich in vielen Tierparks vermehrte und nun unter der Bewachung von Wildhütern wieder in der Heimat seiner Vorfahren ausgesetzt wird, um sich in freier Wildbahn zu vermehren).

Zwar wollte ich Baagi, meinen Fahrer vom Vorjahr, wieder an das Steuer meines Begleitfahrzeugs setzen, doch Turuu wäre viel geeigneter.

Schließlich hat Baagi und auch seine Frau einen Job und sie leiden keine Not. Turuu dagegen braucht dringend eine Einnahmequelle, kennt sich gut mit Tieren, vor allem Pferden, aus, kennt die Piste zur chinesischen Grenze und kann wirklich Auto fahren, hat sogar einen Führerschein. Alles jene Dinge, die Baagi nicht hat oder kann. Baagi war ein netter Kerl und mein Freund geworden, doch ein Kompromiss.

Ich überlege nicht lange und frage Turuu, ob er Interesse daran habe. Sofort strahlt sein Gesicht, denn nun erwartet ihn nicht nur die Mieteinnahme seiner Wohnung, sondern zusätzlich noch ein Lohn für mindestens zwei Wochen. Natürlich auch die Rückfahrkarte mit der Eisenbahn und volle Verpflegung. Schnell sind wir uns über die Bedingungen einig.

Am Samstag in der Mitte des Monats August kommt noch einmal Muuggis Familie zusammen, um Abschied zu nehmen. Muuggi ist ganz aufgekratzt und sprüht vor Tatendrang. Ihre Mutter ist nur wenig besorgt. Ihre jüngste Tochter ist sowieso schon zwanzig Jahre alt und hätte sie sicherlich auch ohne mich und meine Expedition bald verlassen. Schwestern und Bruder nehmen es gelassen, alle wünschen uns viel Glück und eine gute Reise. Beim letzten Abschied an der Türschwelle steckt die Mutter ihrer Tochter nach mongolischer Sitte einige Geldscheine zu, dann eilen wir noch einmal ins Khan Bräu, um uns auch hier zu verabschieden. Viele haben schon nicht mehr daran geglaubt, dass diese Expedition überhaupt weiter gehen könnte.

Am Sonntag früh fahren wir zu den Pferden hinaus. Mehrere Tage waren wir schon nicht mehr hier und überrascht stelle ich fest, dass meine zwei Pferde ganz nah bei Dawaas Herde stehen. Panca scheint beinah schon dazuzugehören, nur Puschkin bleibt auf Abstand. „Oh je", denke ich, „hoffentlich ist nicht das passiert, was ich unterwegs immer vermeiden wollte". Doch jetzt ist nicht die Zeit, um Klarheit zu schaffen. Wir müssen aufbrechen, um den Tag zu nutzen.

Ich sattele Puschkin und nehme Panca als Handpferd. Das Auto ist längst gepackt und nun auch der Anhänger am Haken. Durch die Stadt wollen wir zusammen bleiben und langsam fährt Turuu vor uns her, das Tempo über den Rückspiegel bestimmend. Muuggi sitzt an seiner Seite. Einen zweiten Sattel habe ich nicht, deshalb muss mit Handpferd geritten werden und Muuggi soll unterwegs Gelegenheit bekommen, mich im Sattel abzulösen. Wir haben es eilig, denn bald beginnen in Ulaanbaatar die kalten Monate. Bis zur chinesische Grenze sind es ungefähr siebenhundert Kilometer. In den nächsten Tagen stellen wir Panca manchmal in den Anhänger und erhöhen das Fahrtempo. Dann geht es besonders schnell, denn Pancas Rufe fordern Puschkin heraus und er beeilt sich in scharfem Trab und langen Galoppaden, den Hänger mit seiner Schwester nicht aus den Augen zu verlieren.

Dank ausgiebiger Ritte unter Aagi und Tschuka ist die Kondition der Pferde in den letzten Monaten beachtlich angewachsen. So gelingt es uns, Zamyn Uud, die kleine Stadt auf mongolischer Seite am Grenzübergang bereits nach zwei Wochen zu erreichen. Eine tolle Leistung besonders von Puschkin und ich bin furchtbar stolz auf ihn. Zwar hat es ihn Substanz gekostet und kein Gramm Fett zuviel ist noch an seinem Körper, doch Rippen sind weder bei ihm noch bei seiner Schwester zu sehen. Rund fünfzig Kilometer pro Tag und das an jedem der vierzehn Tage ohne Unterbrechung, ist beachtenswert. Mir ist bewusst, dass Pferde durchaus bei guter Kondition in der Lage sind, sogar einhundertsechzig Kilometer innerhalb von weniger als zwanzig Stunden zurückzulegen, wie Distanzreiter wissen, doch diese haben anschließend lange Erholungspausen.

GRENZPROBLEME

In Sichtweite der kleinen Stadt und damit des Grenzübergangs hier am Rande der Wüste Gobi und etwas abseits der Piste, auf der immer wieder allerlei Autos auftauchen, errichten wir noch einmal unser Lager für die Nacht. Die Koppel für die Pferde muss sehr groß sein, denn der Bewuchs auf tiefem Sand ist sehr dürftig. Als es dunkel geworden ist, sehe ich mit sorgenvollem Gesicht hinüber zu den hellerleuchteten Grenzanlagen, von denen sich ost- und westwärts ein hoher Grenzzaun in die scheinbare Endlosigkeit zieht. Und weiter hinten sind die Lichter der chinesischen Grenzstadt Erlian zu sehen. Dann sitzen Muuggi, Turuu und ich am hochgeklappten Tisch im Auto und verzehren schweigend unser Abendessen. Jeder hängt seinen eigenen Gedanken nach und meine sind von Unruhe erfüllt. Was wird der nächste Tag bringen?

Abbruch des Lagers und Verladen der Pferde in den Hänger. Sehr früh fahren wir schon in die Stadt, bringen Turuu zum Bahnhof und sehen schon eine gewaltige Schlange von Autos vor dem noch geschlossenen Schlagbaum. Die Abfertigung beginnt erst später. Aber wir müssen sowieso erst noch zu verschiedenen Behörden zur Bearbeitung unserer Ausreisepapiere. Und überall dort sind schon viele Reisende, die sich in unruhigem Gewühl an die Schalter drängen. Sich diszipliniert in einer geordneten Reihe aufzustellen, ist nicht mongolischer Stil. Jeder versucht seine mit Papieren gefüllte Hand auch noch durch das kleine Fenster des Schalters zu zwängen, selbst mit Gewalt. Wer nicht durchsetzungsfähig oder zu schwach ist, steht sicherlich nach vielen Stunden noch hier. Rücksicht auf andere nimmt hier keiner.

Das muss ich unbedingt umgehen und wende mich an einen Offizier, der gerade vorbeieilen will. Muuggi übersetzt. Ich sei ein Deutscher und mit Pferden auf einer Expedition. Die Pferde stehen dort drüben in einem Anhänger und die Sonne brennt bereits stark darauf, Schatten gibt es nirgendwo.

Mongolen haben ein Herz für Pferde, der Offizier reagiert sofort und winkt uns, mitzukommen.

An den sich um Abfertigung Balgenden vorbei führt er uns durch die Hintertür in das Büro. Einiges ist anders bei meinem Anliegen, als bei den Übrigen draußen am Schalter, denn das sind meist Spediteure, ihre Abfertigung somit Alltag. Deshalb dauert es doch noch etwas länger, denn Fragen müssen am Telefon geklärt werden und andere Papiere ausgefüllt und abgestempelt.

Trotzdem geht es relativ schnell und um die verlorene Zeit aufzuholen, eskortiert uns schließlich der Offizier in seinem Jeep direkt vor den Schlagbaum, vorbei an der Schlange der seit Stunden Wartenden.

Schnell sind wir abgefertigt, haben vor allen anderen Vorrang. Alle Kontrollen auf mongolischer Seite liegen überraschend schnell hinter uns und erleichtert rollen wir zum chinesischen Schlagbaum. Freundliche Gesichter auch hier und scherzende Beamte in Uniform. Doch jetzt bin ich wieder einmal extrem angespannt, darf es aber nicht zeigen. Vom Fahrersitz aus überreiche ich dem Beamten das Bündel Papiere und der geht damit in ein Büro. Dann kommt er wieder heraus und berät mit einem Offizier in anderer Uniform. Dann kommen beide heran und der Offizier erklärt mir, dass meine Papiere unvollständig seien. Ich zeige mich überrascht. Muuggi übersetzt, denn der Offizier spricht Mongolisch. Er bittet mich freundlich heraus und breitet die Papiere auf der Motorhaube aus. Dann erklärt er, dass mein Gesundheitspapier für die Pferde längst abgelaufen sei und dass ich unbedingt eine Genehmigung für das Auto, einen chinesischen Führerschein und ein chinesisches Nummernschild benötige.

Das wusste ich zwar, doch muss ich es verheimlichen. Wie ich denn nun meine Reise fortsetzen könne, frage ich. Er rät mir, drüben in Erlian auf ein Reisebüro zu gehen, nur dort könne man mir helfen.

„Aber ich kann ja Muuggi nicht mit Fahrzeug und Pferden einfach hier stehen lassen, sicher braucht das Reisebüro einige Tage, um alles zu regeln." Er nickt und sagt, dass mein Fahrzeug nicht hier bleiben könne, es müsse zurück.

Kurzentschlossen frage ich Muuggi: „Willst Du es drüben versuchen? Ich gebe Dir Dollars mit und fahre an den Platz zurück, auf dem wir die letzte Nacht waren."

Verwirrt und ängstlich wirkt sie jetzt. Als junge Frau eine solche Aufgabe lösen zu sollen: in fremdem Land, in einer rücksichtslosen Männerwelt, ganz allein und ohne jegliche Erfahrung in solchen Dingen! Doch dann richtet sie sich auf und sagt entschlossen:

„Ja, ich werde es tun!" Und animalisch grinsend fügt sie scherzend hinzu: „Ich bin doch Dschingis Khans Tochter!"

Dreihundert Dollar gebe ich ihr heimlich, damit es kein Chinese sieht. Dann nimmt sie eine Tasche, packt ein paar Sachen zusammen, denn heute wird sie sicher nicht zurücksein und vielleicht sogar mehrere Tage brauchen.

Auch die Papiere wandern noch in die Tasche, dann umarmt sie mich noch einmal und geht unsicher zu diesem Offizier, damit er ihr den Weg zum Reisebüro erklärt. Mongolen dürfen die Grenze so oft überqueren, wie sie wollen. Sie erhalten nur einen Stempel in ihren Pass.

Voller Angst blicke ich Muuggi nach, bis ich sie nicht mehr sehen kann. Ich habe Angst um Muuggi. Allein mein Wissen um ihre mentale Stärke, ihre Unbeugsamkeit und ihr Durchsetzungsvermögen beruhigen mich ein wenig. Doch sah ich nicht auch Angst in ihrem Blick? Angst vor der Ungewissheit, Angst vor einer Aufgabe, die ihr völlig fremd ist und Angst vor dem Alleinsein in fremdem Land?

Ja, ich sah es deutlich und mache mir große Sorgen, als ich das Auto auf die Gegenspur lenke und wieder zum mongolischen Schlagbaum fahre.

Die Mongolen zeigen sich überrascht und haben nun das Problem, mich ohne Visum wieder einreisen zu lassen. Doch Mongolen finden immer eine Lösung und zwar unkompliziert. In weniger als einer halben Stunde bin ich wieder in der Mongolei. Doch was nun?

„Vielleicht ist Turuu noch auf dem Bahnhof, es sind ja nur wenige Züge, die nach Ulaanbaatar fahren", denke ich aufgeregt und fahre das Gespann vor das Bahnhofsgebäude. Tatsächlich sitzt er noch im Wartesaal und döst. „Turuu, wir brauchen Dich. Dein Vertrag wird verlängert!", rufe ich und ohne Umstände geht er mit mir.

Im Auto erkläre ich ihm, was passiert ist. Dann fahren wir wieder in die Steppe, errichten eine große Koppel auf neuem Bewuchs und entlassen endlich die Pferde. Scheinbar ungerührt schreiten sie Schritt für Schritt rückwärts die Rampe hinunter und beginnen die kargen Kräuter und Gräser zu rupfen. Zwei Eimer mit frischem Wasser in die Koppel und fertig ist das Lager.

Diese Nacht kann ich nicht schlafen. Lange sitze ich noch draußen, während Turuu bereits leise schnarcht. Wie gebannt weicht mein Blick nicht von den Lichtern der Stadt dort in der Ferne hinter der Grenzstation. „Was Muuggi nun macht? Konnte sie schon etwas erreichen? Hat sie ein Nachtquartier gefunden? Ob sie auch an mich und die Pferde denkt, die sie inzwischen liebt wie ich?"

Erst weit nach Mitternacht lege ich mich auf das Bett, neben mir diese grässliche Leere. Der Schlaf will nicht kommen, meine Sorgen sind zu groß.

Auch am nächsten Morgen bin ich noch immer nicht müde, es sind immer wieder dieselben Gedanken, die mein Hirn zermartern und es wach halten. Völlig gelassen scheint Turuu zu sein. Er wandert zu den Pferden, füllt die Wassereimer, läuft auf dem Wüstensand herum und setzt sich schließlich zu mir. „Nicht Sorgen machen. Muuggi stark", sagt er und will mich beruhigen. Ich kann nicht antworten, doch lächle ich ihn dankbar an.

Es ist Mittag und ich muss etwas zu Essen machen, habe schließlich eine Verantwortung für Turuu. Eine Konservendose wird geöffnet und der Inhalt in einem Topf erwärmt. Für jeden ein Teller voll Suppe und eine Scheibe Brot. Während des Essens wandert mein Blick immer wieder zur Stadt hinüber. Kaum habe ich die ersten Löffel in mir, als ich eine schlanke Gestalt durch den Wüstensand stapfen sehe. Noch ganz klein ist sie. Augenblicklich springe ich auf, reiße dabei fast den Tisch um und Suppe schwappt aus dem Teller, Turuu fährt erschreckt zusammen. Mit einem Satz bin ich aus dem Auto und renne wie verrückt geworden durch den tiefen Sand. Da erkennt sie mich schon, lässt ihre schwere Tasche und eine riesige Melone in den Sand fallen und eilt mir entgegen.

Alles ist jetzt gleichgültig, Muuggi ist gesund und endlich wieder bei mir. Schon liegen wir uns in den Armen und weinen voller Erleichterung wie zwei Kinder...

Dann gehen wir zurück zu Melone und Tasche, ich nehme beides auf und trage es zum Auto. Muuggi berichtet: Sie ging sofort zum Reisebüro und das war noch geöffnet. Der Mann sagte, er könne innerhalb von zwei Wochen alles regeln und das würde 2.500 Dollar kosten. Das könne sie nicht entscheiden, sagte sie ihm, aber das sei auf alle Fälle viel zu teuer. Darunter könne er es nicht machen, meinte er bestimmt, da verließ Muuggi dieses Büro wieder, doch zur Rückkehr war es bereits zu spät, der Grenzübergang ist auch hier nur bis 17:00 Uhr geöffnet.

So suchte sie noch ein kleines Hotel, in dem sie übernachten konnte. Bei der Rückkehr am nächsten Morgen sei sie mehrmals von Männern angesprochen worden, die sie mitnehmen wollten, denn ganz allein und schwer beladen war sie zu Fuß unterwegs. Aber sie traute den Männern nicht und lehnte wütend ab. Tatsächlich waren wohl mindestens mehrere dabei, die diese Ablehnung nicht einfach akzeptieren wollten und sie musste sehr böse werden, wie sie sagt.

Frauen allein unterwegs, ist hierzulande immer ein Problem, wie ich weiß. Die meisten Männer halten Frauen ohne männliche Begleitung für Freiwild und werden es fast immer mindestens versuchen, und wenden wie selbstverständlich nicht selten Gewalt an.

Nun beratschlagen wir. Eine weitere Möglichkeit wäre eine Reise nach Peking, sagt Muuggi. Als sie heute Morgen zum Grenzposten zurückkehrte, war wieder der freundliche Offizier da und hatte sie nach dem Ergebnis gefragt. Sie hatte ihm geantwortet, dass dieses Reisebüro mehr Geld für die Besorgung der Papiere haben wollte, als ich bezahlen könne und wir nun nicht wissen, wie es weitergehen soll.

Die Reise nach Peking mit der Eisenbahn ist nicht teuer. Das Problem ist aber, dass wir die Pferde und die Ausrüstung nicht mitnehmen können. Sie müssten auf mongolischer Seite bleiben, bis wir mit allen Genehmigungen wieder zurück sind und dies könnte Wochen dauern.

Allein mit dieser Verantwortung, das ist Turuu zu viel. Aber wenn er seine Frau zu sich holen könnte? Dem stimme ich gern zu, auch wenn es ein paar Tage mehr kosten wird, sie hierher zu holen.

Gleich am nächsten Morgen bringe ich also Turuu wieder zum Bahnhof und hole ihn zwei Tage später zusammen mit Tuula dort wieder ab. Alle Wasserfässer werden noch einmal in der Stadt gefüllt und Lebensmittel eingekauft. Dann bringt Turuu Muuggi und mich zur Grenze und ich nehme mein Visum zur einmaligen Einreise nach China in Anspruch. Junge Mongolen, die Handel über die Grenze hinweg treiben, nehmen uns in ihrem Auto mit in die Stadt. In männlicher Begleitung ist es für junge Frauen also kein Problem, in ein fremdes Auto zu steigen.

ERLIAN / ERENKHOT*

Es ist eine recht ausgedehnte Kleinstadt mit fast nur eingeschossigen Häusern, durchzogen von meist rechtwinklig angeordneten Straßen. Es gibt viele kleine Läden mit unterschiedlichstem Angebot, aber auch mehrere große Basare, auf denen man alles kaufen kann, was das Herz begehrt. Überall ist Betriebsamkeit, alles scheint in Bewegung. Vor Hotels und an wichtigen Knotenpunkten stehen zahlreiche Rikschas und ihre Besitzer werben lautstark und manchmal aufdringlich um Kundschaft. Ein Juan** pro Person verlangen sie für den Transport durch die Stadt, egal in welche Ecke oder wie viele Kilometer sie strampeln müssen. Das sind umgerechnet fünfzig Pfennig und dies sagt natürlich etwas über die Lebenshaltungskosten in China aus. Umso erstaunlicher erscheint mir die Forderung des Reisebüros und erst recht eines anderen in Peking, mit dem ich schon vor Monaten Kontakt hatte. Das war von der deutschen Botschaft empfohlen und der Besitzer wollte sogar 9.000 D-Mark. Nach meiner Rückfrage bei der Botschaft erklärte man mir, dass dieser Preis durchaus im üblichen Rahmen liegt! Chinesen sind eben extrem geschäftstüchtig.

* mongolische Schreibweise, weil Innere Mongolei
** chinesische Währung

Unser erster Weg führt zum Bahnhof. Angestrengt und schwitzend tritt der Rikschakuli in die Pedale, während Muuggi und ich bequem nebeneinander im Schatten sitzen. Es klappert und quietscht, denn manche Straßen sind voller Löcher. „Aha, Ausländer", denkt wohl der junge Chinese, als wir am Bahnhof aus der Rikscha klettern und verlangt plötzlich den doppelten Preis. Aber da hat er die Rechnung ohne Muuggi gemacht. Die kann Chinesen sowieso nicht leiden, wie eigentlich alle Mongolen und herrscht ihn wutentbrannt in einer Lautstärke an, dass sich weitere Passanten erstaunt nach uns umdrehen.

Mit betretenem Gesichtsausdruck eilt der nun schnell mit nur zwei Juan von dannen. So hatte ich Muuggi noch nie erlebt und ich bin überrascht. Sie kann also nicht nur lieb und leise sein, sondern sich auch vehement durchsetzen und verteidigen, wenn sie glaubt, übervorteilt zu werden.

Jahrhunderte alt muss die Abneigung der Mongolen gegen die Chinesen sein, wohl geboren aus dem Wissen, dass ihre Brüder und Schwestern in der Inneren Mongolei als Minderheit von den herrschenden Chinesen unterdrückt werden. Immer wieder haben die Chinesen auch ihre Finger nach der Äußeren Mongolei ausgestreckt und wahrscheinlich allein deren Bindung an die Sowjets hat eine Einverleibung verhindert.

Die Unterdrückung der Tibeter, mit denen sich die Mongolen sehr verbunden fühlen, ist ihnen natürlich auch bekannt und ein weiterer Hassfaktor. Schließlich ist der von den Chinesen unrechtmäßig vertriebene Dalai Lama auch das Oberhaupt ihres Glaubens und diesen Akt vergessen die Mongolen ganz bestimmt nicht. Ihr Bewusstsein, unter Dschingis Khan und seinen Nachfolgern ja bereits vor langer Zeit einmal große Teile Chinas beherrscht zu haben, macht sie natürlich stolz und verächtlich blicken sie deshalb meist auf die Chinesen herab.

Und welch gewaltiger Unterschied zwischen diesen Völkern besteht, kann ich bereits in den ersten Stunden auf chinesischem Boden erleben. Mongolen strahlen eine unerschütterliche Würde aus.

Ruhig und bedächtig, freundlich aber bestimmt, schreiten sie durch das Leben. Unter ihnen fühlt man sich sofort wohl und sicher. Ihre Sprache klingt angenehm und verbreitet Harmonie und Vertrauen. Unterhalten sich Mongolen miteinander, dann geht es leise und mit lächelnder Seele zu. Manchmal hört man nur tonlose Zischlaute, die dennoch ganze Sätze sein können. Eigentlich wird niemals gestritten und selbst Schimpfworte gibt es in der mongolischen Sprache nur in sehr schwacher Form.

Nun sehe ich Menschen, die sich in meinen Augen im Aussehen meist nur wenig von den Mongolen unterscheiden, doch eine völlig andere Ausstrahlung haben. Unterhaltungen muten wie lautstarke Streitereien an. Hektisch und fahrig treten sie meist auf und in ihrer Nähe fühle ich mich gar nicht wohl. Misstrauisch gehe ich auf Distanz, achte auf körperlichen Abstand. Ihre Sprache klingt gegenüber der mongolischen grell, ja schrill und manchmal aggressiv. Dabei bemühen sie sich durchaus, freundlich zu sein. Besonders, wenn sie etwas verkaufen wollen. Doch erscheint diese Freundlichkeit manchmal gekünstelt und hinterhältig.

Auf dem Bahnhof erfahren wir, dass es erst morgen die Möglichkeit gibt, mit einem Bummelzug nach Jining und von dort mit einem Eilzug nach Peking zu fahren. Also brauchen wir ein Quartier. Aber das hat Muuggi ja bereits bei ihrem einsamen Besuch dieser Stadt recherchiert und führt mich zielsicher zu einem kleinen Hotel. Das ist nicht weit vom Bahnhof und hier zahlt es sich aus, dass Muuggi in meiner Begleitung ist. Als Mongolin bekommt sie den Preis für Einheimische und damit auch ich. Mehr als doppelt so viel müssen Ausländer bezahlen.

Das Zimmer ist dürftig eingerichtet, das Bett knarrt und klappert. Eine kleine Zelle ist unser Bad und Wasser fließt aus den Hähnen nur morgens und abends und heißes Wasser gibt es nur für ganz kurze Zeit am Abend. Wer die Stunde verpasst, hat Pech gehabt. Solche und andere Auskünfte bekommt man vom Personal, doch das ist mürrisch und unfreundlich.

Bevor wir am nächsten Morgen das Zimmer räumen, wird es erst einmal kritisch begutachtet, ob wir nicht etwa irgendetwas kaputt gemacht haben und verschmutzt oder gar die Bettwäsche in unseren Taschen verschwinden ließen.

Der Zug läuft ein und uniformierte Bahnbeamte stehen in regelmäßigem Abstand und korrekter Reihe am Bahnsteig. Militärisch diszipliniert nehmen sie nach und nach beim Vorbeifahren der Lok eine straffe Haltung an, die Handflächen eng an der Hosennaht. Erst wenn der Zug steht, lockern sie ihre Haltung und dies ist das Zeichen für die Fahrgäste, sich nun den Waggons nähern zu dürfen und einzusteigen. Dies ist der Startbahnhof und deshalb ist es noch kein Problem, einen Platz auf einer der Holzbänke zu ergattern.

Wir rollen durch hügelige Steppenlandschaft. Es ist die Innere Mongolei und landschaftlich noch nicht von der Äußeren zu unterscheiden. Auch hier leben Vichzüchter, doch offensichtlich nicht als Nomaden, sondern in Dörfern aus Steinhäusern. Ihre Schaf- und Ziegenherden sind ziemlich klein, Pferde äußerst selten. Alle Dörfer sind nah an der Bahntrasse und haben einen kleinen Bahnhof. An jedem hält dieser Zug und immer steigen einige Fahrgäste hinzu. Langsam füllt sich der Zug.

Aber nicht nur Reisende steigen hinzu, sondern auch Händler mit Bauchläden. Immer mehr werden das. Unentwegt durchschreiten sie alle Waggons erst in die eine Richtung und machen am Ende kehrt, um wieder zurückzuwandern. Dabei preisen sie lautstark ihre Ware an. Das sind Getränke, Obst, allerlei Kerne und Knabbereien. Je länger der Zug unterwegs ist, umso mehr Händler werden es und immer geringer die Abstände zwischen ihren Märschen durch die Waggons. Dabei versuchen sie offensichtlich, sich gegenseitig zu übertönen. Schlafen ist so nicht wirklich möglich.

Aber der Weg ist weit und Stunde um Stunde vergeht. Kaum kann man noch sitzen auf diesen harten Bänken, doch sich zu erheben, wäre fatal.

Sofort würde sich jemand des Platzes bemächtigen, denn inzwischen sind längst mehr Fahrgäste im Zug, als Sitzplätze vorhanden. Manche stehen schon sehr lange und halten sich mühsam an irgendeinem Griff fest, immer wieder ihren müden Beinen mühsam befehlend, doch noch etwas durchzuhalten. Schon sinken die ersten entkräftet zu Boden und sitzen nun im Abfall der anderen.

Denn jeder, der irgendetwas verzehrt und das sind fast alle, wirft seine Flaschen, Plastik- oder Papiertüten, Apfelstrünke, Pfirsichkerne, Kerngehäuse und –schalen und Vieles mehr auf den Boden.

Mühsam drängt sich eine alte Frau mit einem großen Plastiksack durch das Gewühl aus Menschenleibern und Abfällen und sammelt Flaschen ein. Wo sie nicht hinreichen kann, fischt sie die begehrte Beute mit einem langen Stock zu sich heran. Längst kann sie den schon ziemlich gefüllten Sack nicht mehr tragen und zieht ihn mühsam hinter sich her, durch die am Boden Sitzenden hindurch. Widerwillig und mürrisch boxen die den störenden Sack weiter.

Nicht lange nach der Frau kommt ein Mann in Uniform. Auch er schleift einen Sack hinter sich her, doch hat er einen Besen mit langem Stiel und eine Schaufel dabei. Nun wird die Unruhe noch größer, denn jetzt müssen sich die am Boden Sitzenden erheben und dem Mann Platz machen. Den finden sie nur zwischen den Beinen der auf den Bänken Sitzenden. Ein Geschiebe und Gedränge, ein Herumfuchteln mit dem langen Stiel um die Köpfe herum, doch tatsächlich geht alles ohne Verletzungen vorbei und die Menge beruhigt sich wieder, hat nun endlich wieder freien Platz für diverse neue Abfälle.

Drüben sitzen vier Männer und spielen Karten. Lautstark sind ihre Ausrufe, manchmal lachend, manchmal heftig fluchend. Geräuschvoll befördern sie immer wieder ihren Rachenschleim in die Mundhöhle, um den Inhalt dann genüsslich auf den Boden zu spucken, oft bedrohlich nahe am Schuh des Nachbarn landet der und wächst nach und nach zu einer erstaunlichen Pfütze. Manchmal schaut sein Besitzer nach dieser Pfütze und macht dabei ein zufriedenes Gesicht. Ganz stolz scheint er auf sein großes Werk zu sein. Bei diesen Geräuschen spüre ich jedes Mal Muuggi neben mir zusammenzucken.

Angewidert wirft sie wütende Blicke hinüber, doch die Männer beachten ihre Umgebung überhaupt nicht. Auch auf den Straßen kann man immer wieder beobachten, dass Spucken eine Art Volkssport zu sein scheint. Doch Spucknäpfe, wie sonst überall in Hotels und öffentlichen Gebäuden, gibt es nicht auf den Straßen und in den Zügen.

JINING

Nach qualvollen acht Stunden ist Jining erreicht. Hier ist Endstation und langsam leert sich der Zug. Mühsames Gedränge auf dem Bahnsteig, denn der Zug rüstet bereits für die Rückfahrt. Die neuen Passagiere können nicht abwarten, bis die alten ihn verlassen haben, wollen schnell die besten Plätze ergattern. Ein Geschiebe und Geschimpfe hebt an und es ist mühsam, sein Gepäck zu sichern.

Mehrere Mongolen waren mit im Zug und die erkennen sich sofort untereinander. Schnell bilden sie eine Gruppe im Gewühl und haben uns zwei schon integriert. Muuggi und mich nehmen sie in ihre Mitte, bis sich die Situation endlich beruhigt hat. Jining ist ein gefährliches Pflaster, dies ist unter Mongolen allgemein bekannt. Besonders der Bahnhof bietet tausendfache Gelegenheiten für Taschendiebe und gewaltbereite Banden. Oft seien schon mit Messern Getötete zurückgeblieben, unbemerkt in Sekundenschnelle ausgeraubt. Wenn sich das Gedränge endlich aufgelöst hat, findet man sie erst und hat keine Chance mehr, die Täter zu ermitteln.

Die Mongolen nehmen uns mit sich. Alle haben dasselbe Ziel. Direkt neben dem Bahnhof gibt es viele kleine Hotels und eines davon gehört einer mongolisch-stämmigen Familie. Hier treffen sich alle Mongolen, jeden Tag. Denn ständig sind sie unterwegs, in Peking allerlei Dinge billig einzukaufen, die es anderswo nur zu weit höheren Preisen gibt. Viele leben von diesem Handel und nehmen deshalb die Mühsal des Transports auf sich.

Eigentlich hätte ich gern in diesem Hotel übernachtet, doch bekomme ich mit Hilfe der Hotelfamilie überraschend doch noch zwei Sitzplatzkarten für den Nachtzug nach Peking.

Wieder von Mongolen eskortiert, werden wir zum Zug gebracht. Der ist bereits völlig überfüllt, doch unsere Plätze werden widerspruchslos geräumt, als wir unsere Karten präsentieren. Diesmal sind die Sitze ein wenig gepolstert und der Zug hält nur in größeren Städten, doch der Weg nach Peking ist noch sehr weit und nach wenigen Stunden bereits würde ich lieber laufen. Hinzu kommt nun noch die Müdigkeit. Erst lehnen wir uns aneinander und Muuggi kann tatsächlich so ein wenig Schlaf finden. Mir gelingt das nicht. Deshalb lege ich ihren Oberkörper über meinen Schoß und stütze ihren Kopf in meinen Armen. Dankbar kuschelt sie sich an mich, nimmt ihre Beine herauf und schläft so zusammengerollt mehrere Stunden. Als sie sich endlich wieder bewegt und aufrichtet, scheinen alle meine Gliedmaßen abgestorben zu sein und mühsam knete ich meinen Körper, um das Blut wieder pulsieren zu lassen. Voller Mitgefühl zieht mich Muuggi herunter auf ihren Schoß, damit auch ich etwas Schlaf finde und so überleben wir beide diese anstrengende Fahrt nach Peking.

BEIJING

Auch hier werden wir wieder an den richtigen Platz geleitet. Das Guothai-Hotel befindet sich auch in mongolischer Hand und die Besitzerin betreut rührend jeden Mongolen. Natürlich bekommen wir auch hier ein Zimmer zum Preis für Einheimische und so manchen Tipp und manche Vergünstigung. Gleich neben dem Hotel gibt es ein kleines Restaurant, in dem man billig und sehr gut essen kann, hier werden wir sofort Stammgäste.

Mit Studententaxis bewegen wir uns in dieser riesigen Stadt, wenn wir weitere Wege zu bewältigen haben und mit Rikschas, wenn die Ziele nah sind.

Der erste Weg führt zur deutschen Botschaft und mit ihrer Hilfe finden wir endlich ein Reisebüro, das uns wirklich helfen kann und zwar für nur 1.000 Dollar. Doch müssen wir auch hier immer wieder tagelang warten und Wochenenden behindern unsere Arbeit und die des Reisebüros.

So haben wir Gelegenheit, auch ein wenig von Peking kennenzulernen: Die verbotene Stadt, den Platz des himmlischen Friedens und einen faszinierenden Park, in dem sich stundenlang träumen und entspannen lässt.

Doch meine Sorgen um Pferde und Ausrüstung wollen nicht weichen. Wie lange es dauern würde bis zu unserer Rückkehr, konnten wir Turuu nicht annähernd sagen. Und nach zehn Tagen in Peking kennen wir noch immer nicht den Zeitpunkt zum Empfang der Papiere. Wird Turuu in der Ungewissheit geduldig genug sein, auf jeden Fall die Stellung zu halten?

Wieder naht ein Wochenende und nun halte ich es nicht mehr aus. „Muuggi, bitte lass uns nach Erlian zurückfahren und bei Turuu nachsehen, ob alles in Ordnung ist." Auch sie macht sich ja Sorgen, das weiß ich und sie ist auch gleich einverstanden. Obwohl wir wissen, dass uns wieder eine Tortour bevorsteht und diesmal sogar wegen der Hin- und Rückfahrt doppelt.

Aber es wird angenehmer als befürchtet, denn die Hotelbesitzerin besorgt uns ein Schlafwagenabteil im Zug Peking – Ulaanbaatar – Moskau und das zu einem lächerlich geringen Preis. Bereits am nächsten Morgen treffen wir in Erlian ein und zwar herrlich ausgeschlafen und munter. Ich darf natürlich nicht mit über die Grenze und meine Pferde sehen, denn mein Visum ist ja bereits entwertet. So muss Muuggi wieder mal allein hinüber. Nach wenigen Stunden kommt sie bereits mit entspanntem und fröhlichem Gesicht zurück. Alles ist in Ordnung, Turuu und Tuula sind nicht voller Sorge und wissen nun, dass es noch immer mehr als eine Woche dauern wird und das macht ihnen nichts aus. Den Pferden geht es auch gut, Turuu setzt jeden Tag die Koppel um, damit sie immer genug Futter haben. Außerdem kommt ab und zu ein Offizier in seinem Jeep von der Grenzstation herüber und kontrolliert das Lager. Damit habe ich nicht gerechnet und niemand hat diesen Mann darum gebeten.

„Sieh mal an, diese Mongolen", denke ich voller Bewunderung. Da ist wieder diese Fürsorge für Gäste des Landes, für die sich Mongolen instinktiv verantwortlich fühlen.

Und von einer weiteren Merkwürdigkeit hatte Turuu berichtet: Jeden Abend seit unserer Abreise kommt ein starker Hund aus der Steppe herbei und legt sich unter das Auto. Wahrscheinlich lebt dort, woher er kommt, irgendwo eine Nomadenfamilie, doch von unserem Lager aus ist davon nichts zu sehen. Erst wenn Turuu am Morgen das Auto verlässt, trollt sich der Hund wieder davon. Er wurde nicht herbeigelockt oder gefüttert. Was treibt diesen Hund dazu, unser Lager zu bewachen oder wer oder was schickt ihn?

Wieder müssen wir eine Nacht in Erlian verbringen, bevor wir am nächsten Tag Richtung Peking aufbrechen können. Wir schlendern durch die Straßen, da sieht Muuggi einen kleinen Friseurladen. „Oh, jetzt könnte ich meine Haare abschneiden lassen", sagt sie.

„Aber Muuggi, nicht Deine schönen Haare abschneiden", rufe ich entsetzt.

„Nein", lacht sie, „nur ein wenig kürzer. Siehst Du, sie brechen an den Spitzen."

Dann geht sie hinein und ich warte draußen auf der Straße und beobachte, auf einem Stein sitzend, das Treiben in der Stadt. Plötzlich höre ich laute Stimmen im Laden. Muuggi schimpft fürchterlich und ruft:

„Maanfred, bring ein Messer. Ich bringe sie um. Ich töte sie! Sie hat meine Haare verdorben! Sie hat keine Ahnung! Sie ist keine Friseur! Polizei, ruf die Polizei!"

Erschrocken springe ich auf und eile in den Laden. Kreidebleich steht eine junge Chinesin in der Ecke des Raumes und ein Mann, offensichtlich der Ladenbesitzer, versucht Muuggi festzuhalten, die zur Tür hinaus will. Jetzt sieht sie mich: „Schau hier, was sie gemacht hat. Alles kaputt!"

Der Mann hat jetzt ihren Arm gepackt, doch Muuggi reißt sich los und schlägt nach ihm. Er weicht zurück und Muuggi schreit weiter:

„Polizei, ich hole die Polizei!" Endlich ist sie an der Tür und der Mann springt ihr nach, will sie festhalten. Nun verstelle ich ihm den Weg und brülle ihn mit funkelnden Augen an: „Polizei!"

Das hat ihn eingeschüchtert, er bleibt zurück und ich folge Muuggi, die noch immer schimpft und immer wieder ihr viel zu kurz gewordenes Haar nach vorn wirft, um es zu untersuchen.

Ich kann sehen, dass es wirklich nicht gut geschnitten ist, sondern etwas schief und Stufen sind auch zu erkennen. Immer noch reicht es ihr weit unter die Schultern, aber Muuggi hatte andere Vorstellungen von der erwünschten Länge. „Immer wieder schneiden! Mal hier, mal da, und immer kürzer!", sie ist noch immer wütend, kann sich gar nicht beruhigen.

Ich weiß um ihre Empfindlichkeit, wenn es um ihr prächtiges Haar geht und Mongolinnen haben in dieser Beziehung sowieso eigene Ansichten. Niemals warf Muuggi ausgekämmtes Haar, das sie aus der Bürste zog, einfach von sich:

„Vögel nehmen es mit, um Nest zu bauen, dabei tragen sie meine Seele fort!", erklärte sie mir voller Ernsthaftigkeit und verbrannte die Haare mit einem Feuerzeug.

Für die Rückfahrt nach Peking müssen wir auf die Bequemlichkeiten der Transmongolischen Eisenbahn, und damit auch auf einen Schlafwagen verzichten, denn dieser Zug, der aus Moskau kommt und schon viele Tage unterwegs ist, kommt hier nicht am Sonntag durch. Also wieder der Bummelzug nach Jining.

Als wir dort eintreffen, geht es mir gar nicht gut. Kopfschmerzen und Übelkeit machen mir zu schaffen und ich fühle mich schwach. Die Ursache ist mir rätselhaft. Muuggi bemerkt mein Unwohlsein und sofort erwacht in ihr der Mutterinstinkt.

Besorgt umhegt sie mich jetzt und lässt in dem kleinen Hotel eine „schwarze Suppe" für mich kochen. Eigentlich mag ich gar nichts essen, doch Muuggi besteht darauf. Tatsächlich gelingt es mir, die große Schüssel vollständig zu leeren und überrascht stelle ich fest, dass es mir ganz schnell wieder besser geht. Die Suppe ist tatsächlich sehr dunkel, fast schwarz und wohl ein mongolisches Geheimrezept. Sie enthält viel gewürfeltes Fleisch und die dunkle Brühe entstand offensichtlich von aufgekochtem Blut.

Auf dem Bahnhofsvorplatz von Jining stehen viele Busse. Ich kann sehen, dass darin aber keine Sitzreihen aufgestellt sind, sondern Doppelstockbetten. Als es zu dunkeln beginnt, versammeln sich die Fahrgäste dieser Busse auf dem Vorplatz und die Fahrer sind damit beschäftigt, deren Gepäckstücke auf dem Dach der Busse festzuzurren und mit einer Plane abzudecken. Jede Nacht sind diese Busse unterwegs und erreichen am Morgen Peking. Das interessiert mich. Auf den überfüllten Zug nach Peking habe ich keine Lust, im Bus könnte man liegen und vielleicht sogar schlafen. Es ist nicht teurer als mit dem Zug zu reisen, deshalb kaufe ich zwei Fahrkarten. Die letzten waren es, die noch zu ergattern waren und wir müssen uns sputen, denn unser Bus steht schon zur Abfahrt bereit. Nur noch zwei Liegeplätze sind frei: auf der quer durch den Bus laufenden hinteren Liegefläche, oben.

Matratzen sind ausgelegt und auch Decken stehen zur Verfügung. Jeder hat seine Schuhe ausgezogen, so sind die sich schnell ausbreitenden Gerüche schon nicht mehr angenehm. Schulter an Schulter liegen jetzt hinten acht Personen nebeneinander, die Füße in Fahrtrichtung, die Köpfe am rückwärtigen Fenster. Doch nicht von den Füßen allein kommen unangenehme Gerüche. Als mein Nebenmann links, ein junger Chinese, plötzlich seinen Körper auf seine rechte Seite dreht und ein Schwall seines Atems meine Nase erreicht, glaube ich ersticken zu müssen.

Einen solchen Knoblauchdunst wie jetzt, erlebe ich bisher nie. Nicht mehrere Zehen, gleich mehrere Knollen muss dieser Mann kürzlich erst verzehrt haben, mir wird ganz schlecht. Dabei stellt sich in den kommenden Stunden auch noch heraus, dass die rechte seine Lieblingsliegeseite ist. Nun wird es auch die meine und ich mache einen ganz runden Rücken dabei, um den Abstand zu ihm zu vergrößern. Rechts von mir liegt Muuggi und in der Beuge ihres Halses kann ich endlich wieder atmen.

Muuggi hat mein Problem erkannt, der Schwall dieses grausamen Atems reicht noch weit über uns hinweg und selbst der Mongole, der als letzter rechts am Fenster liegt, reißt es plötzlich entsetzt auf.

Muuggi aber deckt unsere Köpfe mit einer Decke bis unter die Augen ab, so lässt es sich endlich ertragen. Kopf an Kopf liegen wir Geplagten nun in diesem Bus und lassen uns schüttelnd durch die chinesische Nacht tragen.

Dem Mongolen neben Muuggi drückt scheinbar plötzlich die Blase. Aber alle wissen, dass es nur einen Stopp um Mitternacht geben wird. Was soll der arme Kerl tun? Sicherlich bereut er jetzt jedes Bier, das er in dem Hotel noch vorher schnell getrunken hat. Jetzt will es raus, ganz unruhig wird der Mann schon, wirft sich hin und her. Da kommt ihm die rettende Idee: hastig dreht er sich auf seine rechte Seite, öffnet erneut das kleine Schiebefenster neben sich und seine Hose. Unter erleichtertem Stöhnen leert sich seine Blase und ein gewaltiges Rinnsal, vom Fahrtwind nach hinten und um den Bus herum getrieben, zieht sich an der Außenseite der Fenster entlang. Wie viel davon der Fahrtwind auch nach innen gepresst hat und damit in die Hose des Mannes hinein, konnte ich nicht erkennen. Sehr wohl aber seinen unglücklichen Gesichtsausdruck während der restlichen Fahrt.

An einem bestimmten Ort auf etwa halber Strecke stoppt der Bus und legt eine Pause ein. Weitere Busse stehen bereits hier, sie waren vor uns gestartet, andere kommen nach und nach hinzu. Parkbuchten gibt es hier extra für die Busse rechts und links des Asphaltbandes.

Der Ort scheint nur aus Restaurants zu bestehen, die speziell auf diese Busse ausgerichtet sind. Es ist Mitternacht und alle Fahrgäste strömen in die verschiedenen Häuser. Laut und hektisch geht es zu, die Fahrer haben es eilig. Das gefällt uns beiden nicht, wir suchen uns ein Lokal, in dem noch keine Gäste sitzen. Kaum haben wir an einem Tisch Platz genommen, werden wir von diensteifrigen Chinesen umringt. Die ganze Familie scheint es zu sein, sogar Kinder sind dabei. Im Kreis stehen sie um uns herum und warten auf unsere Bestellung. Kaum haben wir sie aufgegeben, wuseln alle durcheinander und aus der Küche beginnt es zu zischen und zu flammen.

Erstaunlich, wie rasch diese Leute ein köstliches Gericht bereiten. Schnell sind die gefüllten Teller, Schüsseln und Gläser auf dem Tisch. Dann stehen wieder alle in bravem Abstand um uns herum, die Hände auf dem Rücken, neugierige, schmale Augen und ewig lächelnde Gesichter. Bissen um Bissen verschwinden in unseren Mündern, verfolgt von chinesischen Blicken.

Gerade ist es hell geworden, als der Bus die Außenbezirke der Zwölfmillionenstadt erreicht. Noch ist der Autoverkehr nicht erwacht und der Bus hat keine Probleme, zügig seine Stationen zu erreichen. Am Beginn der Fahrt hatten wir den Wunsch geäußert, so nah wie möglich am Guothai Hotel aussteigen zu können. Gleich der erste Stopp gilt uns und der Fahrer zeigt uns die Richtung, in die wir gehen sollen.

Mit einer schweren Tasche beladen, marschieren wir los. Eine mehrspurige Stadtstraße, eingesäumt von immer höheren und gewaltigeren

Gebäuden führt ins Zentrum und zu unserem Ziel. Doch der Weg ist weiter, als wir es für möglich hielten. Endlich erkennen wir in der Ferne bekannte Hochhäuser, nach denen wir uns zuvor immer richteten bei unseren Spaziergängen. Jetzt sind sie wieder unsere Orientierungsmarke. Als wir das Hotel endlich erreicht haben, sind wir beide ziemlich ausgepumpt. Lachend empfängt uns die Hotelbesitzerin und fragt Muuggi gleich nach dem Ergebnis unseres Ausflugs.

Auch in den nächsten Tagen sind wir viel in der Stadt unterwegs. Es gibt jede Menge zu sehen und zu erleben. Erneut bin ich von Muuggis Sprachtalent überrascht. Allein von den Preisschildern all der Waren in Geschäften und Märkten hat sie mit Hilfe der Verkäuferinnen das Zählen erlernt und nebenbei noch eine Menge Ausdrücke auf Chinesisch.

Und endlich bekomme ich alle notwendigen Papiere zur Einreise mit Pferden und Fahrzeug. Allerdings mit einer Auflage, die mir gar nicht gefällt. Die Polizeiverwaltungen der Bezirke, durch die wir reisen möchten, sind der Meinung, dass eine Reise zu Pferd viel zu gefährlich sei.

Deshalb dürfe ich nicht durch China reiten, sondern müsse die Pferde zum Gelben Meer transportieren. Und übernachten dürfe ich nur in Hotels.

Wie schade. Während der Zugfahrten hatte ich die Landschaft und ihre Infrastruktur regelrecht studiert. Zunächst Steppengebiete, ideal zum Reiten, dann zwar dichtere Besiedlung und viel Ackerbau, doch auch viele unbefestigte Landwirtschaftswege. Und so viele kleine Dörfer und Siedlungen. Wie schön wäre es gewesen, überall dort hindurch zu reiten mit sicherlich vielen Kontakten zur Bevölkerung.

Also abgehakt. Schnell zurück an die Grenze und China durchqueren. Vielleicht gelingt es mir ja noch irgendwann in meinem Leben, dieses interessante Land intensiv zu durchreisen. Am liebsten möchte ich jeden Winkel kennenlernen und am allerliebsten natürlich mit Muuggi, die eine ideale Begleiterin für mich ist.

ZUM GELBEN MEER

Genau drei Wochen sind vergangen, seit wir uns erstmalig auf den Weg nach Peking machten. Nun sollen wir am Bahnhof von Erlian den Chinesen Luo Junping in Empfang nehmen, der als Guide die Expedition nach Tianjin begleiten soll. Ohne Guide keine Papiere – diese Kröte musste ich schlucken, obwohl ich viel lieber ohne staatliche Aufsicht geblieben wäre.

Doch wie sollen wir einen bestimmten Chinesen aus Hunderten Fahrgästen des Zuges aus Khokhot erkennen, ohne Beschreibung seines Aussehens, ohne Kennzeichnung durch ein getragenes Schild? Etwas ratlos stehen wir da und lassen die aus dem Bahnhof Herausströmenden an uns vorüberziehen.

„Sind sie Manfred Schulze?", spricht mich plötzlich ein Chinese in tadellosem Deutsch an. Überrascht bestätige ich und beäuge nun misstrauisch einen Mann etwa Mitte Vierzig, gepflegt und gutaussehend und mit offensichtlich viel Selbstbewusstsein und guten Manieren. Ein Mann von Welt, so scheint mir. „Ich bin Luo Junping, sie können mich Paul nennen, das ist etwa dasselbe."

„Schön, Paul. Woher sprechen Sie so tadellos Deutsch?", will ich wissen und denke, der müsse lange in Deutschland gelebt haben.

„Ich lernte es innerhalb von zwei Jahren selbst, aus Büchern", sagt er.

„Na, ob das wohl stimmt?", frage ich mich zweifelnd und stelle Muuggi vor. Galant nimmt er ihre Hand und verbeugt sich schmierig lächelnd. Förmlich spüren kann ich Muuggis Abneigung gegen diesen Mann und das ist offensichtlich nicht nur so, weil er Chinese ist. Ein ungewöhnlich schwaches Lächeln entringt sie ihren schönen Lippen und streng ist ihr Blick und abweisend, als sie ihm viel zu schnell ihre Hand entzieht. Ein deutliches Achtungszeichen also für mich, diesem Mann gegenüber besonders vorsichtig zu sein.

Paul hat keine Eile. Erst einmal irgendwo essen gehen, meint er, müsse schon sein. Er weiß zwar, dass wir viele Behördengänge vor uns haben, doch er ist sicher, dass wir um die Mittagszeit bereits fertig sein werden. Doch ich kann mir einfach nicht vorstellen, dass chinesische Behörden so viel schneller arbeiten als andere und dränge ihn ständig zur Eile.

Tatsächlich geht es sehr schleppend voran. Erst die Quarantänebehörde für Menschen (!), dann die für Tiere. Und schon gibt es die ersten Probleme. Plötzlich heißt es, dass die Pferde für 10 Tage unter Beobachtung gestellt werden müssen. Hatte das dieselbe, übergeordnete Behörde in Peking denn nicht gewusst? Ich bin wütend und sage den Beamten, dass die Pferde inzwischen seit drei Wochen drüben auf der mongolischen Seite ohne Kontakt zu anderen Tieren sind.

Dabei weiß ich natürlich, dass diese Männer hier nach ihren Vorschriften handeln und bin ganz überrascht, als sie nach mehreren, zum Teil heftigen Gesprächen einlenken und mir zuliebe gegen ihre Richtlinien handeln.

„Na gut, wir erkennen die Isolation auf mongolischer Seite an, doch wir wollen die Pferde sehen, sobald sie die Grenze überquert haben."

Ich atme erleichtert auf, doch gleich kommt der nächste Hammer: „Die Pferde müssen unverzüglich und ohne Stopp nach Tianjin transportiert werden und weder Urin noch Kot der Tiere dürfen chinesischen Boden verschmutzen."

Ich weiß, dass dies völlig unmöglich ist, doch ist mir auch klar, dass dies unterwegs bestimmt niemand kontrolliert. Also stimme ich mit überzeugender Mine zu.

Viel Zeit ist nun schon vergangen und ich werde ganz ungeduldig. Da eröffnet mir Paul, welche Behörden nun noch alles zu besuchen seien und dass wir noch diesen und jenen Stempel benötigen. Aber das wird ganz schnell gehen und Muuggi könne durchaus schon mal über die Grenze gehen, um die Pferde mit dem Fahrzeug herüber zu holen.

Muuggi macht sich auf den Weg und wir kämpfen uns durch den Behördendschungel.

„So, jetzt noch die Nummernschilder für das Auto und einen Führerschein für Dich", sagt Paul. Dabei ist es schon 15:00 und um 17:00 Uhr wird die Grenze dicht gemacht.

Erst die Nummernschilder und das dauert und dauert. Mir wird heiß und kalt, am liebsten möchte ich laut losbrüllen und alle zur Eile antreiben. Paul spürt das und wird nun auch unruhig, ihm läuft die Zeit davon und er weiß, dass er mit seiner Prognose völlig danebenlag und damit natürlich Gesicht verloren hat.

Endlich haben wir die Schilder, rote chinesische Schriftzeichen und europäische Zahlen auf weißem Untergrund. Wenn es mit dem Führerschein jetzt schnell geht, könnte es noch klappen.

Ungeduldig schimpfend treibt Paul den Rikschakuli an. Der legt sich mächtig ins Zeug, tritt so gewaltig in die Pedale, dass mit lautem Krachen die Kette über das Zahnrad rutscht und ich fürchte, dass die Kette reißt oder abspringt. Doch sie hält. Auf der Führerscheinstelle ist nur die Sekretärin. Ihr Chef musste dringend nach Hause. Jetzt tobt Paul und endlich greift die Sekretärin zum Telefon und ruft ihren Chef an.

Sie muss ihm wohl schreckliche Dinge erzählt haben, denn überraschend taucht der doch sehr schnell auf und stürzt sich, leichenblass im Gesicht, auf die Arbeit.

So schnell hat der wohl noch nie einen Führerschein ausgestellt und als ich ihn bezahlt habe, ist es nicht mehr lange bis fünf. Also laufen wir im Eiltempo zurück zur Quarantänebehörde. Drei Männer warten bereits seit Stunden auf uns, jetzt rennen wir zu ihrem Auto und springen hinein. Mit quietschenden Reifen geht es zum Grenzpunkt, die ersten Beamten kommen uns schon entgegen, es muss bereits nach fünf sein. Aber da sehe ich schon, dass mein Gespann auf chinesischer Seite außerhalb des Schlagbaums steht.

Muuggi sitzt gelassen am Steuer, verlässt diesen Platz nun und springt mir in die Arme. Hier hat es sich ausgezahlt, dass Muuggi mich während unserer Zeit in Ulaanbaatar gedrängt hatte, ihr das Autofahren beizubringen, denn Turuu durfte ja nicht mit hinein in den Grenzbereich. Tapfer hat das Mädchen ganz allein dafür gesorgt, dass mein Fahrzeug bereits auf chinesischem Boden steht, als ich endlich eintreffe.

Mit dem Stapel von Papieren müsse ich dort in das Büro, sagt sie, ein Beamter wartet noch auf mich. Es ist der Offizier, der uns die wichtigen Tipps gab und nun hat er auf mich gewartet, obwohl er eigentlich Feierabend hat.

Erkennend empfängt er mich und stempelt rasch alle Papiere ab. Dann reicht er mir die Hand und sagt: "Guud lack!" Uff, gerade noch geschafft!

Für die Veterinäre lasse ich die Laderampe des Hängers herunter und sofort glauben Panca und Puschkin, nun heraus zu dürfen. Doch ich öffne nicht die Sperrstangen. Aber Puschkin kann das auch so: er schiebt ein wenig die Kruppe unter die hintere Stange und drückt sie nach oben. Jetzt bin ich gezwungen, seine Stange zu öffnen, sonst reißt er das gesamte Gestänge aus den Halterungen und beide wären frei. Ich schimpfe und versuche, ihn hinein zu drücken, doch habe ich gegen seine Kraft nicht die geringste Chance. Die Veterinäre lachen betreten, haben nun aber gesehen, welchen Kalibers meine Pferde sind und dass die nicht krank sein können, zeigt sich überall an ihnen.

Puschkin aber zieht mich an seinem Halfter quer über den Parkplatz zu den ersten Grasbüscheln. Nur weil Panca noch immer im Hänger ist und aufgeregt wiehert, lässt er sich schließlich in den Hänger zurückführen.

So haben die Veterinäre aber wenigstens gesehen, was wir jetzt dringend brauchen: ein Stück Grasland. Und obwohl sie noch vor wenigen Stunden erklärten, die Pferde dürften chinesischen Boden nicht verschmutzen und müssten Nonstop nach Tianjin gebracht werden, leiten sie uns zu einem abgelegenen Grasplatz außerhalb der Stadt. Hier, so sagen sie, könnten wir eine Koppel bauen und die Pferde frei lassen. Paul würden sie mit in die Stadt nehmen und an einem bestimmten Hotel abladen. Morgen früh könnten wir ihn dort wieder abholen.

Muuggi und ich sind allein und sehr erleichtert. Diese große Hürde ist endlich genommen. Vergnügt sehen wir den Pferden zu, die hier reichlich saftiges Gras haben und die ganze Nacht fressen werden.

Am Morgen ist auf der großen Koppel wenig übrig geblieben und zufrieden liegen die Pferde und lassen sich von der aufgehenden Sonne wärmen.

Überraschend gut ist die Landstrasse nach Khokhot. Die Verkehrsdichte ist gering, so kommen wir zügig voran. Auf der Doppelsitzbank rechts neben mir sitzt Muugi und rechts von ihr Paul, der sich gelangweilt an die Beifahrertür lehnt. Muuggi möchte keine Berührung mit ihm und ist ganz nah zu mir gerückt, obwohl da eine Lücke zwischen den Sitzen klafft.

Zunächst ist es meist ungenutzte Steppe, durch die wir rollen, doch bald füllen sich die sanften Berghänge mit kleinen Ackerflächen. Emsige Bauern sind darauf beschäftigt und mir fällt auf, dass alles in Handarbeit erledigt wird. Hacken, Unkrautzupfen, Sensen, Garbenbinden und zu Puppen aufstellen. Fast wie vor 50 Jahren in Deutschland. Zum Transport werden Karren eingesetzt, von Ochsen, Eseln oder Maultieren gezogen.

Immer häufiger sehe ich aber auch seltsame Gefährte, auf deren vorderem Teil ein unverkleideter, einzylindriger Dieselmotor angestrengt tuckert und hinter dem offenen Fahrersitz dieses dreirädrigen Gefährts gibt es eine kleine Ladefläche. Das ist absolute Billigbauweise, doch für die hiesigen Bedingungen offensichtlich sehr gut geeignet.

Ich sehe ein Bauernpaar auf ihrem Feld grünen Hafer sicheln und stoppe das Auto. Paul geht mit mir zu den Leuten hinüber, die vor Überraschung kaum ein Wort herausbringen. Für ein paar Juan kaufe ich ihnen ein großes Bündel des noch nicht ausgereiften und saftstrotzenden Getreides ab und fülle damit die Futterkammer im vorderen Teil des Hängers.

Am Mittag stoppen wir in einer kleinen Stadt und essen in einem Restaurant an der Durchgangsstraße. Chinesische Speisen sind hier in China noch weit schmackhafter als in Europa und auch Muuggi isst mit großem Appetit. Paul ist ganz stolz, dass es uns so gut schmeckt und mein Lob freut ihn besonders. Nur ganz vorsichtig spricht er manchmal Muuggi an, ihre Abneigung hat er längst erkannt. Und diese Abneigung erfährt ihren Höhepunkt, als Paul im Brustton tiefster Überzeugung sagt:

„China ist die eigentliche Führungsmacht auf der Erde und wird eines Tages die Welt beherrschen!"

Mit seltsam ernstem und genervtem Blick sieht Muuggi mir in die Augen. Wir verstehen uns. Paul aber erhält für diesen Satz einen verächtlichen Blick aus ihren zusammengekniffenen Augen, den er hoffentlich nie vergessen wird. Sie funkelt ihn regelrecht an, sagt aber kein Wort.

Der Abend naht und wir überqueren ein mittleres Gebirge. Gewaltige, schwarze Rauchwolken in die Luft blasend, quälen sich geschundene LKWs die Steigungen hinauf. Nie sah ich Fahrzeuge, die dermaßen überladen waren. Die guten Straßen verleiten die Transportunternehmer vielleicht dazu, aber die Quittung bekommen sie dennoch: oft sehen wir dampfende Fahrzeuge mit ihren schwer beladenen Hängern am Straßenrand oder auf Parkbuchten.

Die verzweifelten Fahrer gestikulieren und fluchen, schrauben an den Motoren herum oder resignieren angesichts einer gebrochenen Achse.

Endlich haben wir den höchsten Punkt des Passes erreicht und sehen vor uns eine riesige Stadt im Tal. Khokhot! Dies ist eigentlich die Hauptstadt der Inneren Mongolei, deshalb auch die Schreibweise auf manchen Landkarten. Die Chinesen, die hier natürlich längst in gewaltiger Überzahl leben, sprechen nicht aus der tiefen Kehle heraus, wie die Mongolen. Also noch weicher als wir unser „ch" in „Loch", sondern „Hohot". Voller Stolz deutet Paul auf die Innenstadt, in der sich gewaltige Glasfassaden in den Himmel erheben. „Dort fahren wir hin. Der Direktor dieses Hotels ist mein Freund", und förmlich überheblich richtet sich sein ausgestreckter Arm auf ein Gebäude modernster Bauart mit verspiegelten Fenstern. „Hohot hat ungefähr drei Millionen Einwohner", sagt er, „und nur solche Städte nennen wir Chinesen Großstadt und wir haben viele davon."

Langsam rollt das Fahrzeug auf den Hotelparkplatz vor dem Haupteingang. Sofort kommt ein livrierter Aufseher herbei und Paul spricht mit ihm. Nach einer Weile des ratlosen Herumsuchens mit den Augen weist der Portier in die hinterste Ecke des Platzes und Paul sagt, dort könnten wir eine Koppel bauen.

Ein wenig gepflegte Grasfläche mit gestutzten Büschen darauf, meistens aber betonierte Stellfläche für Autos ist es, was ich nun mit Muuggis Hilfe einzäune.

„Weißt du, wie viel Gras Pferde in einer Nacht brauchen und was ihre Hufe auf der weichen Grasfläche anrichten?", frage ich Paul zweifelnd.

Doch der erwidert nur unsicher grinsend: „Mach dir keine Sorgen und gib dem Portier einfach 40 Juan, dann bewacht er sogar alles und wir können essen gehen.

Welch ein Glück, dass ich unterwegs diesen Haferschnitt kaufen konnte, denn den muss ich natürlich zufüttern. Während die Pferde genüsslich die Haferhalme mit ihren noch unreifen Ähren zermalmen, setzt ein heftiger Gewitterregen ein.

Das ist gut für uns, denn nun hat niemand mehr ein Interesse, dieses seltsame Lager auf dem Hotelvorplatz zu beachten. Und auch die Pferde genießen deutlich diese lauwarme Dusche, denn während es in Erlian manchmal schon kühl zu werden begann, weht hier noch immer eine milde Sommerluft. Und wie lange ist es eigentlich her, dass es auf die Pferde regnete?

Nicht weit vom Hotel führt uns Paul in ein Restaurant mit den „Feuertöpfen des Dschingis Khan". Wir setzen uns an einen großen Tisch, denn wir brauchen viel Platz. Ringsum kann ich sehen, dass auf den Tischen große, kupferne Kegel stehen und aus einer Öffnung am oberen Ende des Kegels leichter Rauch aufsteigt und manchmal sogar kleine Flammen züngeln.

Die Restaurantbesucher sitzen ringsum und bedienen dieses beängstigende Ungetüm aus vielen kleinen Schüsselchen, aus denen sie verschiedene Zutaten mit Stäbchen in eine mit Wasser gefüllte Rinne am Kegel füllen.

Paul spricht mit dem pflichteifrigen Kellner und der schreibt seine Wünsche auf einen kleinen Block. Schon nach kurzer Zeit bringt eine Frau eine hochwandige, kupferne Schale, stellt sie mitten auf unseren Tisch und gießt Wasser hinein. Ihr folgen zwei junge Burschen, die einen solchen, feuerspeienden Kupferkegel in die Wasserschale stellen. Dann wird noch Wasser in die Rinne gefüllt, die auf halber Höhe den Kegel vollständig umringt. Die Hitze aus dem Inneren erwärmt sehr schnell das Wasser in der Rinne, das bald zu sprudeln beginnt.

Muuggi und ich beobachten, was Paul tut und machen es ihm nach. Aus verschiedenen Flaschen mischt er sich zunächst eine Soße, gibt dann Fleischstücke, Salat- und Gemüsestücke in die Rinne und wartet, bis diese dort gar sind. Dann fischt er die Stücke heraus und legt sie auf einen Teller.

Entstandene Lücken in der Rinne werden sofort nachgefüllt. Nun beträufelt er das Gegarte mit verschiedenen Soßen und isst es mit großem Genuss.

Sicherlich wäre dies auch eine tolle Attraktion in Deutschland, denke ich. Aber gleichzeitig habe ich Zweifel, ob diese Feuertöpfe aus Sicherheitsgründen dort erlaubt würden.

Ein Schnäpschen zur Verdauung als Abschluss wäre nicht schlecht, doch als ich die großen Gläser mit der cognacfarbenen Flüssigkeit auf dem Tresen sehe, vergeht mir diese Idee sehr schnell. Mehrere Schlangen und Echsen sind darin und natürlich bewegen die sich längst nicht mehr.

Sie ließen ihr Leben für den Aberglauben der Chinesen, dass sie durch das Trinken dieses Elixiers ihre Potenz steigern könnten. Paul bestätigt das voller Überzeugung und sagt: „Sieben dieser Tiere müssen im Glas sein, dann wirkt es wirklich." Ich verziehe angewidert das Gesicht und Muuggi schüttelt belustigt den Kopf: „Mongolen und Deutsche brauchen das nicht."

Paul hat Anspruch auf ein Hotel und das nutzt er jede Nacht, egal, wo wir sind. Ich bin froh, dass ich dies nicht extra bezahlen muss. Eigentlich müssten auch wir im Hotel schlafen, doch sollen sich die chinesischen Behörden einfach endlich unserer anderen Art des Reisens bewusst werden, denke ich und bleibe mit Muuggi bei den Pferden. Wir schlafen im Auto.

Eine nagelneue Autobahn führt durch die Berge westlich von Beijing. Ich zeige mich überrascht und Paul ist ganz stolz: „Unsere Armee hat diese Autobahn gebaut".

Je mehr wir uns Peking nähern, umso dichter wird der Verkehr. Bald ist es vorbei mit dem zügigen Dahinrollen, der Verkehr stockt. Und immer länger wird die Reihe der stehenden, ab und zu ein paar Meter weiter rollenden Autos. Besonders viele, schwer mit roher Kohle beladene LKWs, sind darunter.

Noch sind es mehr als einhundert Kilometer bis Beijing und hier in den Bergen gibt es keine Möglichkeit für ein Lager. Ich mache mir Sorgen, denn der Abend naht mit großen Schritten.

Immer wieder hört man genervte Autofahrer hupen und bald wächst das zu einem lautstarken Konzert an. Paul fragt mit Unverständnis im Minenspiel, warum ich nicht auch hupe. Überrascht frage ich ihn, ob er glaube, dass sich dann die Autos vor uns in Luft auflösen würden.

„Aber in China ist es üblich zu hupen, um die anderen anzutreiben", sagt er.

„Aber wohin soll ich die denn treiben?", frage ich. Da ist er still und denkt kopfschüttelnd nach. Tatsächlich fällt mir in China besonders auf, dass bei jeder Gelegenheit oder Ungelegenheit gehupt wird. Die Hupe scheint das wichtigste Instrument für die Chinesen zu sein und ich bin fast sicher, dass ein Chinese beim Autokauf erst die Lautstärke der Hupe testet.

Diese Autobahn hat keinen Mittelstreifen, sondern lediglich eine doppelt gezogene, weiße Linie als Trennung der vier Fahrstreifen. Deshalb beginnt eine neue Unsitte schnell um sich zu greifen. Weil auf der Gegenfahrbahn nur ganz selten ein Fahrzeug zu sehen ist, scheren ungeduldige Fahrer über den Doppelstreifen aus, um so weit wie möglich vorzustoßen und sich bei Gegenverkehr mit haarsträubenden Manövern in eigentlich nicht vorhandene Lücken zu quetschen. So sind die Braven und Geduldigen doppelt benachteiligt und der Zornpegel steigt. Zu einer nervenaufreibenden Fahrt ist es geworden, aber schließlich findet die Autobahn ein Ende. Jetzt verteilt sich der Verkehr in viele Richtungen und endlich geht es wieder etwas schneller voran.

Peking kann nicht mehr weit sein, wir rollen bereits durch Vorstadtgebiete. Plötzlich sehe ich viele Männer mit Hakengabeln an ungewöhnlich langen Stielen in regelmäßigen Abständen am Straßenrand stehen. Erst denke ich an Straßenarbeiter, doch dann erkenne ich deren Mission. Vor mir rollt einer dieser mit Kohle beladenen LKWs. Hoch türmen sich die Kohlebrocken über die Ladewände hinaus. Dort hinauf schwingen die Männer am Straßenrand ihre Hakengabeln und ziehen geschickt einige Brocken herunter – einer nach dem anderen. Als dieser Vorort durchfahren ist, hat sich der Kohleberg auf Zugfahrzeug und Anhänger erheblich verkleinert.

Nun noch Peking durchqueren und die Autobahn in Richtung Tianjin finden. Es ist bereits Nacht. Kaum haben wir diese riesige Stadt hinter uns, gehen drei Augenpaare auf die Suche nach einem geeigneten Lagerplatz.

Viel zu lange stehen meine Pferde schon im Hänger und als ich sie endlich auf einen großen Parkplatz vor einem Restaurant entlasse, staune ich über die geduldige Ruhe, die sie immer noch ausstrahlen. Als hätten ihnen die zwölf Stunden im Anhänger gar nichts ausgemacht.

TIANJIN

Tanggu heißt der Hafen Tianjins und mit Hilfe der hohen Ladekräne, die weithin sichtbar sind, finden wir unser Ziel sehr schnell. Ganz nahe des Fährhafens gibt es einen Grünstreifen längs einer Mauer, den koppele ich kurzerhand ein. Auch das Gespann findet noch Platz darauf und jenseits eines großen Gewirrs von Eisenbahnschienen gibt es mehrere Hotels, sodass auch für Paul gesorgt ist. Der Straßenverkehr direkt neben uns und der gelegentliche Rangierverkehr von Güterzügen stört die Pferde nicht. Sie haben Futter und Wasser, mehr wollen sie nicht.

Noch am Tag der Ankunft beginnen wir mit den Behördengängen, um die Ausreise so schnell wie möglich voranzutreiben. Alle vier Tage geht eine Autofähre nach Inchon, der Hafenstadt Seouls drüben in Südkorea. 24 Stunden braucht die Fähre über das Gelbe Meer. Gleich morgen Vormittag soll eine Fähre starten, doch es zeigt sich sehr schnell, dass wir die nicht nutzen können.

Die chinesische Zollbehörde besteht auf Verzollung der Expedition, obwohl deren vorgesetzte Behörde in Peking Transit genehmigte. Weil wir ja nichts von unserer Ausrüstung im Land lassen, bestehe ich auf

Verzollungsbefreiung. Endlose Gespräche, Telefonate und Verhandlungen und regelrechte Wanderungen von Büro zu Büro beginnen. Paul eilt mit mir in immer neue Gebäude und verhandelt mit Zivilisten und Uniformierten.

Am nächsten Morgen gehen wir in das Büro der koreanischen Fährgesellschaft. Als ich den Preis für die Überfahrt höre, wird mir ganz schlecht: 2.500 Dollar soll sie kosten und jeglicher Einspruch und Vergleiche internationaler Fährbetriebe helfen nicht. Der chinesische Leiter dieses koreanischen Betriebes bleibt hart. Mehrmals habe ich den Verdacht, dass Paul hier mit an der Preisschraube dreht, allzu vertraulich sind die beiden bald. Sicher erhalten sie eine erhebliche Summe als Provision von diesem lukrativen Abschluss. Und ich kann nichts dagegen tun, bin ihnen ausgeliefert. Das ist natürlich ein neues, zeitraubendes Hindernis, denn so viel Geld habe ich nicht bei mir, muss es erst aus Deutschland herbei ordern.

Also erst eine geeignete Bank in der Stadt finden, mit Deutschland telefonieren und einen Transfer einleiten. Der Transfer dauert allein mehr als eine Woche. Inzwischen aber geben die Zollbeamten endlich nach. Dafür taucht sogleich ein neues Hindernis auf:

Die koreanische Quarantänebehörde hatte sich lange geweigert, die Einreise meiner Pferde zu gestatten. Für ein Abenteuer, wie ich verrückter Deutscher es hier vollziehe, haben die Koreaner noch weniger Verständnis als die Chinesen. Pferde gibt es in Korea kaum und wenn, dann nur in ganz wenigen Clubs für den Dressur- oder Springsport.

Allein die sehr aufgeschlossene Hilfe der Deutschen Botschaft in Seoul führt dazu, dass sie endlich einwilligen. Nun aber bestehen sie plötzlich darauf, dass alles, was mit den Pferden in Berührung kam, außerhalb ihres Landes bleibt.

Von hier mit der Botschaft in Seoul zu korrespondieren, ist schwierig genug. Immer wieder muss ich neue Telefonkarten kaufen, um von dem Telefon im Vorraum eines Hotels Kontakt mit meinen Landsleuten dort zu halten. Ich protestiere wieder einmal und weise darauf hin, dass es in allen Quarantänestationen der Welt Desinfektionsanlagen gibt, in denen man all die Dinge, auf die ich ja gar nicht verzichten kann, desinfizieren könne. Auf eine erneute Antwort muss ich lange warten.

Am Nachmittag läuft erneut die Fähre aus Inchon ein. Seit wir hier sind, ist es bereits die zweite. Am nächsten Tag gegen elf Uhr wird sie wieder auslaufen.

Auch diesmal ist noch nicht mit unserer Ausreise zu rechnen, doch ich möchte versuchen, einen persönlichen Kontakt mit dem Kapitän der Fähre zu bekommen. Vielleicht würde das einiges erleichtern?

Also stehe ich wieder auf dem Pier und beobachte das Festmachen, das Herunterlassen der Gangway und das Herausströmen der Passagiere. Dabei komme ich mit einem Offizier der chinesischen Hafenbehörde ins Gespräch, der den Ablauf auf dem Pier überwacht. Er spricht fließend Englisch, hat ein offenes, freundliches Gesicht und gehört zu den Menschen, denen man auf Anhieb Vertrauen schenkt. In meinem noch äußerst dürftigen Englisch frage ich ihn, ob er mir einen Kontakt mit dem Kapitän dieser Fähre verschaffen kann. Höflich bittet er mich, am Abend wieder zu kommen, dann werde es möglich sein.

Muuggi ist bei den Pferden, so habe ich keine Eile und beobachte das Entladen des Schiffes. Eine große, stählerne Klappe schwenkt aus der Bordwand nach außen und gibt eine Öffnung frei. Dumpf dröhnend setzt die Klappe auf dem Beton des Piers auf. Dann beginnen große Sattelschlepper, mit Containern beladen, aus dem Inneren des Schiffes langsam über diese Klappe auf den Pier zu rollen. Dieser Vorgang scheint kein Ende zu nehmen, erstaunlich, wie viele solcher LKWs im Schiffsbauch Platz haben. Aber das ist noch nicht alles. Kaum hat der letzte das Schiff verlassen, werden riesige Gabelstapler hineingefahren und kommen mit weiteren Containern wieder heraus. Ein gewaltiger Stapel dieser Stahlcontainer türmt sich bald auf dem Pier.

Plötzlich sehe ich Muuggi eilig auf mich zulaufen. Als sie bei mir ist, erkenne ich tiefe Verzweiflung und die Spuren von Tränen in ihren Augen.

„Maanfred, bitte komm schnell! Panca und Puschkin sind weggelaufen!"

Entsetzt springe ich auf und will zu unserem Lager laufen. Doch da hält Muuggi mich am Arm fest und sagt: „Aber sie sind schon wieder da. Ich habe sie wieder eingefangen."

Unterwegs zum Lager berichtet Muuggi, was sich ereignet hat:

Völlig unerwartet hatten die Pferde die Elektrolitze niedergerissen, denn sie waren der Meinung, dass dort drüben zwischen all den Schienensträngen viel besseres Gras wachse. Als Muuggi das bemerkte, überquerten sie bereits die Autostraße und Muuggi fiel auf, dass Puschkin genau den Verkehr beobachtete und eine geeignete Lücke nutzte. Panca brauchte ihm nur zu folgen.

Erneut wird Muuggi von Weinkrämpfen geschüttelt, die Erinnerungen überwältigen sie, als sie weiter erzählt:

„Ich rief die Pferde, doch sie hörten nicht. Ich lief ihnen nach, doch sie wollten sich nicht einfangen lassen. Und von dort kam ein Zug heran!"

Inzwischen waren Passanten auf Muuggi und die Pferde aufmerksam geworden und umkreisten sie. Puschkin hatte auch den Zug beobachtet und Abstand zu ihm gehalten. Panca war immer an seiner Seite. Endlich gelang es, die Pferde zurückzutreiben. Muuggi richtete die Litze und erweiterte gleich die Koppel, so wie sie es von mir kannte. Nun war alles wieder gut und der junge Chinese aus dem kleinen Restaurant neben unserem Lager hatte extra seinen

Stuhl ins Freie gestellt und saß nun dort, um die Pferde zu bewachen. Im Vorbeigehen reiche ich ihm die Hand und sage freundlich: „Xiexie" (Danke).

Was Muuggi da durchgemacht hat, kann ich gut verstehen, kann ihr Entsetzen nachempfinden und ihre Verzweiflung. Wie tapfer sie doch alles gemeistert hat und trotz ihres Gemütszustandes einen klaren Kopf behalten. Ich nehme sie in die Arme und beruhige sie, denn erneut schüttelt sich ihr Körper in Krämpfen und Tränen rinnen über ihre Wangen. Nur langsam beruhigt sie sich wieder, die Nervenanspannung muss gewaltig gewesen sein.

Jetzt aber nimmt sie meine Mundharmonika, auf der sie oft unterwegs übte und entlockt ihr unter tiefen Schluchzern eine deutsche Melodie: „Wenn i komm, wenn i komm, wenn i wieder wieder komm, kehr i ein mein Schatz bei Dir...". Und langsam kehrt das Lächeln wieder in ihr Gesicht zurück.

„Danke, dass Du nicht mit mir geschimpft hast", sagt sie.

„Aber Muuggi, Du warst so tapfer und ich bin so stolz auf Dich, wie Du das alles geschafft hast."

Am Abend bin ich wieder auf dem Pier, der chinesische Offizier wartet schon auf mich. Gerade gehen die ersten Offiziere des Schiffes an Land und mein neuer Freund spricht einen an. Der deutet auf das Schiff zurück und erklärt etwas. „Wir müssen noch etwas warten, der Kapitän kommt später."

Es ist längst dunkel und wir warten immer noch. Plötzlich treten vier Männer in Zivil an mich heran und fragen in gebrochenem Englisch nach meinem Namen. Nun weisen sie sich als Polizisten aus und eröffnen mir ein neues Problem: „Sie dürfen in China nicht in einem Auto am Rande einer Straße übernachten und auch nicht einfach ihre Pferde das Gras fressen lassen. Sie müssen in ein Hotel gehen".

Verständnislos weise ich darauf hin, dass ich doch mit Pferden nicht in ein Hotel ziehen kann.

„Doch, das geht", sagt ihr Sprecher unerbittlich. „Dort drüben gibt es ein Hotel in einem großen Gelände und darum herum ist eine hohe Mauer, dort können die Pferde frei laufen."

Da sehe ich den Kapitän in Begleitung zweier Offiziere die Gangway herunter und auf uns zu kommen. Sofort wende ich mich an ihn und versuche, ihm meine Situation zu erklären und um seine Hilfe zu bitten. Vielleicht könne er mir helfen?

Er hat ein freundliches Gesicht und hört mir aufmerksam und interessiert zu. Doch dann sieht er mich besorgt an und hebt bedauernd die Schultern. Er will gern versuchen, mir zu helfen, doch seine Kompetenzen sind an Land begrenzt und er könne mir nichts versprechen. Hier in China kann er wenig ausrichten, das ist mir klar und er rät mir, zu tun, was diese Polizisten verlangen.

„Okay, wenn Sie morgen wieder zu mir kommen, werde ich mit Ihnen in das Hotel gehen.", sage ich, doch belustigt aber freundlich bleiben sie unerbittlich: „Nein, nein, jetzt", lautet die Antwort. Und sie begleiten mich zu nächtlicher Stunde in mein Lager.

Muuggi ist entsetzt von der Neuigkeit und brummelt wütend vor sich hin, als wir unter polizeilicher Aufsicht die Pferde in den Hänger bringen und das Lager abbauen.

Es ist bereits Mitternacht, als wir langsam durch die Stadt dem Polizeiauto hinterher rollen. Der Weg ist nicht weit, das Hotel liegt im Hafengebiet. Das große Eisentor neben dem Pförtnerhäuschen steht offen. Ich stoppe und dringe darauf, dass dieses Tor ab sofort nur noch zum Ein- und Auslass von Fahrzeugen geöffnet wird. Unter vielen Verbeugungen nimmt der Pförtner die Befehle der übersetzenden Polizisten entgegen und schließt dienstbeflissen das Tor.

Wir rollen auf einen Parkplatz vor dem Hauptgebäude des Hotelkomplexes. Im Schein mehrerer Laternen sehe ich rings um den Parkplatz Grünflächen mit Bäumen und Sträuchern darauf.

Während zwei der Polizisten in das Gebäude gehen, öffne ich wieder die Laderampe und lasse die Pferde frei. Die stürzen sich sofort auf das saftige Parkgras. Doch da kommen die Polizisten bereits mit dem Hoteldirektor herbei, der sich verschlafen die Augen reibt. Was er hier sieht, entsetzt ihn sehr.

Zeternd jammert er um seine schöne, gepflegte Anlage und besteht darauf, die Pferde hinten im Gelände, jenseits mehrerer weiterer Gebäude in einen Winkel der großen Mauer zu stellen. Dort wächst über einem flachen Schutthaufen hohes Schilf. Während ich das Fahrzeug quer vor diesen Winkel stelle, führt Muuggi die Pferde heran, die sich sofort mit dem Schilf befassen. Vor und hinter dem Gespann gibt es zwar breite Lücken, durch die meine Pferde leicht hindurch gehen können, doch zunächst machen sie keine Anstalten dazu. Bewusst versperre ich diese Lücken auch nicht und der Direktor lässt sich leicht einreden, dass die Pferde diese Ecke nicht verlassen werden.

Ich verschließe das Fahrzeug und werde mit Muuggi von fünf chinesischen Männern in das Hauptgebäude begleitet. Die Rezeption liegt, wie scheinbar auch alle Zimmer, im ersten Stockwerk. Dorthin führt uns der Direktor, die Polizisten ziehen ab.

Dies scheint ein Hotel der allerletzten Kategorie zu sein. Die Gebäude sind wahrscheinlich noch aus der deutschen Kolonialzeit, denn diese Region war deutsche Kaiserkolonie: Tientsin.

Neben einigen Zerfallserscheinungen ist auch überall viel Schmutz zu sehen. Die Polizisten hatten noch von einem Zimmerpreis gesprochen, der wirklich nicht hoch war, nun aber ist der Preis plötzlich um ein Mehrfaches angestiegen. Ich hätte gern gestritten und in Muuggis Gesicht kann ich ebenfalls dunkle Wolken sehen, doch es ist nach Mitternacht und ich bin müde, füge mich in mein Schicksal.

Während wir auf unser Zimmer gebracht werden, begegnen wir mehreren jungen Frauen, die offensichtlich versuchen, mich anzumachen. Laut kichernd präsentieren sie auf provozierende Weise ihre Reize. Muuggis wütender Blick hält sie auf Abstand und abfällig zischt sie: „Prostitution!"

Zwei klapprige Betten stehen im Zimmer, sonst nichts. Wände, Fußboden, Decke – alles ist fleckig und wohl ewig nicht mehr angestrichen worden. Laken und Bettbezüge sind voller Löcher, doch scheinbar sauber. Schräg über den langen Gang hinweg ist ein Etagenbad. Stolz zeigt uns der Direktor noch diese schier unglaubliche Errungenschaft mit einem Warmwasserbereiter aus einer Zeit, in der wohl erstmalig elektrischer Strom eingesetzt wurde. Sogleich setzt er das Ungetüm in Gang und verabschiedet sich endlich. Oh ja, eine warme Dusche hatten wir schon lange nicht mehr und wollen sie sofort nutzen. Doch dazu müssen wir erst warmes Wasser in eine große Schüssel füllen, mit kaltem auf erträgliche Temperatur bringen und uns gegenseitig langsam übergießen. Wir genießen dieses Vergnügen ausgiebig und sind dankbar, dass sich die Tür von innen verschließen lässt...

So haben wir natürlich nur wenig Schlaf in ungemütlichen Betten gefunden und sind bereits vor sieben Uhr wieder auf den Beinen. Wir müssen das Hotel verlassen haben, bevor der Direktor auftaucht, denn was meine Pferde draußen anrichteten, ist mir von vornherein klar gewesen. Kaum haben wir den Haupteingang erreicht, kommen sie uns schon mit runden Bäuchen fröhlich entgegen.

Geschwind führen wir sie zum Gespann und sehen nicht nur die verwüstete, kleine Parkfläche, sondern auch zahlreiche Äpfelhaufen überall auf dem Gelände. Ganz offensichtlich haben sie das gesamte Areal gründlich inspiziert.

Nichts wie weg! Schnell öffnen wir die Rampe und führen sie in den Hänger. Dann rollen wir zum Pförtnerhäuschen und entsetzt sehe ich, dass dieses Tor weit offen steht. Nicht auszudenken, wenn die Pferde hier hindurch in die Straßen der Stadt marschiert wären. Ich bin gleichzeitig wütend und erleichtert.

Diesmal fahre ich das Gespann direkt auf den Pier und parke es so für Jedermann sichtbar. Die Beladung des Schiffes ist in vollem Gang. Endlich kommt Paul, der uns vergeblich auf unserem alten Lagerplatz suchte und uns erleichtert hier findet.

„Können wir jetzt endlich aufs Schiff?", frage ich ihn und er sieht mich mit großen Augen und zuckenden Achseln an. Dann erzähle ich ihm von der nächtlichen Aktion, von der er noch gar nichts weiß. Nun wird er ganz blass und sagt:

„Du darfst das Hotel nicht verlassen. Die Polizei wird Dich suchen!"

Gerade kommt der Kapitän von Land zurück und steuert sofort auf mich zu. Er habe heute Morgen mit seiner Reederei in Korea telefoniert und die wollen bei den zuständigen Behörden auf meine Situation aufmerksam machen. Am Fahrpreis allerdings können sie nichts ändern, der ist laut Vertrag Sache der Chinesen hier. Deshalb sei es auch nicht möglich, die Passage erst bei der Ankunft in Korea zu bezahlen, wie ich hoffte.

„Paul, somit können wir wieder nicht auf das Schiff und ich kann auch nicht in das Hotel zurück. Dort gibt es kein Futter mehr für die Pferde und meine Reserven sind aufgebraucht. Ich werde jetzt aus der Stadt hinaus auf das Land fahren, wo ich Weideflächen finde."

Erneut wird Paul ganz blass und fürchtet Verfolgung durch die Polizei.

„Gehe zur Polizei und sprich mit ihnen", sagt er mir, doch ich bin sicher, dass die keine Rücksicht nehmen werden und sage:

„Paul, das ist nun Deine Aufgabe, Du bist der Guide und für die Sicherheit der Expedition auf chinesischem Boden verantwortlich. Wenn ich einen geeigneten Platz gefunden habe, komme ich zurück und melde meinen Standort."

„Das ist unmöglich, sie werden Dich einsperren!", sagt er aufgebracht und will sich deutlich vor seiner Verantwortung drücken.

„Darauf kann ich jetzt keine Rücksicht nehmen. Ich werde die Deutsche Botschaft in Peking von den Vorgängen hier unterrichten. Das Leben meiner Pferde ist gefährdet, schließlich kann ich hier nirgendwo Pferdefutter oder Heu kaufen."

„Dann muss ich die Nummernschilder zurück nach Erlian bringen. Ich bleibe jedenfalls in der Stadt und gehe nicht mit." Tatsächlich fordert er sie jetzt und hofft wohl, mich damit unbeweglich zu machen, denn ohne chinesische Nummernschilder darf das Auto nicht bewegt werden.

Paul nimmt die Nummernschilder entgegen und verabschiedet sich kleinlaut. Erhobenen Hauptes steigen wir in das Auto und fahren davon. Unser Ziel ist völlig unklar. Allein, dass wir die Stadt durchqueren müssen, ist sicher.

Dabei müssen viele Straßenkreuzungen passiert werden und Ampeln gibt es selten. Dafür stehen auf Podesten mitten auf den Kreuzungen weiß bemützte Polizisten und regeln den Verkehr mit Handzeichen und Trillerpfeife. Ein Fahrzeug wie das unsere ist hier noch niemals aufgetaucht und zieht natürlich nicht nur die Blicke der Passanten auf sich. Auch die Polizisten nehmen es im Gewühl all der anderen Fahrzeuge sofort wahr und deren Blick fällt natürlich gleich auf das Nummernschild. Schon wieder springt einer von dem Sockel seines Standortes, bläst mit dicken Backen in seine Trillerpfeife und weist uns mit fuchtelnden Armen an, am Straßenrand zu stoppen.

Ich springe aus dem Auto und erwarte scheinbar ruhig und gelassen seine Ankunft.

Aufgeregt deutet er auf das deutsche Nummernschild und chinesischer Wortschwall strömt mir entgegen. Natürlich verstehe ich kein Wort und frage ihn ruhig: „Sprechen Sie Deutsch?"

Als er mich verständnislos und überrascht ansieht, gleich noch: „Do you speak English?"

Wieder ist seine Reaktion ein schweigender, offener Mund und deshalb spreche ich gleich freundlich irgendwelche Sätze auf Deutsch und deute dabei mit ausgestrecktem Arm in alle Himmelsrichtungen.

Jetzt weiß er nicht mehr weiter und wohl auch nicht, was zu tun ist. Aber da ist ja wahrscheinlich noch sein Bewusstsein, dass an der nächsten Kreuzung ein Kollege steht und vielleicht weiß der ja, wie in einem solchen Fall zu verfahren ist.

Mehrmals werden wir auf diese Weise angehalten. Langsam bekomme ich Routine für diese Situation und nehme sie aufgrund sich häufender Erfolge immer gelassener.

Endlich liegt die Stadt hinter uns und wir rollen über eine schmale, asphaltierte Landstraße, die auf beiden Seiten von hohen, grün wuchernden Bäumen dicht eingefasst ist. Nur wenig ist durch das dichte Blattwerk hindurch von dem zu sehen, was sich jenseits der alten Bäume verbirgt.

Sumpfig ist das flache Land hier ringsum und wo nicht Reisfelder angelegt sind, sieht man große Schilfflächen. Gerade haben wir eine kleine Ansammlung von Häusern passiert, da sehe ich endlich eine Einfahrt zu einem größeren Grundstück. Das ist von Mauern und Zäunen vollständig umgeben. Ziemlich verfallene, flache Ziegelsteingebäude sind darin und davor eine große Fläche mit hohem Schilf.

Ich stoppe neugierig und parke direkt vor der Einfahrt. Ein schmaler Fahrdamm führt zwischen mit Schilf fast zugewachsenen, breiten Wassergräben von der Straße hinüber zu einem offenstehenden Tor. Im Pförtnerhäuschen daneben drückt sich das Gesicht eines jungen Chinesen an die schmutzige Fensterscheibe. Ich gehe hinüber und versuche herauszufinden, ob dieser Mann vielleicht Deutsch oder Englisch versteht, aber jede Fremdsprache scheint ihm unbekannt. Als er aus seinem Häuschen heraustritt, nehme ich seinen Arm und führe ihn zum Fahrzeug. Dann mache ich ihm vor, wie er auf die geschlossene Laderampe des Hängers steigen kann, um hineinzusehen.

Als er wieder heruntersteigt, sind seine Augen ganz groß, doch immer noch verständnislos. Ich deute auf die Pferde, ahme Futteraufnahme nach und dann auf das Schilf innerhalb der Umzäunung. Er hat verstanden und läuft plötzlich zu den größeren Gebäuden hinüber. Schnell ist er wieder zurück und in seiner Begleitung hat er jetzt fünf junge Männer in schwarz verschmierter Arbeitskleidung. Sie diskutieren nicht lange, sondern fordern mich auf, hineinzufahren.

Jenseits des mehr als zwei Meter hohen Schilfes, direkt vor den Backsteingebäuden, gibt es ausreichend freien Platz für das Gespann. Bevor ich den Hänger öffne, laufe ich hinüber zum Tor, es zu schließen. Dann mache ich dem Pförtner klar, dass dies nun immer geschlossen sein müsse. Er nickt verstehend. Dann beobachten wir gemeinsam zwei rundum zufriedene Pferde, die durch das hohe Schilf waten und hier und dort genüsslich die leckeren Blütenstände rupfen.

Obwohl schon Oktober, ist es hier immer noch sommerlich warm. In leichter Kleidung können wir uns auf diesem Gelände bewegen, haben Tisch und Stühle neben dem Auto aufgestellt und genießen zusammen mit den Pferden die neue, trügerische Freiheit. Nebenan in einem der Gebäude aber stehen die schwarz verschmierten Burschen an uralten Drehbänken und bearbeiten stapelweise gusseiserne Ventilklappen für eine große Fabrik in der Stadt. Täglich zwölf Stunden tun sie das, unermüdlich und mit großem Eifer. Dabei sind sie voller Fröhlichkeit, scherzen und lachen viel. Auch wenn ich nicht verstehen kann, was sie sprechen, gibt es doch keine Verständigungs-probleme mit ihnen. Mimik und Gestik, geschickt und mit offenem Herzen angewendet, reichen völlig.

So wie sie an ihren Maschinen stehen, schmutzstarrend und fröhlich, möchte ich sie fotografieren. Doch das lehnen sie vehement ab, waschen sich gründlich und ziehen sich ihre saubere Kleidung an. Erst jetzt darf ich es tun.

Eine weitere Woche ist vergangen, deshalb müsste das Geld aus Deutschland bereits eingetroffen sein. Wir fahren in die Stadt. Der Hänger und die Pferde können getrost zurückbleiben, die sind hier sicher.

Überraschenderweise werde ich jetzt nicht mehr und bei weiteren Fahrten ebenso nicht, von Polizisten angehalten. Dabei habe ich das Gefühl, dass sie bewusst in eine andere Richtung sehen, wenn sie mein Auto bemerken. Sicher scheuen sie eine weitere, ergebnislose Konfrontation.

Einige Stunden dauert es, bis ich endlich das Geld überreicht bekomme. Nun möchte ich dem Fährbüro natürlich mitteilen, dass ich jetzt zahlen kann und ich will wissen, ob der Weg nun endlich frei sei. Dabei ist mir gleichzeitig nicht wohl, hier aufzutauchen, denn die Polizei könnte ja auf der Suche nach uns sein.

Zunächst sagt der Geschäftsführer des Büros, dass noch nicht alles zu meiner Ausreise geregelt sei, man warte noch auf Nachricht aus Seoul. Von chinesischer Seite allerdings gäbe es keine Probleme mehr. Allerdings sei die Polizei auf der Suche nach mir und erwartet, dass ich meinen Standort bekanntgebe. „Den will ich nicht verheimlichen“, erwidere ich, „doch kann ich ihn nicht benennen. Er liegt in dieser Richtung“ und ich deute mit ausgestrecktem Arm nach Westen. „Es ist auf dem Land, nahe eines Dorfes, wo meine Pferde fressen können. Eine Stunde Fahrt ist es bis dorthin.“

Mir ist klar, dass sie mit dieser Beschreibung wenig anfangen können. „Nun muss ich aber schnell wieder zurück, die Pferde sind ohne Bewachung“. Damit komme ich ihnen zuvor, denn es ist klar, dass sie mich hinhalten möchten, um die Polizei über meine Anwesenheit zu informieren. Sie scheuen sich deutlich, mich einfach festzuhalten, denn mein Auftritt wird immer

111

forscher und feindseliger. Schnell verlassen wir die Stadt wieder und nehmen vorsichtshalber eine andere Richtung.

Dabei geraten wir auf eine ganz neue Ausfallstraße. Sie ist vierspurig und kreuzt außerhalb der Stadt eine ebenfalls neue, vierspurige Straße. Eine moderne Ampelanlage ist an dieser Kreuzung installiert und auch in Betrieb. Deshalb steht natürlich auch kein Polizist auf der Kreuzung und jeder Autofahrer versucht dort, cleverer zu sein als die anderen.

Ich hatte schon häufig beobachtet, dass besonders schlaue Typen bei Rot an der Warteschlange vorbei auf der Gegenfahrbahn bis an die Ampel vorstoßen, um bei Grün sofort einen Blitzstart hinzulegen. Hier scheinen besonders viele diese Idee gehabt zu haben, denn aus allen Richtungen stehen über alle Spuren hinweg die Autos einander unverrückbar gegenüber. Es gibt keine Lücken mehr, in die man sich noch zwängen könnte und auch ein Ausweichen über Land ist unmöglich, viel zu steil und hoch sind die Böschungen in diesem Sumpfland.

Wer jetzt noch auf diese Kreuzung zurollt, kann dem Chaos nur durch rechtzeitiges Wenden entgehen. Dazu muss aber schnell reagiert werden, denn immer neue Autos kommen von hinten, auch sofort über alle Spuren bis an die Stoßstange des Vordermanns. Die Ampel schaltet munter weiter. Rot – Grün – Rot - Grün..., doch nichts bewegt sich mehr. Auf der Kreuzung zwischen den Autos stehen schimpfend und wild gestikulierend immer mehr Männer und werden doch übertönt vom großen Konzert hunderter Hupen. Zentimeter um Zentimeter versucht man im Zentrum des Gewühls durch seitliches Wegwuchten Lücken zu schaffen. Ich denke an Pauls überheblichen Ausspruch: „Chinesen sind das eigentliche Führungsvolk...", und muss doch bei diesem Anblick lächeln. „Mit der Machtübernahme werdet ihr wohl noch etwas warten müssen, lieber Paul und noch Manches lernen. Die hohe Zahl eines Volkes allein genügt nicht zur Beherrschung der Welt."

In unserem neuen Lager ist alles in Ordnung. Die Pferde sind satt gefressen und haben im Schatten der offenstehenden, ungenutzten Gebäude Schutz gesucht. In jedem dieser Gebäude kennen sie längst jeden Winkel und fühlen sich zu Hause. Draußen allerdings finden sie immer weniger Sichtschutz von der Straße her, denn das Schilf wird immer kürzer. Zunächst waren es die Blütenstände, dann die weicheren Blätter im oberen Bereich und jetzt sind es bereits die Stängelspitzen und unteren Blätter, die sie abfressen. Immer höher ragen nun ihre Körper aus dem Pflanzenmeer heraus und ich beginne mir Sorgen um eine drohende Entdeckung durch die Polizei zu machen.

Nur ein kleines Auto haben unsere Gastgeber zum Transport ihrer schweren Ventilklappen zur Verfügung. Einige Male müssten sie fahren, um die fällige Lieferung in die Stadt zu bringen. Sie bitten mich um Hilfe und ich tue es gern. Im Hänger lassen sich alle Teile auf einmal unterbringen und seine Tragkraft ist gerade noch ausreichend. Auf einem großen Fabrikgelände werden sie in Empfang genommen, geprüft und gezählt. Dann wird die Entlohnung für diese Arbeit ausgezahlt und nun strahlen ihre Gesichter. Sie wollen mir einen Teil davon abgeben, doch das lehne ich lachend ab.

Gerade müsste erneut die Fähre aus Korea eingetroffen sein, es ist bereits die Vierte seit unserer Ankunft. Von der Fabrik zum Hafen ist es nicht weit, so mache ich einen Abstecher und gehe erneut hinauf in das Büro. Doch noch immer sei kein positives Ergebnis aus Korea eingetroffen, sagt man mir, aber das könne nun nicht mehr lange dauern.

Ob es denn wirklich so sei, dass ich endlich das Geld für die Passage hätte, will der Büroleiter wissen und ich bejahe es wahrheitsgemäß. Doch er ist misstrauisch und möchte das Geld sehen. Ich habe es bei mir, - wo sollte ich es sonst lagern? – und ich zeige es ihm. Da macht er ein zufriedenes Gesicht und weist mich noch einmal, nun etwas freundlicher, darauf hin, dass die Polizei noch immer wissen will, wo ich sei. Grinsend weise ich wieder in die Richtung und sage: „Dort!"

Meine Gastgeber möchten sich für meine Hilfe revanchieren und ich erkläre ihnen, dass ich Heu bräuchte. Am nächsten Tag zerren zwei Mann mühsam ein riesiges Bündel getrockneten Schilfes die Straße entlang und schließlich auf das Fabrikgelände. Ich bin erleichtert, das wird eine Weile reichen.

Plötzlich taucht eine gutgekleidete Frau mittleren Alters auf dem Gelände auf und es ist nicht schwer zu erkennen, dass sie meine Gastgeber kontrolliert. Natürlich entdeckt sie die Pferde, das Gespann und die zwei Ausländer.

Meine chinesischen Freunde machen besorgte Gesichter, denn diese Frau schimpft mit ihnen und sieht immer wieder unfreundlich zu uns herüber. Selbst mit uns zu sprechen, traut sie sich jedoch nicht.

Draußen an dem breiten Graben ist noch jede Menge frisches Schilf. Ich nehme mein großes Messer und schneide Stängel um Stängel ab. Bald habe ich einen großen Haufen geerntet. Das wird meinen Pferden gefallen, die jetzt nur noch harte Strünke, kaum einen Meter hoch, auf dem Gelände finden.

Da sehe ich eine Schnur, an einem Ende um einen Baum geknüpft, auf der anderen Seite die Böschung hinunter im Wasser verschwinden. Mein Entdeckerdrang lässt es nicht zu, diese Schnur zu ignorieren. Langsam ziehe ich daran und spüre Widerstand aus der Tiefe des Wassers. Das ist schlammig und lässt keinen Einblick unter die Oberfläche zu. Meter um Meter ziehe ich heran und endlich taucht das obere Ende einer Reuse auf. Als die Reuse endgültig aus dem Wasser ragt, sehe ich zwei Schlangen träge darin zappeln und obendrauf sitzt ein großer Ochsenfrosch. Vorsichtig lasse ich die Reuse zurück ins Wasser gleiten und hole den Pförtner.

Der zieht die Reuse vollständig heraus und strahlt dabei über das ganze Gesicht. Vorsichtig entlässt er den Frosch in die Freiheit, der interessiert ihn offenbar nicht. Mit den zwei Schlangen aber geht er zu seinen Kollegen und die unterbrechen sofort ihre Arbeit. Mit einem Knüppel töten sie die Tiere, hängen sie an einen Baum und enthäuten sie.

Bereits am selben Abend liegen handbreite Stücke wie Würstchen auf einem Grillrost. Mit großem Vergnügen werden sie verzehrt. Ihre Einladung zum Mithalten lehnen Muuggi und ich ab.

Am nächsten Tag kommt diese Frau wieder, diesmal in Begleitung eines Mannes. Das scheint der Besitzer des Geländes zu sein, jedenfalls führt er sich entsprechend auf. Er brüllt die jungen Burschen zusammen, deutet auf sein Gelände, die Pferde und uns und will sich gar nicht beruhigen. Beherzt gehe ich zu ihm hinüber um ihn zu besänftigen. Doch schimpfend hält er mich auf Distanz. Will ich mich ihm nähern, weicht er zurück.

Drehe ich mich um und gehe in Richtung meines Autos, wird er noch lauter und folgt mir wieder. Bleibe ich stehen, stoppt auch er. Eine Distanz unter zehn Meter scheint er zu fürchten. Mehrmals mache ich den Versuch, mit ruhiger Stimme auf ihn einzuwirken. Dabei bemerke ich, dass er durchaus Englisch versteht. Aber er lässt sich nicht beruhigen. Weiter zetert er, nun mit englischen Brocken, dass meine Pferde das herrliche Schilf vernichteten, die Gebäude beschmutzten und wir keine Erlaubnis hätten, hier zu kampieren.

Doch in den Gebäuden liegt sowieso überall Schmutz und Schutt herum, genau wie auf dem Gelände. Das ist allerdings erst jetzt, wo das verdeckende Schilf fehlt, sichtbar geworden. Schämt er sich etwa dessen? Wir sollen verschwinden! Und zwar auf der Stelle! Eine Odyssee beginnt – doch eigentlich haben wir die ja schon, seit wir China betraten. Dieses so schöne Land mit seinen eifrigen, meist durchaus sympathischen Menschen.

Wenn in diesem Teil meiner Erzählungen über ein Volk überwiegend Negatives ausgedrückt wird, liegt es allein an meinen Erfahrungen zu jener Zeit in diesem Land. Einzelne Menschen waren es, die mich in Bedrängnis brachten, vor allem Behörden. Hierbei darf man nicht vergessen, wie weitgehend dieses Land in vielen Jahrzehnten von ungezwungenem Kontakt mit der übrigen Welt abgeschirmt war. Inzwischen hat sich in China viel verändert und es wird sicherlich nicht mehr lange dauern, bis solche Erlebnisse nicht mehr möglich sein werden.

Es gab ja durchaus viele nette Begegnungen mit aufgeschlossenen Menschen, die hier wegen eingeschränkter Möglichkeit ungenannt bleiben. Und wie in jedem Volk, so auch in China, gibt es überwiegend Freundlichkeit, Hilfsbereitschaft und Verständnis.

Ach, dürften wir doch endlich auf die Fähre! Gerade heute muss sie wieder eingelaufen sein und morgen wollte ich sowieso wieder hin. Wird mir auch das jetzt verwehrt? Wo soll ich einen neuen Platz finden? Wenn ich in der Nähe wenigstens über Nacht bleiben könnte, um morgen früh zum Hafen zu fahren. Danach könnten wir einen neuen Platz suchen, wenn wir wieder nicht auf das Schiff dürfen.

ZURÜCK NACH TANGGU

Als der wütende Besitzer sieht, dass wir mit dem Verladen der Pferde beginnen, steigt er in sein Auto und fährt mit seiner Begleiterin davon. Wir verabschieden uns von den noch immer betroffen dreinblickenden Burschen per Handschlag und verlassen das Gelände. Kreuz und quer fahren wir suchend durch die Außenbezirke der Stadt. Jetzt nähern wir uns wieder der Innenstadt und überqueren eine große Brücke, die nahe des Güterbahnhofs unzählige Gleispaare überspannt.

Von hier oben haben wir freie Sicht in ein großes Gelände, das nahe der letzten Gleise von einer Mauer umgeben ist. Zu den Gleisen hin und abgewandt von den mehrstöckigen Häusern der Stadt, fehlt ein Stück Mauer. Die Lücke ist groß genug für unser Fahrzeug. Außer einem kleinen Pförtnerhäuschen auf der entgegengesetzten Seite der Mauer mit einer kleinen Tür in derselben, gibt es nur freie, ungenutzte Fläche mit einem großen Gras- und Schilffflecken.

Bei Helligkeit auf das Gelände zu fahren, ist sicherlich nicht sinnvoll. Bestimmt würde jemand auf uns aufmerksam werden. Deshalb stellen wir das Gespann mit den Pferden ganz in der Nähe am Straßenrand direkt vor einem Restaurant ab und gehen hinein, um etwas zu essen.

Immer noch ist es nicht dunkel, wir müssen mit unserer geheimen Aktion warten. Doch ewig können wir nicht im Restaurant bleiben und gehen deshalb noch ein wenig spazieren. Oft haben wir das schon in China gesehen und manchmal auch genutzt: Billardtische am Straßenrand. Schon in Ulaanbaatar hatten Muuggi und ich unser Geschick im Poolbillard gegeneinander getestet. Jetzt bietet uns dieses Spiel noch einmal Gelegenheit, Zeit zu überbrücken.

Als es endlich endgültig dunkel geworden ist, laufen wir um die Ecke zu unserem Gespann. Neugierig blicken uns die Pferde an, als wir die Hängertür öffnen. Sie warten darauf, hinausgelassen zu werden. Also fahren wir um diese Mauer herum und gelangen zu der Lücke. Bevor wir hineinfahren, schalte ich die Scheinwerfer aus.

Ein wenig warten, damit sich die Augen an das geringe Restlicht von den Häusern dort drüben gewöhnen, dann fahren wir hinein. Nahe der Mauer und durch hohes Schilf halbwegs zum Pförtnerhäuschen abgeschirmt, stellen wir das Fahrzeug ab. Besonders leise bauen wir jetzt geschwind die Koppel auf. Muuggi weiß längst, was dabei zu tun ist und kennt jeden Handgriff. Worte zu machen, ist überflüssig. Und schon sind die Pferde im Freien und tauchen hinein in ihr neues Fressparadies.

Es wird eine ruhige Nacht, niemand stört uns und schon früh im Morgengrauen frühstücken wir im Auto, während sich die Pferde draußen von ihrer nächtlichen Fressorgie erholen. Sie liegen und schlafen.

Als wir beginnen, die Koppel wieder abzubauen, kommen vier Männer aus dem Pförtnerhäuschen herüber. Vielleicht sind sie dort einquartiert, um diesen leeren Platz zu bewachen. Mit forschem Schritt, bösem Blick und lauter Stimme versucht der Wortführer, mich einzuschüchtern. Doch ich lächle nur freundlich, greife in meine Tasche und krame ein paar Yuan heraus. Die reiche ich ihm und sage: „Pidjou!" (Bier). Da strahlen alle und sind ganz erleichtert. Offensichtlich hatten sie mit einer Konfrontation gerechnet und sehen sowieso, dass wir bereits kurz vor dem Verlassen des Geländes sind.

Tatsächlich liegt die Fähre wieder festgemacht am Pier. Ich fahre das Gespann für alle sichtbar in die Nähe des Schiffes. Die Schiffsbesatzung kennt uns längst und auch die Hafenbesatzung. Auf dem Schiff ist noch alles ruhig.

„Security Officer please!" brülle ich mehrmals hinauf und endlich zeigt er sich an der Reeling. Langsam wird die Gangway heruntergelassen und schließlich kommt mir der Mann entgegen. Ich sage ihm, dass ich nun die Passage bezahlen möchte, doch dafür sein Okay brauche.

„Das kann ich ihnen nicht geben, denn der koreanische Zoll hat einer Kaution noch nicht zugestimmt."

„Aber das ist längst geschehen", sage ich. „Ich weiß es von der Deutschen Botschaft!"

„Können sie denn die Kaution bezahlen?"

„Ja, das kann ich." Dabei zücke ich meine Brieftasche und lasse ihn einen Blick auf ein Bündel Dollar werfen.

Nun ändert sich sein Verhalten grundsätzlich. Er bittet mich mitzukommen und leitet mich in ein Büro des großen Hafengebäudes. Hier werden bereits Passagiere abgefertigt. Er spricht mit mehreren chinesischen Beamten und die kontrollieren nacheinander meine Papiere. Keiner hat mehr irgendwelche Einwände.

Dann greift der Sicherheitsoffizier zum Handy und telefoniert mit dem Zoll in Korea. Er möchte sich meine Aussage bestätigen lassen. Doch erreicht er offensichtlich niemanden dort, der ihm Auskunft geben kann. Nun wartet er auf einen Rückruf, holt immer wieder sein Handy aus der Tasche und wird immer nervöser. Die Zeit verrinnt, um elf Uhr muss pünktlich abgelegt werden und jetzt ist es bereits fünfzehn Minuten davor. Noch einmal wählt er die Nummer und spricht jetzt sehr laut.

Plötzlich schiebt er die Antenne seines Telefons mit einem Ruck zurück und ruft laut, dass es alle hören können: „Okay, quickly!"

Sofort kommt hastige Bewegung in alle Beamten, sie haben nur noch auf meine Abfertigung gewartet.

Schnell werden Papiere abgestempelt, mit zitternden Händen unterschreibe ich die Deklaration, nehme meinen Pass entgegen, bezahle das Ticket.

Im Laufschritt stürmen der Sicherheitsoffizier und ich zu meinem Fahrzeug hinaus, Muuggi hatte schon alle Hoffnungen aufgegeben. Jetzt sieht sie mich aber jubeln und geschwind springen wir ins Auto. Eigentlich wäre die große Klappe des Schiffes schon geschlossen, man wartete auf uns. Jetzt rollen wir langsam über sie hinweg in den Bauch des Schiffes hinein. Gerade ist das Ende des Hängers in das Innere des Schiffes eingetaucht, da hebt sich die Rampe langsam, die schwere Schiffsmaschine beginnt laut zu arbeiten, erschüttert das ganze Schiff. Draußen werden schnell die Leinen losgeworfen und langsam löst sich das Schiff vom Pier.

Während mehrere Männer mein Fahrzeug mit Spanngurten sichern, werden wir nach oben geführt. Wenige Gästekabinen gibt es, wir bekommen eine davon. Sie ist sehr ordentlich und sauber und hat auch eine Dusche. Für uns ist diese Kabine der reine Luxus.

Kaum habe ich unsere Kabinentür hinter uns geschlossen, fällt Muuggi mir um den Hals und weint viele Tränen der Erleichterung. Jetzt kann uns nichts mehr aufhalten, jetzt wird sie ihre Schwester wiedersehen und jetzt kommen wir in ein Land, wo Demokratie herrscht. Keine Angst mehr vor Korruption und Behördenwillkür. Genau so erleichtert bin auch ich. In Strömen entrinnen die Ängste und Nervenanspannungen der letzten Wochen unseren Augen.

Ist es erneut ein Sieg als Belohnung
für unerschütterliches Durchhaltevermögen?
Eine Belohnung als Entschädigung für tapfer ertragene Ängste?
Und wieder die gewonnene Gewissheit:
Geduld wird belohnt und Vertrauen führt zum Erfolg!

Ruhig ist die See, spiegelglatt die Wasserfläche. Sonnenschein und Windstille über dem Gelben Meer. Der laue Fahrtwind umströmt ganz oben auf dem Schiff zwei glückliche Abenteurer.

Unten im Bauch des Schiffes aber stehen meine Pferde in ihrem Hänger und ertragen geduldig die brummelnde Stille, fressen oder dösen. Alle vier Stunden darf ich sie besuchen. Das ist vorher ausgemacht und der Sicherheitsoffizier begleitet mich nach unten. Er öffnet mir die verschlossenen Türen, wartet geduldig, bis ich die Pferde getränkt habe und ihnen neue

Schilfhalme vorlege. Dann steigen wir die langen Stahltreppen wieder nach oben.

Auf der Brücke des Schiffes werde ich eingeladen, das Steuer für kurze Zeit zu übernehmen. Jeder kennt mich auch hier längst, erlebte an jedem Liegetag in Tanggu meinen verzweifelten Kampf um die Ausreise aus China und viele bangten wohl mit uns.

Nun scheinen alle froh, dass es mir endlich gelungen ist und wir werden freundlich und zuvorkommend behandelt, haben fast alle Freiheiten auf dieser Überfahrt in die Demokratie.

Auf dem Hauptdeck gibt es drei riesige Räume, in denen hunderte von Schlafmatten auf dem Boden ausgebreitet sind. Hier nächtigen die vielen koreanischen Reisenden: Männer, Frauen, Kinder – gemischt durcheinander. Intimsphäre gibt es hier nicht, aber Koreaner tragen ihre Gefühle sowieso niemals in die Öffentlichkeit. Und das Schlafen auf dünnen Bodenmatten ist Tradition in Korea.

Im Mitteldeck ist ein Restaurant und eine große Küche. Rings um diese verteilen sich unterschiedliche Sitzregionen mit Tischen, an denen Offiziere, übrige Besatzung oder Passagiere verköstigt werden. Der Sicherheitsoffizier lädt uns zu einem Essen ein. Am Tresen vor der Küche sind verschiedene Gerichte hinter Glas präsentiert. Doch anders als in China, sind mir diese Speisen völlig fremd. Ihre Vielfalt ist wesentlich geringer und geschmacklich gibt es ebenfalls einen großen Unterschied. Zunächst bin ich von dieser Küche enttäuscht.

QUARANTÄNE IN SÜDKOREA

Die Einreiseabfertigung im koreanischen Hafen Inchon ist geprägt von besonderer Korrektheit und Präzision, aber auch Unerbittlichkeit. Deshalb dauert sie lange und nervt mich erneut. Mein Fahrzeug darf mit deutschem Nummernschild nicht über koreanische Straßen rollen und muss deshalb von zwei Fahrzeugen mit eingeschaltetem Warnblinker flankiert, in die Quarantänestation begleitet werden. Auf halbem Weg zwischen Inchon und Seoul liegt sie und ist noch sehr neu und ausgedehnt. Viele flache Gebäude befinden sich auf einem großen, ummauerten Areal. Es sind die Stallungen für unterschiedliche Tiergruppen. Im letzten Winkel des Geländes befinden sich die Stallgebäude für Pferde: drei langgestreckte Steinbauten mit insgesamt über einhundert Boxen, doch alle sind leer. Ewig muss es her sein, dass hier überhaupt Pferde standen, andernfalls wären die Gerüche deutlicher.

Was hatten die Verantwortlichen der Quarantänebehörde nicht alles versucht, um mich an der Einreise zu hindern. Erst mit den Pferden überhaupt, dann mit allem, was mit den Pferden in Berührung kam. Das Einschleppen von gefährlichen Krankheitserregern hatten sie als Vorwand genannt. Nun fahren wir lediglich in einen kurzen Tunnel und durch eine Wanne mit einer Desinfektionslösung. Mehrere Düsen besprühen dabei auch das Fahrzeug und den Anhänger rundum, doch alle Inhalte bleiben unbenetzt. Das war es!

Vierzig Stunden ohne Unterbrechung waren meine Pferde diesmal im Hänger. Als ich die Laderampe herunterklappe, ist Puschkin nicht mehr zu halten. Jetzt will er raus! – und schiebt diesmal die Stangen wirklich aus ihren Verankerungen und sich darunter hindurch. Gerade kann ich noch Pancas hintere Stange lösen, damit sie ihm folgen kann.

Weglaufen können sie ja sowieso nicht und das wollen sie auch nicht. Nur erst einmal hinaus aus dieser Enge und wenigstens ein paar Schritte gehen. Zwei Boxen sind vorbereitet, sie liegen sich am Stallgang gegenüber. Kaum sind die Pferde darin, beginnen sie sich ausgiebig in den frischen Sägespänen zu wälzen.

Auf einer großen, sauberen Betonfläche nahe der Pferdeställe dürfen wir unser Gespann abstellen und im Auto wohnen. Man bietet uns zwar an, in einem Wohn- und Bürohaus auf dem Gelände bei freundlichen Bediensteten der Anlage zu schlafen, doch das lehnen wir ab. Dort wären wir nie allein und so bequem wäre es auch nicht, denn wir müssten auf dünnen Matratzen auf dem Boden liegen. Auch die Küche benötigen wir nicht, dafür aber die Toiletten nach französischem Muster und eine Dusche im Nachbargebäude.

Neben unseren Pferden sind wechselweise einige Dutzend Schweine und ein paar Rinder in den anderen Stallgebäuden und jene Lieferanten haben Futter für ihre Tiere mitgeliefert. Dass ich hier für meine Pferde kein Futter erwerben kann, weil es keine Produktion dafür in Korea gibt, hatte mir niemand gesagt. Ein junger Veterinär erlaubt mir deshalb, all die Grünflächen zwischen den Gebäuden zu nutzen. Eine Sense habe ich in meiner Ausrüstung, so mähe ich nach und nach das frische Gras und bringe es meinen Pferden.

Gelangweilt stehen sie in ihren Boxen und warten auf unsere häufigen Besuche. Immer wieder gehen wir zu ihnen hinein, mit ihnen zu sprechen und zu schmusen, die Boxen zu säubern, sie zu füttern und zu tränken. Muuggi hat inzwischen mit ihrer Schwester telefoniert, die sehr erleichtert über unser Eintreffen ist und uns am Sonntag besuchen will.

Jetzt haben wir viel Zeit, das Fahrzeug und den Hänger von innen und außen zu reinigen und aufzuräumen. Dann kommt die Wäsche dran und bald flattern allerlei Kleidungsstücke auf einer langen Leine auf dem Quarantänegelände von Inchon in Südkorea. Obwohl sich der Oktober schon seinem Ende entgegen neigt, ist es noch immer angenehm warm und selbst die Nächte sind mild.

Neun Tage soll die Quarantäne nach koreanischem Gesetz dauern und bereits am zweiten Tag kommt ein junger Veterinär, um meinen Pferden Blut abzunehmen. Überraschenderweise verlangt er, dass die Pferde hierzu in eine Zwangsbox geführt werden, in der sie sich nicht bewegen können. Der

Veterinär befürchtet, dass sie sich wehren könnten und möchte nicht verletzt werden. Mein Hinweis, dass dies nicht nötig sei, weil meine Pferde diese Prozedur längst kennen und wenn ich bei ihnen bin, nichts zu befürchten ist, ignoriert er. Deutlich kann ich seine Angst vor so großen Tieren sehen.

Wahrscheinlich hat er auch noch wenig Erfahrung, und dies ist kein Wunder bei so geringer Praxismöglichkeit in diesem Land. Pferde gibt es nur sehr wenige und die sind erst vor wenigen Jahren ins Land gekommen, der Pferdesport steckt noch in den Kinderschuhen und Landwirtschaft mit Pferden hat es in Korea nie gegeben.

Es ist Sonntag und Muuggis Schwester Nawtschaa kommt. Sie ist deutlich älter als Muuggi, doch genauso hübsch, hochgewachsen und schlank. Freudenschreie erfüllen die Luft und zwei Schwestern, die sich seit zwei Jahren nicht mehr sahen, liegen sich in den Armen und können sich kaum lösen. Ein junger Mann ist in ihrer Begleitung, der sich bescheiden im Hintergrund hält. Er heißt Kim und ist als Thailänder genauso illegal im Land, wie Muuggis Schwester.

Auf Nawtschaas Arbeitsstelle haben sie sich kennengelernt und leben als Paar zusammen. In einer kleinen, privaten Fabrik, in der Strümpfe hergestellt werden, sind sie täglich 12 Stunden beschäftigt: an sechs Tagen in der Woche. Und wenn es viele Aufträge gibt, fragt der Fabrikbesitzer, ob sie auch am Sonntag kommen möchten: ohne Lohnzuschlag, versteht sich. Niemand traut sich, abzulehnen, denn die Arbeitslosigkeit ist hoch und an jeder Straßenecke warten genug Menschen auf ihre Chance.

Wenn Muuggi möchte, könne sie ihren Chef fragen, ob er noch eine Arbeiterin brauche, sagt Nawtschaa. Doch Muuggi möchte lieber bei mir bleiben.

Der junge Veterinär heißt Mister Hur und er nimmt seinen Beruf sehr ernst. Jeden Tag kommt er zu meinen Pferden, um sie in Augenschein zu nehmen und macht Notizen in ein Buch. Weil ich von der unerschütterlichen Gesundheit meiner Pferde überzeugt bin, mache ich mir keine Sorgen. Niemals, seit sie in meinem Besitz sind und kein einziges Mal auf dem weiten Weg hierher, hat es nur das geringste Zeichen einer Erkrankung gegeben.

Endlich zeigt Mister Hur zu meiner Überraschung, dass er doch ein Herz für Tiere hat. Oder hat er sich beeindrucken lassen von meinem liebevollen Umgang mit ihnen und ihrem großen Vertrauen und ihrer Zuneigung zu mir? Er erlaubt, dass meine Pferde tagsüber auf dem Betongelände, das nur durch mich genutzt wird, frei laufen dürfen. So haben sie wieder ein wenig Bewegung und sie nutzen es ausgiebig und voller Freude. Ich sperre das Gelände ab, damit sie es nicht verlassen können, denn ihre unbändige Neugier kenne ich natürlich auch.

Abrupt wird dieses Stück Freiheit beendet, als Mister Hurs Chef aus Seoul zu einer Inspektion auftaucht. Als er meine Pferde frei laufen sieht, unterbindet er dies sofort und Mister Hur erhält einen Rüffel.

Am nächsten Tag überreicht mir Mister Hur kleinlaut das Ergebnis des Bluttests. Es ist in koreanischer Schrift und nichts von dem, was da steht, ist von mir zu entziffern.

Das ist Mister Hur natürlich klar und deshalb versucht er es mir auf Englisch zu erklären. Sein Englisch ist nicht besonders gut und meines noch schwächer. Trotzdem weicht mir alles Blut aus dem Gesicht, als ich seinen Worten entnehme, dass man bei Puschkin den Arteriitisvirus entdeckt habe. Mein ungläubiges Erstaunen und mein Gesichtsausdruck mit der tiefen, senkrechten Falte auf der Stirn, mag ihm bedrohlich erscheinen, denn er weicht mit ebenso blutleerem Gesicht zurück. Wortlos nehme ich das Papier entgegen und gehe unsicheren Schrittes zu meinem Auto.

Hier krame ich das Buch über Pferdekrankheiten heraus und suche den Begriff Arteriitis, den ich nie zuvor hörte. Und dort steht, dass es sich um eine Erkrankung mit eindeutigen Krankheitszeichen handelt: Fieber, Augentränen, Ödeme am Unterbauch und an den Beinen. Die Inkubationszeit beträgt etwa 10 Tage. Es seien keine Sterbefälle aufgrund dieser Erkrankung bekannt, für die es keine Medikation gäbe, denn sie verschwindet nach kurzer Zeit von selbst. Arteriitis ist deshalb nicht bestandsgefährdend, wird weder in Europa noch in den USA als gefährlich eingestuft und dort auch in der Quarantäne-Handhabung nicht beachtet.

Mit diesem Wissen und nach mehreren Telefonaten mit Deutschland gehe ich am nächsten Tag zu Mister Hur, bin sicher immer noch blass, aber auch sehr wütend. Ich erzähle ihm von meinen Recherchen, doch er will nichts davon hören.

Ein Land wie Korea habe das Recht, eigene Untersuchungskriterien aufzustellen und zu vertreten. Das koreanische Quarantänesystem gehöre zu den besten der Welt, nicht umsonst habe man sich dem britischen System angelehnt.

Mir ist bekannt, dass sich Großbritannien neben Island als Inselstaat besonders gegen das Einschleppen irgendwelcher Tierkrankheiten zu wehren versucht und wohl die rigorosesten Quarantänebestimmungen der Welt hat. Südkorea empfindet sich auch als Inselstaat, denn die einzige Landgrenze zum kommunistischen Bruder im Norden ist hermetisch abgeriegelt.

Arteriitis aber ist eine reine Pferdeerkrankung und wo ich bitte schön in Korea mit Pferden in Berührung kommen soll, wo es doch so gut wie keine hier gibt, will ich wissen. Er hebt nur, aber scheinbar ohne Bedauern, die Schultern und verweist darauf, dass das Blut meiner Pferde ja noch zu einem Finaltest in ein anderes Labor kommt.

„Dasselbe Blut?", will ich wissen.

„Ja, dasselbe Blut!"

Sofort rufe ich die Deutsche Botschaft an. Ein koreanischer Mitarbeiter ist seit Wochen angewiesen, sich vorrangig mit meiner Situation zu befassen. Außer in Ulaanbaatar erfuhr ich bisher nirgends so viel Unterstützung, wie hier in Südkorea durch meine Landsleute. Dabei sind sie keineswegs dazu verpflichtet, wie ich weiß und die meisten sagen das auch deutlich. Umso dankbarer bin ich den Mitarbeitern der Deutschen Botschaft in Seoul und Ulaanbaatar und werde sie Zeit meines Lebens als leuchtendes Beispiel nennen!

Schon wieder also muss ich Mister Ahn um Unterstützung bitten und habe nicht das Gefühl, dass er nun genervt sei. Ich schildere ihm die Situation und bitte ihn, die Quarantänebehörde dazu zu bewegen, zum Finaltest erneut Blut abzunehmen. Schließlich sei das internationale Gepflogenheit und meines Wissens sogar in Großbritannien üblich. Wenn das Kosten verursache, will ich die gern tragen, denn eine Erkrankung meiner Pferde sei völlig unmöglich. Nie hätten sie auch nur den Anschein dieser Krankheit gezeigt, strotzten nach wie vor voller Gesundheit. Mister Ahn verspricht, sich entsprechend einzusetzen.

Für mich ist nun alle Ruhe vorbei, das kurze Glück der Überwindung aller Probleme auf chinesischem Boden ist verflogen. Kurz und steil sind jetzt die Wellen meines Lebens. So wenig Zeit zwischen Glück und Verzweiflung hatte ich noch nie. Worauf wollen mich die Wächter meines Lebens nun hinweisen? Habe ich nach ihrer Meinung irgendeine Lektion nicht gelernt? Fast bin ich sicher: mein Glaube, mit der Ausreise aus China nun das letzte schwere Hindernis genommen zu haben, war ein Fehler.
„Sei auch dann auf der Hut und rechne immer mit einer Niederlage, wenn der Sieg schon errungen zu sein scheint!"

Am nächsten Wochenende bitten wir Mister Kim, den technischen Leiter der Station dem wir vertrauen können, die Pferde dreimal am Tag zu füttern. Wir möchten Nawtschaa besuchen. Morgen Abend würden wir wieder hier sein. Muuggi kennt Nawtschaas Adresse und hat eine genaue Wegbeschreibung für eine Bus- und Bahnreise zu ihrer Schwester. Am Rande einer kleinen Stadt südlich von Seoul wohnt sie mit ihrem Freund Kim.

Mit einer Tasche und den notwendigsten Utensilien bepackt, machen wir uns auf den Weg. Kaum einen Kilometer von der Quarantänestation entfernt erreichen wir eine Landstraße, auf der die Buslinie verkehrt, die wir benötigen. Auf Handzeichen stoppt der Bus. Mit ihm fahren wir bis zur Station einer bestimmten S-Bahn, die uns ans Ziel bringt.

Zielsicher führt Muuggi und schnell haben wir den Ort und die kleine Straße erreicht, in der mehrere niedrige Häuser zierlich nebeneinanderstehen. Die Dachrinnen zur Straßenseite sind nur wenig über Augenhöhe.

Sehr alt sind diese Häuschen aus verputzten Steinwänden und sie ähneln Bauernhäusern. Kleine Fenster zur Straße hin und breite Holztore mit einer schmalen Tür. Durch diese kommt man in den Innenhof. Hier sind ringsum weitere Gebäude, doch alle nicht mehr landwirtschaftlich genutzt, sondern zu winzigen Wohnungen umgebaut. Gleich rechts im Parterre führt uns Nawtschaa in ihr Reich. Niedrige, schmale Türen zeugen von ehemals kleinwüchsigen Bewohnern. Ein winziger Vorraum mit Betonboden, einem Wasserablauf mittendrin und einem kurzen Wasserschlauch an der Wand. In einem Regal sind die Küchenutensilien gestapelt, darunter auch ein kleiner, flacher Gaskocher, der mit einer etwa Halbliter-Gasflasche betrieben wird. Ein handliches System, das man überall in Korea findet. Dieser Vorraum ist gleichzeitig Küche und Duschbad, denn nach dem Erwärmen des Wassers auf dem Gaskocher, schüttet man es langsam über den nackt am Boden Hockenden, der dabei eifrig seinen Körper einseift und anschließend von der Seife wieder befreit.

Eine Methode, die nicht nur viel Vergnügen bereitet, sondern gleichzeitig die Zweisamkeit eines Paares fördert, denn sowohl beim Einseifen, wie auch beim Abspülen darf der Wasserspender gern mit Hand anlegen.

Durch ein weiteres Türchen erreicht man den Hauptraum. Der ist quadratisch und weniger als 10 qm groß. An zwei Wänden stehen je ein klappriger Schrank und auf dem Boden liegt eine Matratze mit Decken und Kissen. Tisch und Stühle gibt es nicht, die hätten keinen Platz, wenn zwei Matratzen nebeneinander gelegt werden, wie nun zusätzlich für uns. Gegessen wird im Hocken auf der Matratze, den Teller auf den Knien.

Während Nawtschaa und Muuggi das Abendessen bereiten, führt mich Kim auf einem Spaziergang in die nähere Umgebung. Wir sehen große Mengen entschalter Reiskörner auf einer Asphaltstraße zum Trocknen ausgebreitet, das Bauernhäuschen des Besitzers ist gleich nebenan. Die Autofahrer steuern brav um diese erhebliche Fläche herum. Sicherlich wird der Reis am Abend wieder in Säcke gefüllt und ins Haus gebracht. An einem Feldweg steht ein dunkelgrün belaubter Baum und an ihm hängen noch ein paar Früchte von orangener Farbe und spiegelglatter Haut. Am Boden liegen auch einige und Kim hebt zwei von ihnen auf, damit ich sie koste. Ein wenig überreif, sehr süß und wohlschmeckend sind sie. Niemals zuvor hatte ich sie gesehen, doch findet man sie heutzutage unter verschiedenen Bezeichnungen bereits in allen Supermärkten. Hier in Korea ist offensichtlich ihre Heimat.

Auf dem Rückweg unseres Spaziergangs kommen wir an einem Neubaugebiet vorbei. Mehrere kleine Fabrikgebäude moderner Bauart und Werkstätten sind zu sehen. Dort arbeiten auch Kim und Nawtschaa. Nach dem leckeren Mal aus gebratenen Hühnerbeinchen mit verschiedenen Zutaten, alles geschickt im Vorraum am Boden hockend zubereitet, erfahre ich mehr über die Arbeit der Beiden:

Während Kim als Mann die hochwertigere und besser bezahlte Arbeit an einer Strickmaschine hat, muss Nawtschaa die verschiedenfarbigen Socken mit dem Adidas-Symbol paarweise sortieren, mit einer kleinen Blechklammer zusammenheften und in eine Zellophantüte stecken.

Täglich zwölf Stunden, mindestens 6 Tage pro Woche, Monat um Monat, Jahr um Jahr. Dabei haben die Zwei es noch gut, denn sie wohnen in der Nähe. Viele der Arbeiter müssen lange Wege mit Bus oder Bahn bewältigen und sind immer nur wenige Stunden bei ihren Familien.

Der Mietpreis für diese winzige Wohnung ohne Heizung ist erstaunlich hoch. Ein großer Teil des Einkommens geht an den Vermieter. Deshalb ist die Teilung der Kosten durch zwei Personen so hilfreich und besonders für Mongolen, die grundsätzlich ihre Familien in der Heimat unterstützen möchten. Immer wieder schickt auch Nawtschaa Geld an ihre Mutter.

Dabei muss das heimlich geschehen, denn die koreanischen Behörden dürfen nicht auf sie aufmerksam werden, sie ist ja illegal hier. Mongolen von Koreanern zu unterscheiden, ist auf den ersten Blick kaum möglich, eigentlich nur bei Passkontrollen. Die werden auch immer wieder spontan durchgeführt und deshalb bewegen sich Mongolen auf Koreas Straßen nur, wenn es unbedingt sein muss und dann immer mit erhöhter Wachsamkeit. Werden sie erwischt, dann ist eine umgehende Ausweisung die nicht mehr zu stoppende Folge. Koreas Behörden wissen, dass es trotzdem noch sehr viele Mongolen im Land gibt und dass die einfach untertauchten. Und weil sie die selten erwischen, haben sie Monate eingerichtet, in denen sich Mongolen freiwillig stellen können. Wer sich im richtigen Monat freiwillig meldet, muss zwar auch umgehend das Land verlassen, darf aber alles an Geld und Werten mitnehmen, was er sich in Korea erworben hat. Wer allerdings erwischt und zwangsausgewiesen wird, verliert alles und kommt, oft nach vielen Jahren harter Arbeit, mit leeren Händen heim.

Noch lange sitzen wir am Abend zusammen und plaudern fröhlich. Dann werden die Betten zurechtgemacht und zwei Paare liegen eng aneinander gekuschelt unter weichen Decken auf dünnen Matratzen.

Mister Kim von der Quarantänestation ist ein freundlicher und hilfsbereiter Mann. Er arbeitet im Büro auf dem Gelände als technischer Leiter und bietet uns seine Hilfe an, wann immer wir sie bräuchten. Ich hatte Mister Ahn von der Botschaft gebeten, doch herauszufinden, ob es nicht doch eine Möglichkeit gäbe, mit meinem Auto auf Südkoreas Straßen zu fahren. Die Leute vom Zoll hatten das zwar verneint, doch ich bin da skeptisch.

Vielleicht ist diese Frage ja noch nie aufgetaucht, denn welcher Tourist bringt schon sein Auto mit in dieses Land, das ja keine Landgrenzen hat außer jener abgeriegelten zum kommunistischen Bruder im Norden. Allzu gern würde ich doch dieses Land erkunden und geeignete Reitwege Richtung Pusan finden, während ich hier zur Untätigkeit verdammt bin.

Tatsächlich findet Mister Ahn einen Beamten der Zulassungsverwaltung, der einen Ausweg kennt. Nun bittet er Mister Kim, mich zur Zulassungsstelle zu fahren. Zusammen mit meinen Fahrzeugpapieren bringt uns Mr. Kim mit seinem Auto zu der zuständigen Behörde in Seoul und bereits nach einer halben Stunde bin ich im Besitz zweier weißer Zettel mit großem, gelbem Punkt und koreanischen Schriftzeichen ringsum. Die solle ich vorn und hinten sichtbar anbringen, das genügt. Endlich darf ein deutsches Auto mit deutschem Nummernschild auf Koreas Straßen rollen.

Unsere erste Fahrt soll zur Deutschen Botschaft sein und die liegt mitten in Seoul. Ich möchte mich dort persönlich vorstellen, mich aber vor allem für die großartige Hilfe der Mitarbeiter bedanken.

Gewaltig und hektisch, aber dennoch diszipliniert ist der Autoverkehr in dieser modernen Millionenstadt. Offenbar verzweifelt versuchen die Koreaner, die Straßen zu erweitern, neue hinzu zu bauen, weitere Brücken über den großen Fluss zu errichten, der die Stadt in zwei Hälften teilt, bevor der Zuwachs an Fahrzeugen den Verkehr endgültig unmöglich macht.

Auf der Botschaft werde ich sehr freundlich und zuvorkommend empfangen. Man beglückwünscht mich zu diesem Abenteuer und versichert mir, dass alles versucht wird, mir weiter zu helfen.

Ich lerne auch Mister Ahn kennen und erfahre durch ihn, dass es viel Fingerspitzengefühl erfordert, mit koreanischen Behörden umzugehen. Sie sind grundsätzlich sehr mächtig und wer sich unbeliebt macht, wird es immer schwer haben, Menschlichkeit zu erfahren. Sicher spielt hier vor allem auch der Begriff „Gesichtsverlust" eine wesentliche Rolle. Das kann zum Beispiel bedeuten, dass eine erst einmal aufgestellte Behauptung nicht mehr zurückgenommen wird und gefällte Entscheidungen auch dann verteidigt werden, wenn sie deutlich falsch sind.

Ich fiebere dem Ergebnis des Finaltests entgegen und hoffe immer noch auf eine glückliche Wendung. Doch meine Hoffnungen werden zerstört: Der erneute Test mit demselben Blut besagt nun allerdings, dass es sich nicht um den Virus selbst, sondern um Antikörper zum Arteriitisvirus handelt.

Aufatmen darf ich deshalb allerdings nicht. Auch diese Antikörper versetzen die Koreaner offenbar in Panik, bedrohen scheinbar das Land. Zwei Wochen habe ich Zeit, Puschkin in das Ursprungsland zurückzubringen, sagt Mister Hur. Andernfalls müsse er getötet und verbrannt werden. Dabei fügt er hinzu, dass es keine Chance auf Rückführung in die EU gibt aufgrund fehlender Verträge zwischen den Staaten und weil dieser Teil Asiens für die EU als Risikobereich gilt. Also gibt es nur die für mich unvorstellbare Möglichkeit: Töten und verbrennen!

Ich bin entsetzt, fürchte nun massiv um das Leben meines treuen Freundes. Zusammen mit seiner Schwester ist er mir so sehr ans Herz gewachsen, dass dieses Urteil einem Todesurteil für mich selbst gleichkommt.

Wieder telefoniere ich mit Deutschland und erfahre, dass diese Antikörper durchaus von Pferd zu Pferd übertragen werden können, allerdings nur durch einen Geschlechtsakt. Puschkin ist Wallach und hat gar kein Interesse an Stuten. Selbst wenn er hier in Korea eine finden würde, was so gut wie unmöglich ist, würde er sie ignorieren. Wo also liegt die Bedrohung für dieses Land? Mit kalkweißem Gesicht frage ich Mister Hur, ob in Korea auch Menschen getötet werden, die das Land mit einer harmlosen Krankheit bereisen.

Er hebt nur die Schultern und sagt: „Das ist unser Gesetz! Und übrigens ist ihnen ab sofort jeder Kontakt zur Presse untersagt! Ihren anberaumten Pressetermin haben wir bereits abgesagt!"

Schlimmer geht es nicht mehr!
Ich erinnere mich an mein Gefühl der Erleichterung,
als mir auf der Fähre bewusst wurde,
nun endlich alle Staaten mit Behördenwillkür hinter mir zu haben,
Südkorea gilt ja als demokratischer Staat!
„Presseverbot in einer Demokratie?"

Jetzt beginne ich erst recht zu kämpfen, telefoniere wieder mit Mister Ahn und sage, dass ich nach internationalem Recht auf erneuter Blutentnahme bestehe. Die Antwort der Quarantänebehörde kommt schnell:
„Für einen einzelnen Reisenden ändern wir nicht unsere Gesetze!"
Die Möglichkeiten der Deutschen Botschaft sind damit erschöpft.
Was kann ich jetzt noch tun? Mister Hur hatte auch gesagt, dass ich mit diesem Testergebnis natürlich auch in kein anderes Land dieser Erde reisen könne, überall würde man die Einreise von Puschkin verweigern. Und verlassen dürfe er diese Quarantänestation sowieso nicht.
Immer undurchsichtiger scheint mir dieses System zu sein. Irgendetwas müssen die doch gegen mich persönlich haben. Sind die Entscheidungsträger der Quarantänebehörde gekränkt, weil es mir gegen ihren Willen gelang, mit meinen Pferden überhaupt auf koreanischen Boden zu gelangen? Wollen sie sich nun dafür rächen und zeigen, dass sie doch mächtiger sind?
Oder geht es nur darum, dass der neu installierte, riesige Verbrennungsofen in einem der Gebäude endlich in Betrieb genommen werden kann? Gefühle für Tiere scheinen diese Menschen hier sowieso nicht zu haben, das konnte ich ja bereits mehrmals erkennen. Warum also nicht eins der Pferde dieses verrückten Deutschen nehmen? Schließlich könnte es ja noch lange dauern, bis sich endlich wieder eine Gelegenheit ergibt!
Dabei macht dieser Veterinär keinen Hehl daraus, dass die Tötung Puschkins auf jeden Fall vollzogen wird, wenn sich irgendein Zeichen für eine Arteriitiserkrankung zeigt. Das kann zum Beispiel Augenfluss sein, vielleicht

nur zufällig durch ein kleines Insekt hervorgerufen, oder eine Beule irgendwo, erzeugt durch Anstoßen an eine Kante von irgendwas und als Ödem verkannt.

Und besonders intensiv beobachtet er jetzt jeden Tag meinen treuen Gefährten Puschkin.

Jetzt habe ich richtig Angst – mehr als je auf dieser Expedition.
Einen besonderen Einfluss haben unter allen Ländern dieser Welt die USA auf dieses Land Südkorea. Das ist mir bekannt. Eigentlich sollten Japan und Kanada die nächsten Staaten sein, die ich durchqueren wollte. Japan ist nun sowieso versperrt, das sagte Mister Hur bereits deutlich genug. Für Kanada ist es zu spät, weil der November vor der Tür steht und damit Winter in jenen Breiten ist. Vielleicht also sollte ich versuchen, in die USA zu gelangen? Die Botschaft der USA ist die größte in Südkorea und die hat sogar einen Quarantäneservice hier.

Wieder kurve ich durch Seoul und werde unkompliziert zu Mister Hannapel vorgelassen. Er leitet diese Abteilung und hört sich geduldig meine Geschichte an. Seine Augenbrauen heben sich besorgt, er fühlt mit.

Dann erzählt er mir von Problemen mit der koreanischen Quarantänebehörde: Zu den olympischen Spielen in Seoul brachten die Amerikaner ihre Sportpferde per Schiff hierher und mussten außerhalb der Zwölfmeilenzone alles Futter für die Pferde über Bord werfen, weil es diese koreanische Behörde so verlangte. Und dies, obwohl in Korea kein Pferdefutter produziert, sondern es aus den USA importiert wird.

Mr. Hannapel setzt sofort ein Schreiben auf und faxt es noch in meinem Beisein in die USA. Dann bittet er mich um Geduld. Es könne einige Zeit dauern, bis die amerikanische Quarantänebehörde eine Entscheidung treffe. Er wolle sich jedoch dafür einsetzen, dass meine Pferde in den USA untersucht würden.

Jedenfalls solle ich in der hiesigen Quarantänestation darauf hinweisen, dass die USA eine Einreise prüfen wird. Damit soll verhindert werden, dass hier ein Vorgang eingeleitet wird, der nicht mehr rückgängig zu machen ist.

Wieder diese zermürbende Warterei. Und die tägliche Kontrolle meiner Pferde durch Mister Hur – hoffentlich bekommt Puschkin keine Fliege ins Auge oder holt sich irgendwo eine Beule!

Gras gibt es auf dem Gelände längst nicht mehr. Ich habe nach und nach alles abgemäht und verfüttert. Mit Hilfe Mister Kims gelingt es mir, einen Sack Kleie zu kaufen. Dann erlaubt ein mit Mr. Kim befreundeter Bauer, bereits gemähtes Reisstroh ohne Ähren von seinem Acker zu holen. Es ist noch saftig und sehr gelb. Genau so gefärbte Äpfelhaufen produzieren meine Pferde nun täglich. Aber Woche um Woche vergeht und es gibt immer noch kein Ergebnis. Dabei neigen sich schon wieder die Futterreserven. Heimlich zweigt Mr. Kim zwei Ballen Heu von den Rindern ab.

Als auch das aufgebraucht ist, gehe ich außerhalb des Geländes auf die Suche nach Gras. Wirklich ergiebig ist nur ein besonders steiler, hoher Hang, der durch den Neubau einer Straße entstand. Ein besonders robustes, aber grobes Gras wächst dort in ganzen Schwaden herab. Es soll den Hang befestigen, Ausspülungen verhindern. Sicher müsste ich die Straßenbehörde fragen, ob ich dieses Gras abschneiden darf. Doch gegen Behörden jeglicher Art habe ich inzwischen eine Allergie entwickelt und ich hoffe, man erkennt es als Entschuldigungsgrund an, falls ich erwischt werde: „Behördenallergie".

Mit einer chinesischen Reissichel bewaffnet, klettere ich wagemutig an dem Hang herum und muss mich während der Arbeit ständig gegen ein Abrutschen sichern. Mehrere Säcke fülle ich gleich, brauche so nur alle zwei bis drei Tage nach oben steigen. Schließlich gilt, je öfter man mich dort oben sieht, umso größer ist die Gefahr, vertrieben zu werden.

Die fünfte Woche hier in der Quarantänestation neigt sich ihrem Ende entgegen. Noch immer verbringen wir die Tage und Nächte voller Angst, sind jedem Beamten gegenüber voller Misstrauen und entwickeln einen immer größeren Hass gegen die Administration dieses Landes, unter der ganz offensichtlich große Teile der eigenen Bevölkerung leiden. Dabei sind die Menschen aus dem Volk sehr liebenswert und hilfsbereit, niemals aufdringlich, aber durchaus kontaktfreudig. Ganz deutlich fühlen Mister Kim und seine Kollegen mit uns und versuchen uns ein wenig abzulenken. Sie laden uns mehrmals zum Essen ein, das sie als kleines Picknick in Mister Kims Büro abhalten.

Dazu wird wieder so ein kleiner Gaskocher auf den Tisch gestellt. In verschiedenen Schüsselchen verteilt, bedecken unterschiedliche Zutaten den Tisch. Dünne Speckscheiben werden in einer Pfanne geröstet, das herausgebratene Fett aber mit Küchenpapier abgesaugt. Ein frisches, gewaschenes Salatblatt nimmt man in seine Handfläche und legt eine geröstete und noch heiße Speckscheibe darauf und weitere Zutaten wie einen scharfen, roten Brei und eingelegte Knoblauchzehen. Dann wird das Salatblatt zusammengerollt und mit allen Zutaten darin, in den Mund geschoben.

Dieses traditionelle Gericht und mehrere andere sind inzwischen zu unseren Lieblingsspeisen geworden. Bei mehreren Essen in Lokalen der nahen Stadt unter Mister Kims Anleitung, lernten wir auch Kimtschi kennen: eingelegte Kohlstücke, die in jeder Familie als Vorrat zubereitet werden und fast immer mit ganz unterschiedlichen Familienrezepten, deswegen durchaus verschieden schmecken. Vielfältige Gemüse und Rüben, süßsauer oder scharf, gebratenes Geflügel, gekochte Süßkartoffeln als Nachtisch.

Die Esskultur unterscheidet sich erheblich von der chinesischen und war für mich zunächst gewöhnungsbedürftig. Jetzt aber mag ich die koreanische Küche, wenn mir auch das Sitzen an den niederen Tischen der Lokale auf lediglich einem Kissen auf dem Boden, große Mühe bereitet. Ich bekomme einfach meine Knie bei angewinkelten Beinen nicht so flach auf den Boden, dass sie unter den Tisch passen.

Da man grundsätzlich nicht nur Wohnungen, sondern auch Lokale ohne Schuhe betritt, ist es aber sinnvoll, die entblößten Füße in der eigenen Nähe zu halten. Die Beine lang unter dem Tisch von sich zu strecken, würde natürlich bedeuten, sie dem Gegenüber zuzumuten.

Mehrere Gläschen Wodka nach dem Essen sind in den letzten Jahrzehnten zur koreanischen Tradition geworden. Weil Koreaner wegen fehlender Enzyme, wie wohl die meisten Asiaten, Alkohol aber nicht gut vertragen, ist Alkoholismus eine große Gefahr für die Betroffenen. So machen Informationen die Runde, dass es alljährlich eine erhebliche Zahl von Todesfällen zu beklagen gibt, die auf Leberschäden durch übermäßigen Wodkagenuss zurückzuführen sind. Wohl deshalb hat man die im Handel frei erhältlichen Getränke in ihrem Alkoholgehalt stark abgeschwächt. Wenig mehr als zwanzig Prozent Alkohol bei Wodka! Russen würden wahrscheinlich angeekelt das Gesicht verziehen und zu Hause auf dem Herd erst einmal erneut destillieren.

DIE RETTUNG

Die sechste Woche ist angebrochen, da erreicht mich ein Fax aus den USA: Es handelt sich um ein Einreisepermit für Panca, Puschkin und mich! Endlich eine gute Nachricht.

Ich möchte vor Freude springen, doch das traue ich mich nicht. Bevor ich mit meinen beiden Pferden die Landesgrenze von Südkorea nicht hinter mir habe, will ich misstrauisch bleiben, denn:

"Zu früh gefreut, hat meist gereut!"

Mit ernstem Gesicht gehe ich hinüber in Mister Hurs Büro. Dort lege ich ihm wortlos das Fax vor. Er liest es aufmerksam, sein Gesicht bleibt unbewegt. Dann wiegt er plötzlich den Kopf zweifelnd hin und her und sagt ernst: „Das kann nicht sein. Unser Test ist eindeutig."

Als er mein Gesicht in Zornesröte erflammen sieht, weicht er einen Schritt zurück und sagt beflissen, er werde es an die Zentrale in Seoul weitergeben. Ich will aber das Original nicht aus der Hand geben und erlaube eine Kopie.

Mühsam die Fassung bewahrend, presse ich durch die Zähne hervor: „Bitte sagen Sie ihren Vorgesetzten, wenn sie diesem Schreiben nicht glauben wollen, mögen sie in Amerika anrufen. Telefonnummern sind darauf und Englisch sprechen und verstehen, können sie auch! Ich bestehe auf fairer Behandlung und ich behaupte nach wie vor, dass Puschkin in den letzten drei Jahren nicht krank war und diesen Virus nie hatte!"

Dann gehe ich erhobenen Hauptes und festen Schrittes, nehme sogleich Kontakt zu einem Transportunternehmen auf, das meine schnellstmögliche Ausreise vorbereiten soll: Pferde, Muuggi und ich im Flugzeug, das Versorgungsfahrzeug mit dem Schiff.

Allein Los Angeles kommt für unsere Einreise in die USA in Frage, denn nur hier gibt es an der Westküste eine Quarantänestation.

Schon lange ist klar, dass Muuggi und ich uns nicht mehr voneinander trennen wollen. Muuggi möchte mit mir nach Deutschland gehen und dort Journalistik studieren. Ich bin sicher, dass wir die Hindernisse auf dem Weg dorthin gemeinsam bewältigen können, wo wir doch schon so Vieles erfolgreich erkämpften.

Natürlich brauche ich für Muuggi ein amerikanisches Visum. Ich selbst kann als Westeuropäer zunächst mit Touristenvisum einreisen. Also fahren wir wieder nach Seoul, jetzt dürfen wir keine Zeit mehr verlieren. Jedoch lässt man uns nicht in das Gebäude, dies geht nur nach vorheriger, telefonischer Anmeldung. Das versuche ich, doch bekomme ich sofort Probleme mit einem automatischen, telefonischen Ansagedienst. Mehrmals versuche ich es, soll unterschiedliche Tasten drücken, um hierhin oder dorthin zu gelangen. Es wird zu schnell gesprochen und mein Englisch ist noch viel zu schwach. Immer wieder versuche ich es mit unterschiedlichen Tasten, doch gelange ich nur an eine automatische Stimme. Es gelingt mir einfach nicht, persönlichen Kontakt mit irgendwem zu finden. Drüben im Gebäude des Quarantäneservice kann man einfach an den Empfang gehen und sagen, zu wem man möchte. Hier ist das nicht möglich. Also gehe ich hinüber, vielleicht kann mir Mister Hannapel noch einmal helfen?

Mister Hannapel ist in Urlaub. Und anscheinend auch seine Sekretärin, niemand kennt mich jetzt hier. Und helfen könne man mir nicht, ich müsse den offiziellen Weg einhalten, sagt man. Morgen muss ich sowieso wieder in die Stadt, dann will ich es erneut versuchen.

Doch die Planung muss neu geordnet werden. Mister Hur kommt am Abend zu mir und sagt etwas kleinlaut, sein Chef bittet mich am nächsten Tag in sein Büro nach Seoul. Mister Kim würde mich dorthin fahren. Was hat das nun wieder zu bedeuten? Ich traue mich nicht, irgendwelche Prognosen aufzustellen. Das kann schließlich Gutes, oder Schlechtes bedeuten.

Mister Kim führt mich in ein großes Gebäude. Büros sind hier überall und hektische Geschäftigkeit.

Dann kommt mir jener Mann entgegen, der damals verbot, dass meine Pferde tagsüber die Boxen verlassen dürfen. Der Chef also!

„Excuse me, please", sagt er schwach lächelnd und reicht mir die Hand. „Wir erlauben ihnen die Ausreise mit ihren Pferden, aber sie müssen noch innerhalb der Quarantänestation in einen Container verladen und auf direktem Weg zum Flughafen gebracht werden. Von dort können sie mit den Pferden direkt in die Vereinigten Staaten von Amerika fliegen."

Ein Bündel Papiere drückt er mir in die Hand, bereits abgestempelt und unterschrieben.

„Danke", sage ich ohne Emotionen zu zeigen. Seine Hand nehme ich an, nicht aber seine Entschuldigung. Längst kann ich nicht mehr nachsichtig sein, wenn zu Lasten anderer oder gar zu Lasten des Lebens von Tieren, die dem Menschen letztlich schutzlos ausgeliefert sind, stur nach Gesetzen gehandelt wird. Immer gibt es Ermessensspielräume, wenn der Mensch es nur will!

Dieses mit diesen Leuten zu diskutieren, ist sicherlich sinnlos. Deshalb akzeptiere ich diese Entscheidung, wie immer sie auch zustande gekommen sein mag und will froh sein, endlich Puschkins Leben gerettet zu haben.

Wieder in der Station, laufe ich schnell zu Muuggi und berichte ihr die Neuigkeit. Jetzt erst, mit ihr zusammen, lösen sich die seelischen Belastungen der letzten fünf Wochen und gemeinsam vergießen wir heiße Freudentränen.

Der erneute Versuch, ein amerikanisches Visum für Muuggi zu bekommen, scheitert wieder.

Hierbei wird besonders deutlich, wie wichtig es ist, die Sprache der entsprechenden Behörde ausreichend zu sprechen und zu verstehen. Besonders dann, wenn man dem Gesprächspartner nicht in die Augen sehen kann. Einer Stimme vom Band und sei sie sogar besonders korrekt und deutlich aufgesprochen, sind wirklich nur die Worte zu entnehmen. Beherrscht man die Sprache nicht ausreichend und ist auch kein Nachfragen möglich, wird die Information immer vage sein. Ich bin frustriert und klammere mich an die Hoffnung, Muuggi nachholen zu können, sobald die Pferde erst einmal in Sicherheit sind. Aufgeben will ich sie nicht...

Der Chef des Transportunternehmens, Mister Jang, war längere Zeit in Deutschland und wurde mir von einem gemeinsamen deutschen Freund empfohlen. Er spricht gut Deutsch und kennt sich bestens aus. Mit lockerer Hand organisiert er die Ausreise der Pferde in die USA.

Das geht plötzlich alles sehr schnell. Bereits am nächsten Tag, nach nunmehr sechs Wochen Aufenthalt in der Quarantänestation, steht ein Frachtflugzeug der „Asiana" bereit, uns nach Los Angeles zu bringen.

Muuggi wird immer stiller, kein richtiges Lächeln will mir mehr aus ihrem Gesicht entgegen strahlen. Sie wirkt müde, aber gefasst. Meine Gefühle sind seltsam zerrissen. Sie liegen zwischen Erlösung und Verlust. Eine Nacht haben wir nun noch zusammen, die Trennung steht uns kurz bevor.

„Ich werde weiter für uns kämpfen, Liebling", sage ich mit fester Stimme, denn ein Leben ohne Muuggi kommt mir so leer und unwirklich vor.

„Gut Liebling, ich werde auf Dich warten", antwortet sie mit blassem Gesicht. „Nawtschaa wird mir Arbeit besorgen und ich kann bei ihr wohnen. Und wenn der Winter vorbei ist, komme ich zu Dir nach Amerika. Und dann gehen wir mit Panca und Puschkin nach Deutschland. Liebling, ich werde einsam sein ohne Dich."

Es ist längst dunkel, als wir Hand in Hand von unserem Wohnauto hinüber in die große Halle gehen, in der die Mannschaftsdusche ist. Dorthin gehen wir immer gemeinsam. Allein möchte Muuggi nicht duschen, sie befürchtet, beobachtet zu werden. Und zu zweit ist es sowieso schöner. Die Kacheln des Bodens und der Wände sind kalt, doch das spüren wir nicht. Direkt über dem Wasserablauf am Boden ist ein großer Duschkopf. Ein breiter Schwall warmen Wassers umspült unsere nackten, aneinander geschmiegten Körper. Nicht enden will unsere Umarmung und als sollte all das Wasser unseren Kummer fortspülen, der uns nun stündlich mehr und mehr bedrückt, verharren wir lange in enger Umklammerung. Erst, als der große Boiler geleert ist und das uns umspülende Wasser immer kälter wird, lösen wir uns und trocknen uns bibbernd gegenseitig ab.

Dann laufen wir schnell zum Auto zurück und vergraben uns in Decken und Kissen. Keinen Augenblick löst Muuggi in dieser letzten Nacht ihre Arme von mir, als wollte sie mich für immer festhalten. Will ich meine Lage verändern, höre ich sofort ein leises Wimmern und ihre Arme umschlingen mich fester. Beide finden wir keinen Schlaf in dieser Nacht und das ist auch nicht wichtig. Es ist ein Hinüberdämmern in den nächsten Tag, voller Angst vor der Trennung...

Sehr früh kommt der LKW mit dem Container. Gerade zeigt sich das erste Grau am Himmel. Mister Jang und Mister Kim sind auch schon da.

Die Rampe hinauf zum Container, der auf dem LKW festgezurrt ist, besteht aus hölzernen Planken mit quer aufgenagelten Leisten. Auf denen sollen die Hufe Halt finden, denn die Rampe ist sehr steil und hoch. Die Pferde weigern sich, dort hinaufzugehen. In den Lücken zwischen den Querleisten rutschen die Hufe hinab.

Endlich gelingt es mir, den Pferden soviel Vertrauen einzuflößen, dass sie es mit Schwung versuchen und tatsächlich sind sie schließlich mit ein paar Sprüngen oben und gehen in den Container.

Muuggi hat ihre Taschen bereits gepackt und auch ich brauche nur ein paar Sachen für die ersten Wochen. Das laden wir nun in Mister Jangs Auto und steigen hinein. Langsam folgen wir dem LKW zum Flughafen Kimpo. Während der LKW in die Frachtzone rollt, bringt man mich zur Personenabfertigung. Seltsam unwirklich erscheint mir dieser Gang. In mein Bewusstsein ist die jetzt bevorstehende Trennung nicht wirklich gedrungen. Alles erlebe ich wie in Trance. Muuggi geht an meiner Seite, hält krampfhaft meine Hand. Ich kann sehen, dass sie mit den Tränen kämpft. Doch tapfer, aber versteinert ist ihr Gesicht.

Koreaner zeigen keine Emotionen in der Öffentlichkeit. In ihrer Gesellschaft ist es verpönt, dass Verliebte vor Anderen ihre Gefühle zeigen. Niemals umarmen sie sich oder küssen sich gar, wenn auch nur die Gefahr bestehen könnte, beobachtet zu sein.

Und nun stehe ich vor dem Durchlass, durch den nur ich jetzt gehen soll. Alle anderen müssen zurückbleiben, auch Muuggi.

Plötzlich kann sie sich nicht mehr zurückhalten. Sie ist keine Koreanerin, sie ist Mongolin. Ein kühler Abschied mit einem Händedruck und einer Verbeugung, das würde ihr sicherlich das Herz zerreißen. Sie fliegt in meine Arme, ihre Arme umschlingen fest meinen Hals. Ein Aufschrei ihrer verletzten Seele füllt die riesige Halle:

„Lass mich nicht allein – bitte, bitte, bitte – lass mich nicht allein!"
Ihr Körper schüttelt sich in furchtbaren Weinkrämpfen – und wie eine ferne Ahnung entringt es ihr erneut:

„Lass mich nicht allein – lass mich bitte nicht allein – bitte, bitte..."
Langsam wird ihre Stimme leiser und von nicht enden wollenden Schluchzern erstickt.

Erst jetzt bemerke ich, dass viele Menschen ringsum stehen geblieben sind und uns entsetzt anstarren. Oder doch nicht entsetzt? Sehe ich da nicht doch in vielen Gesichtern, vor allem in denen von Frauen, bedauerndes Mitgefühl?

Rückwärts und mit Tränen in den Augen werde ich vom Flughafenpersonal durch die Sperre gedrückt. Hilflos lasse ich mich schieben. Muuggi aber wird von Mister Jang und Mister Kim in die Mitte genommen und behutsam nach draußen geführt.

Noch kann ich sehen, dass sie ihr Gesicht hinter ihren Händen verborgen hat, ihr schlanker Körper ist gekrümmt und wie hilflos stolpernd ist ihr Schritt, dann klappt eine Tür zu und Muuggi ist fort...

Ich werde auf den großen Platz der Frachtzone entlassen, soll meine Pferde vom schweren Straßencontainer in den leichten Alucontainer laden. Wie betäubt lasse ich alles über mich ergehen.

Willig folgen mir die Pferde über eine schmale Brücke zwischen den Containern, blicken mich seltsam neugierig an. Oft erlebte ich ja schon, dass sie meine Empfindungen erfühlten und ich bin sicher, dass sie es auch jetzt tun. Vorsichtig beschnuppern sie mich, als ich mit ihnen im Container stehe und in ohnmächtigem Schmerz schließlich mein Gesicht in ihr Fell drücke.

Wie es Muuggi wohl auf der Fahrt zu ihrer Schwester ergeht? Wird sie sich schnell beruhigen? Bis zur U-Bahn-Station will Mister Jang sie bringen. Aber dann wird sie allein sein, bis sie nach mehr als einer Stunde erst bei Nawtschaa sein kann...

Endlich hebt das Flugzeug ab. Es ist ein Jumbo in Frachtausführung. In seinem riesigen Rumpf sind in zwei Etagen zahlreiche Container und mit Netzen gesicherte Paletten festgezurrt. Mittendrin in der unteren Etage ist der Alucontainer mit Panca und Puschkin. Gelassen kauen sie das Heu, das Mister Kim noch einmal für uns abgezweigt hat. Die Kühle oben über den Wolken macht ihnen nichts aus und auch nicht die Geräusche der Triebwerke. Bewegungen des Flugzeugs gibt es kaum, die Luft ist ruhig. Und selbst wenn es Turbulenzen geben sollte, sind die Bewegungen sicherlich weniger schlimm, als in einem Pferdeanhänger auf irgendwelchen Straßen mit Kurven, Unebenheiten, Stopps und erneuten Starts.

Vier Piloten bilden die Besatzung des Flugzeugs und ich bin der einzige Passagier. Alle sind sehr freundlich zu mir, bieten mir immer wieder etwas zu trinken an und machen mir warmes Essen. Unter den wenigen Sitzen direkt hinter der Pilotenkanzel darf ich wählen und sie möchten sogar, dass ich auch eine ihrer Schlafkabinen benutze. Gequält lächelnd lehne ich ab. Meine Seele kann keine Ruhe finden.

Man drückt mir eine Taschenlampe in die Hand. So oft ich will, dürfe ich meine Pferde besuchen. Das nutze ich reichlich, denn es lenkt mich ab. Immer wieder gehe ich die lange Stahltreppe hinab in den unteren Frachtraum, zwänge mich zwischen Rumpfwand und Containern hindurch. Im Licht der Taschenlampe sehe ich meine Pferde zufrieden fressen. Als wäre alles ganz normal.

Wieder oben, sinke ich in den bequemen Sitz und presse meine heiße Stirn gegen die kühle Scheibe des Fensters. Wasser unter uns. Endlos. Japan haben wir schon überquert. Was Muuggi jetzt wohl tut? Wird sie sich beruhigt haben? Warum war ich nicht zu solchen Gefühlsausbrüchen fähig? In mir frisst der Schmerz auch gewaltig. Aber ich kann es nicht so herauslassen, wie Muuggi. Bin ich als Westeuropäer zu sehr geprägt von den Zwängen meiner Gesellschaft? Und als Mann sowieso?

ENDLICH IN SICHERHEIT

Zwischenlandung und Einchecken in Anchorage. Hier ist bereits tiefer Winter und ich sehe Schneeschwaden waagerecht über die Landebahn jagen. Erneuter Start. Das Flugzeug folgt der Küstenlinie. Alaska – Kanada – USA. Man bietet mir einen Platz in der Kanzel an. Direkt hinter dem Piloten. Unter uns taucht eine weitläufige Stadt auf. Sie ist von viel Wasser umgeben. Gewaltig lange Brücken sind zu sehen, sie überziehen weite Wasserflächen.
„Kennen Sie diese Stadt?", will der Pilot wissen.
Ich sage: „Vancouver vielleicht?
„Das ist schon San Francisco!" Ich staune. So weit sind wir schon?
Jetzt ist die Küste nicht mehr so zerrissen. Rechts Wasser, links Land.
Ein Pilot, der nun frei hat und der mir seinen Platz überließ, setzt mir einen gewaltigen Kopfhörer auf und aktiviert ihn. Jetzt kann ich die Stimme der Flugüberwachung hören und die Antworten unseres Piloten. Wir gehen auf Sinkflug. Immer deutlicher wird die Landschaft unter uns. Da kommt wieder eine große Stadt. Sehr tief sind wir schon über ihr. Der Pilot deutet nach links. Ich sehe hinüber und erkenne staunend die bekannten, riesigen Lettern am Berg: „HOLLYWOOD". Nur wenig über Augenhöhe fliegen wir daran vorbei.

Jetzt gehen wir in eine Kurve, der Klang der Triebwerke verändert sich. Die Stimme aus dem Kopfhörer nennt unaufhörlich unsere immer geringer werdende Höhe. Ich höre die Fahrwerke ausfahren. Die Räder scheinen bald die Dächer der Hotelbauten unter uns zu streifen, so tief sind wir schon. Und plötzlich setzen wir sanft auf. Aufheulen der Triebwerke, Bremsdruck des riesigen Flugzeuges. Was jetzt wohl die Pferde machen? Kann nicht schlimm sein, denke ich, sie sind von gepolsterten Stangen eingefasst, können sich abstützen.

Erleichtert sollte ich sein. Der Bedrohung für meinen Freund Puschkin sind wir entflohen, endlich doch noch in sicherem, demokratischem Land. Und den ersten Flug haben meine Pferde blendend überstanden. Die ungewohnten Bewegungen des Containers, in dem sie stehen, machten ihnen offensichtlich gar nichts aus. Geräuschvoll wird er über Rollen geschoben, dann senkrecht nach unten gelassen, schwebend auf ein Auto gesetzt.

Doch mir steigen immer wieder Tränen in die Augen. Muuggis verzweifelte Rufe klingen mir jetzt, nach ungefähr 20 Stunden, noch immer in den Ohren. Immer wieder habe ich das Bild vor mir, wie sie zum Ausgang geführt wird. In den Augen der Menschen, die jetzt um mich sind, sehe ich viele besorgte Fragezeichen.

Der Container kommt auf die Ladefläche eines LKW, ich darf mit in den Container hinein, bin wieder vereint mit meinen Pferden. Völlig gelassen sind sie noch immer, ich bin ja bei ihnen.

Vierzehn Stunden sind seit dem Start vergangen, nun ist der ganze Heuballen aufgebraucht. Die Pferde sind satt und zufrieden.

Wir rollen an Palmen vorbei und die Luft, die in den Container durch die vordere, geöffnete Klappe strömt, ist mild wie im deutschen Sommer.

Der LKW rollt direkt auf den Hof der kleinen Quarantänestation und setzt den Container ab. Ich steige hinaus und nach mir gleich meine Pferde. Neugierig wandern ihre Blicke herum. Nacheinander nimmt man ihnen mit einem Wattestäbchen ein wenig Ohrenschmalz und gleich auch eine Ampulle Blut ab. Dann werden sie mit einer Desinfektionslösung eingesprüht und kommen je in eine saubere Box. Dort wartet frisches Wasser auf sie und ein tüchtiger Haufen Alfalfaheu (Luzerne).

Nun muss ich die Station verlassen und werde in ein Hotel am Flughafen gebracht. Eben erst waren wir über dieses Gebäude geflogen, ich erkenne es wieder. Noch immer bin ich aufgewühlt, kann die Trennung von Muuggi nicht vergessen. Es ist noch nicht spät und ich weiß ja, in welcher Richtung die Quarantänestation und ein Stückchen weiter der Strand von Los Angeles liegt. Also mache ich mich auf den Weg, dorthin zu laufen. Aber der Weg ist sehr weit. Nun zu Fuß unterwegs, wird mir das gewaltige Ausmaß des Airports bewusst. Lange bin ich unterwegs, bis ich endlich die Gebäude der Quarantänestation sehe. Doch hinein darf ich nicht mehr, darf mich nicht von meinen Pferden trösten lassen. Enttäuscht wandere ich weiter zum Strand. Bald habe ich die Düne überquert, stapfe durch den weichen Sand. Es ist fast windstill und das Geplätscher des Wassers ist sanft. Der Strand ist leer, ich bin allein. Müde lasse ich mich in den Sand sinken, er ist weiß und sauber. Der Geruch des Meeres dringt in meine Nase, erinnert mich an lange vergangene Zeiten. Erinnerungen von früher – sie wollen nicht Fuß fassen, werden ganz schnell verdrängt von noch ganz frischen Erinnerungen. Mein Blick geht nach Westen – zum Horizont. Weit hinaus über diese riesige Wasserfläche. Dort in dieser Richtung muss es sein – ist ein Teil von mir zurückgeblieben. Muuggi – was Du nun wohl tust?

Wie sehr es doch schmerzt, sich von einem Menschen zu trennen, der in wenigen Monaten so nah an die eigene Seele gerückt ist. Die Warmherzigkeit einer liebenden Frau hüllte mich sieben Monate lang ein. Sie gab mir Sicherheit, Selbstbewusstsein und Kraft. Selbst in den Wochen der großen Angst um Puschkin war es ihre Liebe und ihr Mitgefühl, die mich trösteten, mich geduldig durchhalten ließ, mir immer neue Kraft zum Kämpfen gab. Zum Kämpfen um Puschkins Leben.

Oh Muuggi, ich will weiter kämpfen, nun um Dich. Ich will meinen Kampf nicht beenden, bis du wieder an meiner Seite bist!

Nach vier Tagen Quarantäne kommt pünktlich das Ergebnis des Bluttests: Beide Pferde sind kerngesund! Obwohl ich es tief in mir eigentlich immer wusste, bin ich jetzt erst wieder wirklich entspannt. Und hier fühle ich mich sicher. Spüre keinerlei Bedrohung, fast wie damals beim Betreten mongolischen Bodens. Alle sind freundlich zu mir und wollen mir helfen.

Puschkin und Panca steht nun eine Trennung bevor. Die Quarantänegesetze der USA besagen, dass fortpflanzungsfähige Pferde nach Verlassen der Quarantänestation zur weiteren Beobachtung in ein staatliches Tierhospital müssen. Für Stuten sind das 15 Tage und für Hengste gar 30 Tage. Puschkin als Wallach ist davon nicht betroffen. Panca aber muss nach Davis, allein dort gibt es in Kalifornien diese Möglichkeit. Ich kann sie nicht selbst dorthin bringen, denn mein Versorgungsfahrzeug ist noch auf dem Meer. Es wird erst in etwa zwei Wochen ankommen. Deshalb muss ein teurer Transport organisiert werden und ich bleibe in Puschkins Nähe.

Noch immer darf ich nicht zu ihm und ich weiß, er ist allein in dieser Station. Als ich wieder zum Strand laufe und an der Station vorbeikomme, höre ich ihn wiehern – immer wieder. Er ruft nach Panca. Als Huzul, sehr natürlich in freier Wildbahn aufgewachsen, hat er noch ein sehr starkes Herdenbewusstsein und fühlt sich allein gar nicht wohl.

Könnte ich ihn doch wenigstens täglich besuchen... Aber das geht nicht, ich muss es akzeptieren und deshalb muss eine andere Lösung her.

Im Canyon rechts des gewaltigen Hollywood-Signs gibt es einen großen Reitstall. In der „Sunset-Ranch" stehen viele Pferde und die Betreiber nehmen Puschkin gern für ein paar Tage und für wenig Geld. Damit ich in seiner Nähe bin und ihn täglich besuchen kann, ziehe auch ich um.

Auf dem „Sunset Boulevard" gibt es ein Motel, das viel billiger ist als das Hotel am Flughafen. Und J.J., der Leiter der Sunset-Ranch, leiht mir gern einen Sattel, damit ich mit Puschkin hinauf in die Berge reiten kann. So hat er endlich etwas Bewegung und wir sind wieder vereint. Beide genießen wir es und wenn ich abends gehen muss, hat er ringsum genügend Artgenossen, die ihm zunächst Panca ersetzen können.

Drei Wochen nach dem Abflug aus Korea kann ich endlich mein Fahrzeug in Empfang nehmen. Zusammen mit dem Hänger war es in einem großen Seecontainer festgezurrt. Ich bekomme den Schlüssel überreicht und man bittet mich, ihn selbst herauszufahren. Zu leicht könnte in dieser Enge etwas beschädigt werden. Ich bin so froh, nun wieder mobil zu sein, jetzt stehen mir alle Wege offen.

Gleich am nächsten Morgen fahre ich zu Puschkin und er folgt mir vertrauensvoll in den Hänger. Ob er wohl ahnt, dass wir nun zu Panca fahren? Es wird eine lange Fahrt über Sacramento nach Davis. Die Entfernungsangaben auf der Straßenkarte habe ich falsch eingeschätzt. Sie sind ja nicht in Kilometer, sondern in Meilen, also mal 1,6 zu berechnen. Deshalb ist es längst finster, als wir dort eintreffen. Aber auch das ist in Amerika kein Problem, eine Lösung findet sich immer. Auch wenn es vielleicht nach dem Gesetz nicht sein darf, so wird es unkompliziert nach den Notwendigkeiten eingerichtet. Eine junge Frau hat die Nachtaufsicht und führt mich erst einmal zu Panca. Die möchte mich natürlich gleich bei sich behalten in ihrer komfortablen, sauberen Box mit Außenpaddock. Und neben ihr ist noch eine solche Box frei, hier darf nun Puschkin stehen.

Über die Gatterstangen hinweg beschnuppern sich die beiden gleich ausgiebig und ihren Augen entnehme ich eine große Erleichterung. Sicher hatten sie geglaubt, für immer getrennt zu werden. Nun sind wenigstens meine Pferde wieder glücklich...

Am nächsten Tag kommt die Leiterin der Pferdestation und sagt:

„Ihrer Stute Panca geht es gut. Sie ist wirklich gesund. Aber wussten Sie, dass sie tragend ist?"

Also doch! Ich hatte es ja geahnt. Dawaas Hengst!
Was ich unterwegs immer verhindern wollte, war also doch passiert.

Früher hätte es mich gestört, weil es mich ja vor neue Probleme stellen würde und meinen Zeitplan erheblich auf den Kopf stellen musste. Jetzt aber fühle ich mich wie ein Mann, der bald zum ersten Mal Vater wird. Aufgeregt und voller neugieriger Erwartung.

„Kann man feststellen, wann die Geburt sein wird?", will ich wissen.

„Nein, noch lange nicht. Etwa elf Monate nach der Befruchtung. Warten sie es besser einfach ab."

Den Befruchtungstermin kenne ich ja nicht, aber eigentlich kann der nur kurz vor unserer Abreise aus Ulaanbaatar gelegen haben. Ich muss einfach warten. Jetzt suche ich erst einmal ein Winterquartier für die beiden, denn Panca darf das Hospital bereits verlassen. Ich finde es ganz in der Nähe von Davis bei Pferdeleuten. So kann ich erleichtert erst einmal nach Hause fliegen, es ist schon kurz vor Weihnachten.

EINE KURZE WINTERPAUSE

Im letzten Winter dachte ich oft an Muuggi, in diesem fast ununterbrochen. Egal was ich tue, sie fehlt mir. Manchmal rufe ich sie bei ihrer Schwester an und wenn sie mich hört, ist es immer ein Ausruf, der zunächst ihrer Kehle entrinnt: „Liiiiebling!" – langgezogen und voller Inbrunst. Ein Ausruf, den ich nie mehr vergessen kann in meinem Leben, den ich selbst nach Jahren noch genau so deutlich höre und die frei gewordenen Empfindungen fühle.

Wenn wir miteinander sprechen, dann sind wir beide fröhlich und voller Glück und glauben keinen Augenblick daran, dass es misslingen könnte, wieder zueinanderzufinden.

In der Zeit zu Hause versuche ich, finanzielle Probleme zu bewältigen. Längst wirft meine Firma nicht mehr genug ab, um den Rest der Expedition abzusichern. Die Branche meines Berufsstandes verliert immer mehr an Bedeutung. Das Aus für diesen Beruf, den ich so liebte, steht kurz bevor. Sponsoren in der Zeit des wirtschaftlichen Abschwungs zu finden, ist unmöglich. Die Sorgen werden größer und größer. Schließlich werbe ich um zahlende Mitreiter auf dem zweiten Pferd und finde tatsächlich nach und nach sieben junge Frauen, die das Abenteuer für zwei Wochen mitmachen möchten. Männer sind dazu überraschenderweise nicht bereit.

KAMPF UM MUUGGI

Nach nur drei Monaten bin ich wieder bei meinen Pferden. Beide sind kugelrund, sie durften Alfalfaheu fressen, soviel sie wollten. Bei Panca schiebe ich es zunächst auf ihre Schwangerschaft und meine, bei diesem Leibesumfang müsste die Geburt doch unmittelbar bevor stehen. Aber da ist noch Puschkin und der ist eigentlich genau so rund, als wäre auch er schwanger.

Mit Hilfe des Stallbesitzers finde ich eine neue Unterkunft für uns Drei, für die ich nicht bezahlen muss. Eine große Pferderanch, auf der ich für unsere

Unterkunft und Versorgung arbeiten kann. Hier soll Panca auch ihr Baby bekommen. Und ich telefoniere schon wieder mit Muuggi.

„Wann kommst Du?", will sie wissen. „Ich kann Dich vom Flughafen abholen und Dir ein Zimmer besorgen, dort könnten wir dann allein sein. Ich nehme Urlaub, wenn Du kommst."

Ein deutscher Auswanderer lebt in der Nähe der Ranch. Wir lernten uns zufällig während einer Übernachtung am Strand des Pazifischen Ozeans kennen. Er in seinem Wohnmobil, ich mit meinem Zugfahrzeug, das ich oft für Ausflüge nutze.

Ihm erzähle ich von meinen Problemen mit der US-Botschaft in Seoul und von meinem Wunsch, Muuggi zu mir zu holen. Er will mir helfen und bringt mich zu verschiedenen Behörden in Sacramento. Doch überall stoßen wir auf erhebliche Widerstände.

Das größte Problem dabei scheint zu sein, dass Muuggi als Mongolin eigentlich nur in Ulaanbaatar ein Visum beantragen kann. Also müsste sie Korea wieder verlassen. Niemand kann jedoch garantieren, dass sie in Ulaanbaatar wirklich ein Visum bekommt. Noch einmal nach Korea hineinzukommen, falls ihr Antrag dann abgelehnt wird, ist nicht möglich, weil sie ja illegal in Korea lebt.

Ich muss es einfach noch einmal in Seoul versuchen und auf die besonderen Umstände hinweisen: Begleiterin einer Expedition, die nach spätestens zwei Jahren die USA wieder verlassen wird.

Ich buche einen Flug von San Francisco nach Seoul und teile Muuggi die Ankunftszeit mit.

Helmut bringt mich zum Flughafen. Ich bin sehr aufgeregt. Endlich werde ich Muuggi wiedersehen. Die Stunden im Flugzeug sind quälend. So lange Zeit ruhig zu sitzen, ist so schwer für mich. Schlafen kann ich schon gar nicht. Sehnsüchtig blicke ich nach unten, ob nicht endlich Land auftaucht. Und dann ist es so weit. Das muss Japan sein. Diese Landmasse ist in ihrer Breite gering, jetzt überfliegen wir bereits wieder Wasser. Es ist das Japanische Meer. Auch das zieht schnell vorbei. Jetzt wieder Land, das ist bereits Südkorea und langsam verliert das Flugzeug an Höhe. Anflug auf Kimpo, mein Herz schlägt schneller. Landung – Abschnallen – Ausgang – Gepäckempfang – Zolldurchlass – jetzt verlasse ich den Flugbereich und trete in die große Halle hinaus.

Ganz vorn am Absperrseil steht Muuggi mit einer roten Rose in der Hand. Sie ist der erste Mensch in der Masse, den ich wahrnehme. Ihre Schwester steht lächelnd neben ihr, doch jetzt habe ich nur Augen für Muuggi. Das Seil wird ausgehakt, da eilt sie auf mich zu, fällt mir mit einem schamlos lauten: „Liebling!" um den Hals. Alle koreanischen, gesellschaftlichen Regeln sind ihr jetzt egal und mir auch.

Lange dauert die innige Umarmung, bei der wir uns wie im Tanz herumdrehen und wieder werden wir von Dutzenden entsetzter Koreaner, teils mit offenen, verständnislosen Mündern, angestarrt.

Nawtschaa blickt ängstlich rundum, ob nicht irgendwelche Ordnungshüter auf uns aufmerksam werden. Denen würde sicher sofort auffallen, dass Muuggi keine Koreanerin sein kann, sondern vielleicht eine Illegale, die sich durch ihren Gefühlsausbruch verraten hat.

Wie blass und schmal mein Mädchen geworden ist! Besorgt betrachte ich ihr Gesicht.

„Bist du krank?", will ich wissen.

„Nein, mach Dir keine Sorgen. Ich habe nur Angst. Vielleicht geben sie mir kein Visum, dann kann ich nicht zu Dir."

„Wir werden kämpfen, Liebling. Ich kann nicht ohne Dich sein." Dankbar, aber mit sorgenvollem Gesicht sieht sie mich lächelnd an.

Wir steigen in die U-Bahn und fahren wenige Stationen weit. Nawtschaa bleibt in der Bahn und verabschiedet sich. Muuggi führt mich hinaus und eine breite Straße entlang. Immer wieder wandern ihre Blicke sichernd in alle Richtungen. Dann biegt sie in eine kleine Nebenstraße.

Gleich das dritte Haus ist ein kleines Hotel. An der Rezeption fülle ich ein Formular aus, neben Koreanisch ist alles auch auf Englisch angegeben. Dann staune ich: Muuggi spricht bereits passabel Koreanisch. Der Mann hört sich ihre Worte an und reicht ihr einen Schlüssel.

„Was hast Du dem Mann gesagt?", will ich wissen.

„Dass Du Deutscher bist und ich Deine Tochter. Wir bleiben zwei Wochen und möchten das schönste Zimmer."

Ich bin platt. Ob der das wohl glaubt? Aber warum eigentlich nicht? Schließlich ist Muuggis Gesicht schmal und nicht rund, ihr Haar dunkelbraun, fast schwarz und um meine grauen Schläfen ist auch noch genug dunkles Haar zu erkennen. Die Mutter kann ja durchaus Asiatin gewesen sein. In dem kleinen Zimmer ziehe ich sie vor den großen Spiegel und nun vergleichen wir unser Aussehen.

Immer breiter wird unser Grinsen und wir fühlen uns wie zwei Kinder während einer spielerischen Verschwörung.

„M – M – M!", sage ich und Muuggi lacht vergnügt.
Oft hatten wir unterwegs diese drei Buchstaben gesagt. Immer, wenn uns wieder mal ein Kampf gelungen war, wir Hindernisse beseitigen konnten.

„Ja, ja!", sagt Muuggi lachend. „Manfred – Muuggi – Mafia!"
Zwei Tage lang verlassen wir unser Zimmer nur, um Essen zu gehen.
Rausch der Sinne – Schweben über Wolken. Alle Sorgen werden einfach verdrängt, jetzt können sie uns nichts anhaben.

Dann sind wir wieder auf dem Weg zur amerikanischen Botschaft. Bereits von der Ranch in Kalifornien hatte ich mithilfe von Helmut einen

Bittbrief geschrieben. Jetzt versuche ich herauszufinden, ob sich jemand an den Briefschreiber erinnert.

Wieder diese Kontaktaufnahme per Telefon – wieder diese automatischen Hinweise zur Weiterschaltung. Doch diesmal ist mein Englisch schon etwas besser. Endlich habe ich tatsächlich jemanden persönlich am anderen Ende. Ja, man kenne meinen Brief, doch erst in der nächsten Woche sei jemand wieder da, der vielleicht eine Entscheidung treffen könne.

Wir sind enttäuscht, doch noch immer nicht ohne Hoffnung.

Muuggi möchte ans Meer. Schon im letzten Jahr waren wir bei einem Ausflug zur Küste gefahren. Weil wir in dieser Woche sowieso nichts mehr ausrichten können, ist es schließlich egal, wo wir wohnen. Stundenlang fährt der Bus aus dem südlichen Seoul über Inchon bis zu einem Touristenzentrum am Gelben Meer. Mehrere kleine Hotels gibt es hier und schnell haben wir ein Zimmer gefunden. Wenige Schritte sind es nur bis zu einem großen Platz, der nach Westen zum Wasser hin von einer niederen Backsteinmauer begrenzt ist. Die Mauer reicht bis hinunter zum Wasser, in dem viele dicke Steine auftauchen, wenn ein Wellental heranläuft. Eine große Insel liegt nicht weit vor uns und wohin man auch schaut, ist der Horizont von unzähligen Inseln verdeckt. Eine Autobrücke führt hinüber zur Insel und wir sehen hin und wieder Busse darüber fahren.

Die meisten Touristen hier sind Koreaner, doch mitunter gibt es auch nichtasiatische Gesichter. Hier fallen wir weniger auf und die Wahrscheinlichkeit, dass Muuggi als Illegale erkannt wird, ist eher unwahrscheinlich. Entsprechend freier können wir uns bewegen und Muuggis Blicke wandern nicht ständig umher. Nun erkundigt sie sich an einer Touristeninformation über die Insel und plötzlich strahlt sie:

„Können wir nicht mit dem Bus hinüber fahren? Dort gibt es einen Strand, wo man im Wasser baden kann.“

„Oh ja, das machen wir“, antworte ich, obwohl das Wasser noch nicht sehr warm sein kann, es ist ja erst April. Als wir dort angekommen sind, sehe ich, dass wir sowieso nur bekleidet ins Wasser können. Und zwar mit langen Hosen und mindestens einem T-Shirt. Die Koreaner zeigen meist nicht einmal entblößte Arme. Auch die Jugendlichen nicht.

Ich bin gespannt, wie sich Muuggi im Wasser verhält, denn ich weiß ja, dass Mongolen eigentlich nie vollständig ins Wasser gehen und deshalb auch nicht schwimmen können. Muuggi scheint damit überhaupt keine Probleme zu haben. Sie macht mir einfach alles nach. Ich stelle mich ins tiefe Wasser und bald schwimmt Muuggi aus dem Flachen heraus mit hastigen Schwimmbewegungen in meine Arme. Sie wird immer mutiger, die Schwimmstrecken werden immer länger. Dabei ist sie so vergnügt, dass sie selbst dann noch nicht genug bekommen kann, als ihr Körper schon vor Kälte bibbert.

Nach nur vier Tagen fahren wir zum Hotel in Seoul zurück. Busse sind in Korea das mit Abstand häufigste Transportmittel. Dicht vernetzt ist das ganze Land, mit dem Bus kommt man in jeden Winkel. Ob Fernreisen oder Verwandtenbesuche oder selbstverständlich auch zur Arbeit. Oft liegt die Arbeitsstelle weit und deshalb verbringen viele Menschen einen großen Teil ihrer Freizeit im Bus. Bei einer Arbeitszeit von zwölf Stunden täglich bleibt da wenig übrig. Deshalb nutzen sie die Fahrzeiten, um zu schlafen oder zu lesen.

Wir checken in unserem alten Hotel ein und fahren am nächsten Tag erneut zur amerikanischen Botschaft. Am Telefon endlich ein Kontakt, nun mit der Frau, die uns vielleicht helfen kann.

Auch sie kennt meinen Brief und meine Bitte um eine Ausnahmeregelung. Doch sie lehnt sofort ab. Ich bitte sie um die Möglichkeit eines persönlichen Besuchs, am Telefon sei es schwer für mich, mein Englisch ist ja noch zu dürftig, wie sie ja selber hört. Doch sie bleibt hart. Sie sagt, sie habe keine Möglichkeit, allein ihre Kollegen in Ulaanbaatar seien hierfür zuständig. Enttäuscht muss ich aufgeben. Mir ist zum Heulen. Jetzt muss Muuggi mich trösten. Ich glaube fast, dass sie längst mit diesem Ergebnis rechnete. Sie ist traurig, aber gefasst.

Noch sind es wenige Tage bis zu meinem festgelegten Rückflug. Wir vergraben uns im Hotelzimmer, gehen wieder nur zum Essen hinaus. Tage voll schmerzhafter Süße, Stunden voll gieriger Leidenschaft. Als müssten wir unser Glück vorausleben, verbringen wir die Zeit in endlosen Umarmungen und Liebkosungen. Tränen mischen sich oft darunter – Tränen voll glücklicher Dankbarkeit – Tränen voll schmerzhafter Ahnungen...

„Nun wird es lange dauern, bis wir uns wiedersehen. Es kann noch zwei Jahre dauern, bis ich endgültig in Deutschland bin. Dann will ich Dich zu mir holen und mit Dir in Deutschland leben.“

Wie ein Schwur sind meine Worte und ich meine sie auch so, mit jeder Faser meines Seins.

Muuggi lächelt kummervoll und sagt nur: „Ja, Liebling“. Ganz leise ist ihre Stimme und voller Zärtlichkeit...

ABSCHIED...

Ich muss zum Flughafen. Muggi bringt mich mit der U-Bahn dorthin. Wir haben das Hotel schon vormittags verlassen, aber erst abends startet das Flugzeug zurück nach San Francisco. Deshalb bummeln wir durch die riesigen Räume und Hallen. Rege Betriebsamkeit herrscht ringsum. Wir sehen viele Koreaner ankommen oder abreisen, aber auch eine Menge Amerikaner. Meist junge Burschen und obwohl sie meistens in Zivil sind, ist unschwer zu erkennen, dass es sich um Soldaten handelt.

In einer Ecke der großen Halle sitzen sie und warten offensichtlich, wie auch ich. Soldaten, die hier in Korea stationiert und nun wohl auf dem Weg zum Heimaturlaub sind.

Durch die Reihen der wartenden Amerikaner geht immer wieder eine junge Koreanerin und sieht auffällig forschend in jedes Gesicht. Seltsam verklärt ist ihr Blick, entrückt scheint ihre Seele zu sein. In der Linken trägt sie einen Blumenstrauß. Die Amerikaner sehen weg, wenn sie ihnen nahe ist, beachten sie nicht. Da setzt sie sich einsam abseits in einen dieser Stühle und starrt zu Boden. Sehe ich da nicht Tränen über ihre Wangen rinnen? Aber sie sitzt still, regt sich nicht und ihr Blick scheint in die Leere zu gehen. Muuggi ist meinem Blick gefolgt und beobachtet nun auch diese Frau. Jetzt erhebt sie sich wieder und beginnt erneut, durch die Reihen zu gehen. Kommt ein neuer Amerikaner heran, geht sie erfreut und voller Hoffnung auf ihn zu und hebt zaghaft ihre Linke mit dem Blumenstrauß. Doch jeder dieser jungen Männer macht einen Bogen um sie. Alle scheinen sie zu kennen und ihr Auftritt ist ihnen wohl peinlich. Ganz klar, diese Frau ist verwirrt. Tief verletzt muss ihre Seele sein.

„Sie hat Liebesschmerzen", sagt Muuggi mitfühlend.

„Vielleicht hatte sie einen amerikanischen Soldaten geliebt und der ist nicht zu ihr zurückgekehrt?"

„Ja, vielleicht", antwortet Muuggi. „Jetzt ist ihr Herz zerbrochen."

„Sind alle Asiatinnen so feinfühlig? Du auch?"

„Ja, ich auch! Schon jetzt mein Herz ist voller Angst."

„Du brauchst keine Angst haben, Muuggi. Ich werde weiter kämpfen."

„Ja, Liebling. Ich warte auf Dich."

Nun ist es nicht mehr lange bis zum Einchecken und ich halte unentwegt Muuggis Hand.

Plötzlich löst sie ihre Hand aus der meinen und sagt leise:

"Ich muss jetzt zurück zu Nawtschaa. Hier auf dem Flughafen ist es sehr gefährlich für mich und eigentlich bin ich schon viel zu lange hier. Lass uns bitte ein Stück gehen, wo weniger Menschen sind."

Und sie führt mich hinab zur U-Bahn-Station. Dicke Säulen sind hier in langen Reihen und vorsichtig beobachtet Muuggi die fast leere Station. Dann zieht sie mich eilig hinter eine dieser Säulen, hier kann uns niemand sehen.

„Heute will ich nicht weinen beim Abschied", sagt Muuggi tapfer.

Fest umschlungen nehmen wir Abschied. Aber in vier Augen sind schon wieder Tränen, es ist ein Abschied voller Ungewissheit. Und obwohl ich sicher bin, sie zu mir zu holen sobald ich kann, gibt es doch Zweifel, ob mein Schicksal es auch so will.

Da kommt eine dieser Bahnen und hält geräuschvoll. Sie trägt die Nummer Zwei, das ist Muuggis Linie. Jetzt löst sie sich aus meinen Armen und haucht:

143

„Ich warte auf Dich, Liebling!" Dann springt sie in die Bahn, die Tür schließt sich, der Zug rollt an. Flach gegen die Scheibe hat Muuggi ihre Hände gedrückt, dazwischen ist ihr Gesicht. Immer schneller wird der Zug und schnell kann ich sie nicht mehr sehen. Der Zug mit Muuggi verschwindet in der dunklen Röhre.

Aufgewühlt gehe ich in die Halle zurück, jeder Schritt fällt mir schwer. Mir ist, als hätte ich keine Kraft mehr in den Beinen und meine Seele keinen Mut mehr zu leben. Doch ich schaffe es bis zum Schalter. Gepäck aufgeben, Einchecken.

Dort drüben ist der Einlass zu meinem Gate. Langsam gehe ich hinüber, habe die große Glastür fast erreicht, an der eine Stewardess die Tickets kontrolliert, als ich irgendetwas Ungewisses spüre und gleich darauf einen Schrei, der mich augenblicklich meine Richtung ändern lässt: „Liiiiiebling!"

Und wieder liegt sie weinend in meinen Armen, klammert sich an mich.

„Ich konnte so nicht Abschied nehmen. Bitte verzeih mir."

Zwei Stationen war sie gefahren, da stand der Gegenzug auf der anderen Seite des Bahnsteigs. Sie sprang kurzerhand aus ihrem Zug und in den anderen hinein. Nun geben wir den Koreanern schon wieder eine Lektion im Gefühlezeigen. Muuggi ist es egal, was die über uns denken und mir auch. Und Muuggi setzt viel aufs Spiel, denn überall sind Uniformen zu sehen.

Versunken in der Umarmung kann ich gerade noch sehen, wie die Stewardess die Glastür schließen will, denn alle Fluggäste, die davor in der Schlange standen, sind bereits hindurchgegangen. Nun muss ich mich schnell aus der Umarmung lösen. Ein schneller, hastiger Kuss und gerade noch komme ich durch diese Tür. Muuggi steht wie verloren auf der anderen Seite der gläsernen Wand. Sie winkt mir zaghaft. Ihre Gestalt ist voller Traurigkeit und dieser Anblick treibt mir erneut die Tränen in die Augen.

„Ich werde Dich zu mir holen, Liebling. Sobald ich kann!", presse ich durch meine Zähne...

Sind es nicht Grausamkeiten, die sich Menschen bewusst oder unbewusst zufügen?
Grenzen zwischen Ländern, Mauern zwischen Menschen.
Gesetze, die zum Trennen gemacht sind.
Einzelne Menschen, die sich sooo wichtig vorkommen, wenn sie den Einen eine Zusammenkunft ermöglichen und anderen von Gesetzes wegen verbieten.
Wem all dieser Entscheidungsträger und deren Handlanger hätte es geschadet, Ausnahmen zu machen? Nein, nein – sie können sich nicht auf ihre Vorschriften berufen, denn sie wissen ja selbst, dass es immer Ermessensspielräume gibt! Doch sie haben nicht den Mut, menschliche Entscheidungen zu verantworten.

Auf der Ranch in Kalifornien sind immer viele Menschen um mich herum, doch ich fühle mich einsam. Jede freie Minute verbringe ich mit meinen Pferden und erst spät am Abend ziehe ich mich in dieses Containerhäuschen zurück, das ich gegen Reparaturen an ihm, bewohnen darf. Ab und zu telefoniere ich mit Muuggi und habe danach wieder Kraft, die Einsamkeit zu ertragen.

Am 6.6.99 ist Pancas großer Tag gekommen. Vor meinen Augen bekommt sie mitten in der Nacht ihr Baby. Rabenschwarz und wunderschön ist es und völlig problemlos verläuft die Geburt. Jetzt habe ich drei Pferde.

Pancas Augen strahlen vor sanftem Mutterglück, glaube ich zu sehen, und kaum bin ich in der Nähe ihrer Koppel, führt sie ihren Sohn zu mir. Auch wenn ich anderes zu tun habe, muss ich doch wenigstens für ein paar Minuten zu den beiden in die Koppel steigen, um ein wenig mit dem schnell heranwachsenden Racker zu spielen. Panca steht dann glücklich daneben und lächelt verständnisvoll.

Ja, sie lächelt! Wer ein so enges Verhältnis zu seinen Pferden hat, sieht Gefühlsregungen in ihren unbeweglich erscheinenden Gesichtern durchaus. Auch bei Puschkin, der nun auf einer eigenen Koppel nebenan steht, kann ich dieses Lächeln sehen, wenn sein Neffe an die Trennstangen kommt und durch sie hindurch mit seinen schnell wachsenden Zähnchen, ihn in das Fell seiner Beine zwickt.

Weil dieses Fohlen einen mongolischen Vater hat, gebe ich ihm einen mongolischen Namen:

„Temujin" soll er heißen, so wie der berühmteste Mongole, bevor er Khan wurde: „Dschingis Khan."

Doch nun habe ich ein neues Problem. Mit diesem kleinen Pferdchen, ausgestattet mit so viel Bewegungsdrang, kann ich unmöglich die USA durchqueren. Zunächst bleibt er ja fast hautnah bei seiner Mutter, doch je älter er wird, umso größere Kreise zieht er um sie herum. Bis ich die Ostküste erreicht haben werde, vergehen aber noch viele Monate. Wären wir in der kasachischen Steppe oder gar in der Mongolei, wäre dies überhaupt kein Problem. Doch die USA scheinen völlig eingezäunt. Stacheldrahtzäune, wohin man sieht. Das lockere Durchqueren dieses Landes ist unmöglich. Oft stehen uns nur schmale Grünstreifen neben einem Highway oder einem Railway zur Verfügung. Und wir müssen durch riesige Städte, weil es nur in diesen Brücken über große Flüsse gibt, die wir nicht schwimmend überwinden können.

Also lasse ich Temujin zusammen mit seiner Mutter zunächst bei Freunden zurück. Hier hat er gleichaltrige Spielgefährten und gute Betreuung.

So kann ich endlich mit Puschkin meinen Weg Richtung Osten wieder aufnehmen. Bald aber brauche ich seine Mutter, denn begeisterte Anhänger meines Abenteuers möchten ein Stück mit mir reiten: auf dem zweiten Pferd. Temujin ist inzwischen viereinhalb Monate alt und sowieso „Selbstversorger". Er kann leicht bei seinen neuen Freunden zurückbleiben, während Panca nun wieder an der Seite ihres geliebten Bruders durch das Land wandert: Kalifornien – Nevada – Arizona – New Mexico – Texas – Oklahoma – Kansas – Missouri - Illinois – Indiana – West Virginia – Virginia.

In der Nähe von St.Louis finden wir neue Freunde, bei denen Panca und Puschkin für ein paar Tage bleiben können, während ich mit dem Versorgungsfahrzeug nach Nevada zurückfahre, um Temujin zu uns zu holen. Er ist inzwischen fast ein Jahr alt und zum Wallach gemacht.

Während ich danach mit Panca und Puschkin weiterziehe, bleibt Temujin wieder zurück. Allein ist er hier nicht, hat eine nette Artgenossin. Auf diese Weise bringe ich Temujin in vier Etappen zur Ostküste, zur gemeinsamen Atlantiküberquerung.

Etwa auf halbem Weg zur Ostküste schlägt das „Schicksal" erneut erbarmungslos zu:

Wieder telefoniere ich mit Muuggi, doch diesmal ist ihre Begeisterung über meinen Anruf seltsam verhalten. Nicht mehr das glückselige Herausplatzen des Wortes „Liebling!", sondern ein stilles, schüchternes, Verzeihung erheischendes, leises „Liebling".

Und gleich auch die Erklärung dafür: „Bitte mir nicht böse sein. Du musst Dir jetzt eine andere Freundin suchen. Ich habe mich hier in einen Mann verliebt. Du warst ja nicht hier! Verstehst Du mich? Kannst Du mir verzeihen?"

Im Moment kann ich gar nichts, stehe unter Schock. Mein Hals ist wie zugeschnürt, eine Schlinge, die immer fester gezogen wird, nimmt mir den Atem, so kommt es mir vor.

„Liebling, warum?", krächzt meine Stimme und nur langsam begreife ich ihre Worte.

„Ich will doch keine andere Freundin!", dann lege ich auf.
Es ist abends, das Lager längst aufgebaut. Nun sitze ich am Ufer eines großen Sees in Ohio und ein unglaublicher Schmerz überwältigt mich.

„Dies ist eine endgültige Entscheidung, nicht mehr rückgängig zu machen!", wird mir langsam bewusst. Alles in mir krampft sich zusammen. Ich keuche vor Schmerz. Nie hätte ich damit gerechnet.
Vielleicht war <u>das</u> mein Fehler?

Keine Freude habe ich jetzt mehr an dieser Expedition.

Allein mein Unterbewusstsein befiehlt:
„Durchhalten, zu Ende bringen!"
Die Erde umrunden – das Abenteuer will beendet werden.
Und fast apathisch setze ich meinen Weg fort.*

* Die Reisebeschreibung mit allen Abenteuern:„Mit zwei Pferden um die Welt" ISBN 978-3-00-007492-9
Bezugsquelle: Email manfred@weltumreiter.de

Doch die Zeit heilt alle Wunden.
Langsam beginne ich wieder klar zu denken.
Ich bin enttäuscht, ja. Aber zornig auf Muuggi darf und kann ich nicht sein.
Ich habe nicht das Recht, über ihr Leben zu bestimmen.
Auch wenn es noch so schmerzt:
Ich muss Muuggi ihr neues Glück gönnen.
Langsam begreife ich, dass mir mit Muuggi ein riesengroßes Geschenk gemacht wurde.
Dafür will ich dankbar sein und die Trennungsschmerzen in Demut ertragen.

Deshalb noch einmal:
Danke, ihr Wächter meines Lebens, wer immer ihr auch seid.
Danke für das wunderschöne Geschenk auf Zeit.
Geduldig will ich warten auf das nächste Geschenk,
denn ich weiß ja: das Leben ist ein Auf und Ab.

Und gibt es nun vielleicht kein weiteres Geschenk,
weil die große Welle mit Muuggi die letzte war, die ich erleben durfte,
dann will ich nicht hadern, sondern dankbar sein für Alles, was ich erleben
durfte auf dieser Welt...

Danke auch allen Lesern,
die bereit sind, mir meine Gefühlsausbrüche zu verzeihen.
Danke auch dafür, dass ich hier so vieles offenbaren durfte,
was mein Inneres seit Jahren beschäftigte.
Worüber ich mit Niemandem sprechen konnte
und was umso heftiger in mir brodelte und nun endlich in die Freiheit durfte...

Danke für alle Liebe dieser Welt,
die stärker ist und stärker bleiben soll als jeder Zorn und jeder Hass...

Die Einen sagen, Gott habe alles gelenkt.
Andere nennen ihn Allah oder haben je nach Religion andere Bezeichnungen für jene überirdische Macht, die unser Leben bestimmt.
Wer nicht religiös ist, mag es Schicksal nennen.
Doch was ist Schicksal und wer bestimmt es?
Ich wollte es mir nicht so einfach machen und grübelte während der einsamen Stunden, Tage, Monate über die Wahrheit nach.
Dass irgendwelche überirdischen Kräfte mein Leben beeinflussen und mich lenken, mich immer wieder Glück oder Unglück aussetzen, mich in Gefahren führen und mich doch wieder erretten, ist für mich heute unumstößliche Gewissheit.
Doch behaupten, dass ich erkannte, was oder wer es war, kann ich nicht. Mein größter Verdacht - oder ist es eine Ahnung?- bezieht sich auf die Seelen von Verstorbenen, die mir in ihrem Leben besonders zugetan waren. Großeltern, Eltern, Verwandte, Freunde.
Schließlich ist die Seele unsterblich.
Aber kann sie Einfluss nehmen?

Fragen, die niemand wirklich beantworten kann.
Deshalb suche ich weiter...

Manfred S. Schulze schreibt weiter.

Neben diesem Buch sind bisher erschienen:
„Mit zwei Pferden um die Welt"
ISBN: 3-00-007492-9, 336 Seiten incl. 16 Farbbildseiten.
Die umfassende Reiseerzählung seines großen Abenteuers.
Ebook ISBN: 978-3-944416-13-7, Hörbuch ISBN: 978-3-944416-02-1

„Zweieinhalb Huzulen und ein Abenteurer"
Huzulen und ihre Herkunft. Wie wuchsen wir zusammen, was lehrten sie mich und was
geschah nach dem großen Abenteuer?   Mit 80 Farbbildern.
ISBN: 978-3-00-031871-9, Ebook ISBN: 978-3-944416-14-4

Die DVD „Mit zwei Pferden um die Welt"
250 Bilder mit der erzählten Geschichte seines großen Abenteuers
und Musikuntermalung. ISBN: 978-3-944416-00-7

„Klabautermann, verlass uns nicht!"
ISBN: 978-3-944416-09-0, Ebook: 978-3-944416-15-1, Hörbuch: 978-3-944416-11-3
29 s-w-Bilder, 152 Seiten. Sein jugendliches Abenteuer in den sechziger Jahren
bei der Frachtschifffahrt und der Hochseefischerei.

"Seemannsgarn? Hein Buddelkieks unglaubliches Abenteuer"
ISBN: 978-3-944416-34-2, Ebook: 978-3-944416-35-9, Hörbuch: 978-3-944416-36-6

"Die Botschaft des alten Schamanen"
ISBN: 978-3-944416-39-7, Ebook: 978-3-944416-40-3, Hörbuch: 978-3-944416-41-0

Weitere Bücher folgen.
Bezug: manfred@weltumreiter.de
Verfolge seinen Weg: www.weltumreiter.de